Kirchen und Stifte der Steiermark

Kirchen und Stifte der Steiermark

Text von Franz Attems
und Johannes Koren

Fotos von Lothar Beckel, Hannes und Hans Bohaumilitzky,
Harald Koren, Herbert Pirker, Kurt Remling und Kurt Roth

Pinguin-Verlag, Innsbruck

Bildnachweis. Lothar Beckel: 41, 45, 49, 51, 54, 57, 60, 69. Hannes Bohaumilitzky: 34, 70, 71, 97, 99, 112, 113, 115, 116, 121, 124, 125. Hans Bohaumilitzky: 17, 47, 58, 67, 93, 105, 118, 119, 148, 155. Harald Koren: 77. Herbert Pirker: 134, 135, 138, 139, 140, 141. Kurt Remling: 19, 23, 27, 35, 76, 79, 87, 89, 92, 96, 98, 104, 106, 107, 108, 109, 111, 149, 151. Kurt Roth: 11, 12, 13, 14, 15, 16, 20, 21, 24, 25, 29, 31, 32, 33, 36, 37, 38, 42, 43, 44, 46, 48, 52, 55, 61, 62, 64, 65, 74, 75, 80, 81, 82, 83, 84, 85, 88, 90, 91, 95, 101, 102, 103, 117, 123, 127, 128, 129, 131, 132, 133, 136, 137, 142, 143, 144, 145, 146, 147, 152, 153, 154, 156, vorderes und rückwärtiges Umschlagbild.
Die Karten auf Seite 9 und 72 sowie die Stiftswappen wurden von Franz Attems gezeichnet, die Erläuterungen der Fachausdrücke stammen ebenfalls von Franz Attems.

Die Aufnahmen von Kurt Roth wurden
mit der Kamera Pentax 645 gemacht.

Satz: Lasersatz Josef Maringer, 5751 Maishofen
Druck- und Bindearbeiten: Ueberreuter Buchbinderei
& Buchproduktion Ges. m. b. H., 2100 Korneuburg
Farbreproduktionen: Ifolith, Fotolitho, 6020 Innsbruck
Printed in Austria
ISBN 3-7016-2296-5

INHALT

KIRCHEN UND STIFTE DER STEIERMARK

In einem Land, das, wie Egon Kapellari es einmal ausdrückte, so „reich an Zeugnissen einer geglückten Wechselbeziehung von Kirche und Kunst vor allem im Zeitraum zwischen Romanik und Barock" ist, ein Buch mit dem Titel „Kirchen und Stifte der Steiermark" zu schreiben, muß ein Wagnis sein. Wir sind es eingegangen und haben den Versuch unternommen, aus den über 570 Kirchen der Diözese Graz-Seckau so gezielt auszuwählen, daß bei den rund elf Prozent, die in Rahmen und Umfang dieses Buches paßten, eine möglichst repräsentative Darstellung der Sakralbauten in der Steiermark entstehen konnte. Es war unser Ziel, ein Bild zu entwerfen, das eine „gerechte" Gewichtung der verschiedenen Stilrichtungen ebenso anstrebt, wie den Nachweis der unglaublichen Vielfalt jener Kunstwerke, in denen uns nach Hans Riehl „der göttliche Funke noch stärker berührt als in der Natur, weil er den Tiefen des menschlichen Geistes entspringt und im beseelten Wesen unmittelbaren Widerschein wecken kann". Zu zeigen, daß man dies in der Grünen Mark zu allen Zeiten begriffen und danach gehandelt hat, war das Streben ebenso, wie deutlich zu machen, daß Kirchen mehr sind als Ausstellungsräume für großartige Kunstwerke, daß sie von religiösem Leben erfüllte Bauwerke sind und für eben dieses Leben eingerichtet und zur höheren Ehre Gottes ausgestaltet.
Bei der konkreten Arbeit, die den aktuellen Stand des Jahres 1988 berücksichtigt, im Wissen, daß sich vieles schon in kurzer Zeit wieder geändert haben kann, haben wir einerseits Anliegen zu verwirklichen versucht und andererseits sind einige Dinge klar hervorgetreten:
Von vornherein stand fest, daß hier alle Stiftskirchen, auch die der aufgehobenen Stifte, behandelt werden sollten. Unter den Kirchen wurde eine möglichste Ausgewogenheit der Stile angestrebt und auch eine bestmögliche Berücksichtigung der geographischen Streuung. Wenn nun bei der Betrachtung der Übersichtskarte auffällt, daß in der südöstlichen und in der westlichen Steiermark im Vergleich zum Oberland verhältnismäßig wenige Kirchen beschrieben wurden, ist dies darauf zurückzuführen, daß in diesen Gebieten durch Jahrhunderte Kriegsereignisse, von den Türkenkriegen bis zum Zweiten Weltkrieg, bedeutendere Gotteshäuser ganz zerstört oder zumindest in ihrer Substanz so angegriffen haben, daß eine Beschreibung nicht gerechtfertigt erschien.
Mit Schrecken mußte im Laufe der Bestandsaufnahme und der Besichtigung der beschriebenen Objekte festgestellt werden, wieviele Sakralwerke in den letzten Jahren brutalen Diebstählen zum Opfer gefallen sind, was unter anderem dazu geführt hat, daß immer mehr Kirchen außer zu den Gottesdienstzeiten zugesperrt sind.
An diese betrübliche Anmerkung sei gleich eine höchst erfreuliche gefügt: Es ist bewundernswert, in welchem Ausmaß in der Steiermark die Bereitschaft der offiziellen Stellen mit der in vielen Fällen unglaublichen Opferwilligkeit der Bevölkerung ineinandergreift, so daß ein so überragender Teil der bestehenden Kirchen — vor allem aber der hier dargestellten — in einem geradezu brillanten Zustand ist.
In diesem Buch wird angestrebt, die jeweiligen Sakralbauten so darzustellen, daß man das Sehenswerteste schnell auffindet, was durch die meisterhaften Fotografien zusätzlich erleichtert wird. Es kann aber selbstverständlich nur der Anstoß gegeben werden, sich bei den beschriebenen Kirchen an Ort und Stelle über Unerwähntes und nicht Gezeigtes weiter zu informieren und darüber hinaus hoffentlich die Lust geweckt werden, auch Gotteshäuser zu besuchen und ihre Schönheit zu bewundern, die in diesem Rahmen nicht berücksichtigt werden konnten.
Von vornherein war klar, daß dieses Buch bei allem Bemühen nur Stückwerk sein kann, Stückwerk in Hinsicht auf die Darstellung von Entstehung, Ausgestaltung und Weiterbau der Gotteshäuser, die ein Element der steirischen Geschichte sind, Stückwerk in Hinblick auf die Auswahl und Stückwerk einfach deshalb, weil für die Beschreibung der einzelnen Objekte nur ein begrenzter Platz zur Verfügung stand.
An den Schluß muß ein mehrfacher Dank gestellt werden: zunächst der Dank an alle jene, die so viel Opfergeist, Einsatz, Einsicht und Kooperationsbereitschaft gezeigt haben, daß eine solche Fülle von Gotteshäusern in dieser Schönheit erhalten geblieben sind. Der Dank gebührt aber auch allen jenen, die durch bereitwillige Antworten oder das geradezu begeisterte Erklären verschiedener Kirchen zum Gelingen dieses Buches beigetragen haben. Ein besonderer Dank muß aber — und das nicht zuletzt — dem Verlag gesagt werden, der sich in einer Weise für dieses Buch eingesetzt und an seiner schönen Gestaltung gewirkt hat, die weit über „ein normales Maß" hinausgeht.
So ist, hoffen wir, ein Werk entstanden, das möglichst vielen Wegweisung in die Welt der sakralen Kunst der Vergangenheit in der Steiermark ist. Und hoffentlich gibt es Anreiz, sich in die Schönheit dieser großen Zeugen des Glaubens unserer Vorväter zu vertiefen und durch die Kunst, die von vielen Generationen geschaffen wurde, zumindest für eine Weile dem Alltag zu entfliehen und einzutauchen in eine Welt, die nach Rilke „uns hinreißt, tröstet und hilft".

Franz Attems　　　　Johannes Koren

GRAZ

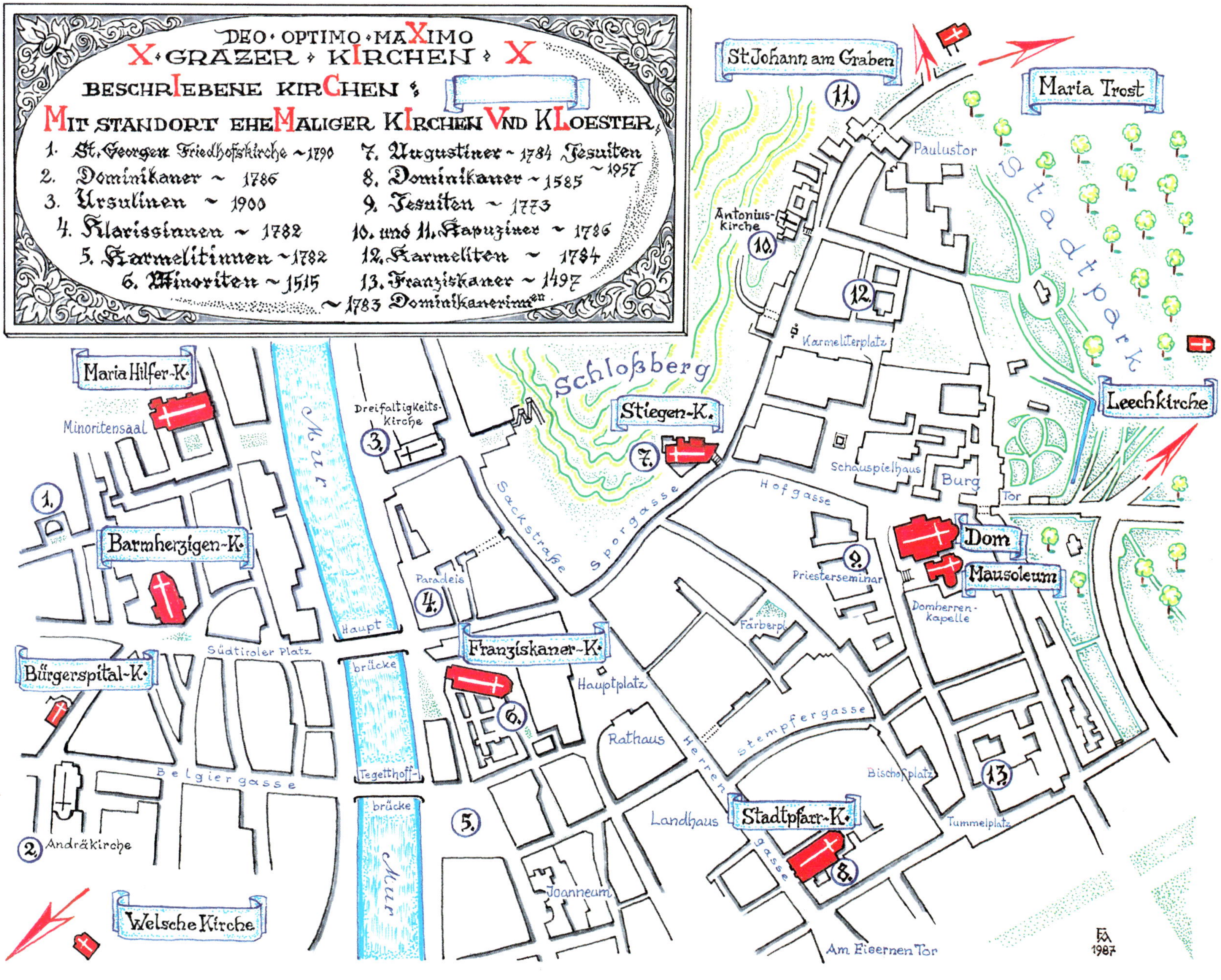
DEO · OPTIMO · MAXIMO
X · GRAZER · KIRCHEN · X
BESCHRIEBENE KIRCHEN
MIT STANDORT EHEMALIGER KIRCHEN UND KLOESTER
1. St. Georgen Friedhofskirche ~ 1790
2. Dominikaner ~ 1786
3. Ursulinen ~ 1900
4. Klarissinnen ~ 1782
5. Karmelitinnen ~ 1782
6. Minoriten ~ 1515
7. Augustiner ~ 1784 Jesuiten ~ 1957
8. Dominikaner ~ 1585
9. Jesuiten ~ 1773
10. und 11. Kapuziner ~ 1786
12. Karmeliten ~ 1784
13. Franziskaner ~ 1497
~ 1783 Dominikanerinnen
St. Johann am Graben
Maria Trost
Paulustor
Stadtpark
Antonius-Kirche
Karmeliterplatz
Leechkirche
Schloßberg
Stiegen-K.
Maria Hilfer-K.
Minoritensaal
Dreifaltigkeits-Kirche
Mur
Schauspielhaus
Burg
Tor
Hofgasse
Sackstraße
Sporgasse
Dom
Mausoleum
Priesterseminar
Domherren-Kapelle
Barmherzigen-K.
Paradeis
Färberpl.
Hauptbrücke
Südtiroler Platz
Franziskaner-K.
Hauptplatz
Bürgerspital-K.
Rathaus
Stempfergasse
Herrengasse
Belgiergasse
Tegetthoffbrücke
Bischofplatz
Tummelplatz
Landhaus
Stadtpfarr-K.
Andräkirche
Joanneum
Welsche Kirche
Am Eisernen Tor
1987

DOM UND MAUSOLEUM

Dom und Mausoleum bilden gemeinsam mit der Burg die Stadtkrone von Graz. Die Schlichtheit des Äußeren der Domkirche zum heiligen Ägidius, das nach Heinrich Wastler einst „allseits mit Fresken bedeckt war", von denen nur noch das stark angegriffene Landplagenbild erhalten geblieben ist, läßt die Pracht, die einen im Inneren der Kirche erwartet, kaum erahnen.

Schaut man vom Schloßberg auf das Ambiente Dom, Mausoleum und Burg, so wird dem Betrachter das einfache Dach des Domes, aus dem an der Nordseite ein schöner Dachreiter aufragt, in dem im übrigen seit dem Jahre 1987 ein wohlklingendes neues Geläute hängt, zunächst weniger auffallen. Zu dominierend sind die grün leuchtenden Kuppeln des Mausoleums.

Betritt man nun, von welcher Seite immer, die Domkirche, zwingen der lichte Wald der gotischen Säulen und der hohe Chor den Blick nach oben. Wer das erste Mal dieses Meisterwerk der Gotik, eingerichtet mit barockem Prunk, betritt, wird wohl am besten daran tun, sich beim Hauptportal unter dem Orgelchor aufzustellen, um von dort aus die ganze Mächtigkeit der Kirche auf sich einwirken zu lassen und sich dann auf den Weg zu den einzelnen Kostbarkeiten zu machen.

Zuerst mag er aber noch innehalten und sich daran erinnern lassen, daß die Ägidiuskirche, der Vorgängerbau des heutigen Domes, 1174 außerhalb der Stadtmauer lag. Baumeister der Kirche in der heutigen Grundform, die von Kaiser Friedrich III. in Auftrag gegeben wurde, war Hans Niesenberger, der als „Meister Johann von Graz" in die Geschichte einging. Der Kaiser ließ übrigens einen direkten Verbindungsgang zwischen der Burg und den linken Emporen im Chor errichten. Der von ihm beauftragte Neubau erfolgte von 1438 bis 1462. Im Jahr 1553 wurde Domenico dell' Allio nach Graz berufen. Er legte als Baumeister letzte Hand an den Dom. Im Jahre 1564 wurde der Dom offizielle Hofkirche und war bis 1573 auch Stadtpfarrkirche.

Doch nun zu den Einzelheiten der Einrichtung des dreischiffigen, fünfjochigen Baues, am besten auf dem angekündigten Weg durch das Mittelschiff. An einer Säule links stößt der Besucher schon auf eines der bedeutendsten Spätwerke von Raffael Donner, nämlich das Epitaph des Grafen Johann Casper von Cobenzl, eine Bleibüste, die ihresgleichen im deutschen Sprachraum sucht. Gegenüber die schwungvolle und prächtige Kanzel mit Bildwerken von Marx Schokotnigg. Die Ölbilder stammen von Johann Veit Hauckh und stellen die Heiligen Ignazius von Loyola und Franz Xaver, vier Kirchenväter und an der Rückwand Petrus und Paulus dar. Auf dem Schalldeckel die vier Evangelisten und Engelputten.

Dann folgen zwei Säulenaltäre, und zwar links jener von Philipp Jakob Straub, dem Johannes Nepomuk geweiht, mit einem Altarblatt und einem Oberbild von Philipp Carl Laubmann; gegenüber der Aloisiusaltar aus 1745, ebenfalls von Straub. Am Ende des Mittelgangs links und rechts von den Treppen, die in den Chor führen, die zwei größten Schätze, die der Dom birgt. Es sind die beiden aus Elfenbein geschnitzten Brauttruhen derer von Gonzaga aus dem Jahre 1477, die nach Graz gebracht, nunmehr als Reliquienschreine fungieren und zu den bedeutendsten Beispielen der Schnitzkunst des Quattrocento gehören. Über den Truhen schöne Holzfiguren von Heiligen, wahrscheinlich von Philipp Jakob Straub.

Bei der Bewunderung dieser Schätze sollte man an ein Werk denken, das seit vielen Jahren aus dem Dom verschwunden ist und nach seiner Restaurierung wieder an seinen alten Platz über dem Seiteneingang an der Südseite zurückkehren soll. Es ist die gotische Darstellung der Kreuzigung Christi von Konrad Laib aus dem Jahre 1457, wohl eines der bedeutendsten mittelalterlichen Malwerke überhaupt, das durch eine notwendig gewordene Restaurierung aus der Kirche entfernt wurde. Man kann nur hoffen, daß dieses grandiose Meisterwerk bald wieder in den Dom zurückkehrt.

Nun aber die Stufen hinauf ins Presbyterium mit seinem prunkvollen Chorgestühl und seinen insgesamt vier Emporen, deren älteste aus dem Jahre 1462 stammt. Gegenüber der vorderen linken Empore ein großes Bild von De Monte, auf dem Erzherzog Karl II. mit Frau und Kindern dargestellt ist.

Dann darf sich der Blick endgültig dem Hochaltar zuwenden und dieses symphonische Meisterwerk des Barock hinaufbegleiten bis in die hohen gotischen Gewölbe. Der Jesuit Georg Kruxner war der geniale Konzipient dieses Hauptwerks der spätbarocken Kunst der Steiermark. Im Zentrum des prunkvollen Säulenaltars das Hauptbild, nämlich eine Darstellung des hl. Ägidius von Franz Ignaz Flurer aus dem Jahre 1733. Die Figuren im Aufsatz sind weiß gefaßt und stellen die vier Evangelisten und die christlichen Tugenden dar. Im obersten Teil eine wunderschöne „Krönung Mariens". Alle Statuen schuf Johann Jakob Schoy. Neben beziehungsweise vor dem Altar sind das Grabdenkmal für Kaspar von Herberstein sowie zwei Sanctusleuchter aus dem Jahr 1674 besonders bemerkenswert.

Aus dem Altarraum in den tiefer gelegenen Teil des Domes zurückgekehrt, ist man am prachtvoll intarsierten Chorgestühl vorbeigekommen und findet, wenn man sich nach rechts wendet, den Verkündigungsaltar Veit Königers mit dem Altarblatt „Mariä Verkündigung“ von de Pomis und daneben das wahrscheinlich auch von de Pomis entworfene Grabmal des Grafen Sigismund von Trauttmansdorff. Es folgt die Pestkapelle aus dem Jahre 1617 mit einem sehr guten Herz-Jesu-Bild, wahrscheinlich des Kremser Schmidt, und einem schönen barocken Taufbecken. In der darauffolgenden Franz-Xaver-Kapelle mit beeindruckender Stuckierung am Gewölbe und am Eingang die Darstellungen aus dem Leben des Heiligen, ist ein Altarblatt zu sehen, das vermutlich die Kopie eines Gnadenbildes aus Neapel ist. Im Antependium ein Marmorrelief, das den Tod des Franz Xaver darstellt, und Francesco Robba zugeschrieben wird. Über dem Kapelleneingang, der wie im übrigen alle Kapellen im Dom, durch prachtvolle Schmiedeeisengitter abgeschlossen ist, ein großes Fresko des hl. Christophorus aus etwa 1460. Wendet man sich wieder von vorne nach links, stößt man zuerst auf den Ignaziusaltar, ebenfalls ein Werk Veit Königers, mit einem Ignaziusbild von de Pomis. In der folgenden „Mutter-der-Schmerzen“-Kapelle ein schöner Marmor-Säulenaltar und ein de Pomis zugeschriebenes Altarblatt der „Schmerzhaften Maria“. Besonders stimmungsvoll ist die anschließende Kreuzkapelle mit einem schwarz-gold gefaßten Säulenaltar. Am Antependium der Leichnam Christi aus 1745 von Philipp Jakob Straub. In der Altarmitte der in der Gesamtkonzeption Franz Carlone dem Älteren zugeschriebenen Kapelle ein wunderschönes spätgotisches Kruzifix aus etwa 1520. Auch über dieser Kapelle ein riesiges Christophorusfresko aus der Zeit zwischen 1460 und 1470, das die Züge Kaiser Fried-

Hl. Christophorus mit den Zügen Friedrichs III.

Marienkrönung im Aufsatz des Hochaltars

richs III. trägt. Wenig bekannt ist, daß über den beiden letztgenannten Kapellen noch ein Teil jenes Ganges existiert, der 1830 abgebrochen wurde und eine direkte Verbindung über die Bürgergasse zur Jesuiten-Universität darstellte.

Von der Einrichtung des Domes unbedingt zu beachten sind das reich geschnitzte Gestühl, die schönen Beichtstühle und die mächtige, erst 1983 völlig neu gestaltete Orgel. Besonders lieblich ein freigelegter Teil eines Muttergottesfreskos rechts über dem Sakramentsaltar, und ebenfalls nicht zu übersehen die prunkvolle Barockeinrichtung der reich stuckierten Sakristei.

Umschreitet man das Gotteshaus, das ab 1577 Universitätskirche der Jesuiten war und seit 1786 Dom, muß man wenigstens dreimal innehalten, um zumindest die bedeutendsten Werke an der Außenfassade zu betrachten. Da ist einmal das Hauptportal mit Kielbogen aus 1456, spätgotischen Engelbüstenkonsolen, auf denen neugotische Heiligenstatuen von Jakob Gschiel stehen. Über dem Portal unter anderem Wappenschilde von Österreich und Portugal sowie die Inschrift AEIOU. An der Südseite das berühmte „Landplagen-Bild", auf dem Pest, Türken und Heuschreckenplage dargestellt sind, und das, aus 1485 stammend, gleichzeitig die älteste Darstellung von Graz ist. Es dürfte von Meister Thomas von Villach gemalt worden sein. Das dritte Mal muß man an der der Burg gegenüberliegenden Seite des Domes innehalten und die Barbarakapelle aufsuchen, die, unter dem Hoforatorium gelegen, ursprünglich Sakristei war und erst 1750 ihre heutige Funktion erhielt. Zu ihrer Ausstattung gehören ein gotisches Kreuz aus dem Jahr 1500 und farbenprächtige Betonglasfenster von Alfred Wickenburg aus dem Jahr 1965. Die Barbarakapelle — und diese Anmerkung ist vielleicht gerade im Jahr 1988 von Be-

Detail aus einer der Gonzaga-Brauttruhen

deutung — war in der Zeit des Dritten Reiches Treffpunkt eines Teiles jener katholischen intellektuellen Jugend, die sich gegen das Naziregime auflehnte.

Das Mausoleum Ferdinands II.

Wie ein Kontrapunkt zum Dom steht, nur durch ein schmales Gäßchen von ihm getrennt, das Mausoleum Kaiser Ferdinands II. Dieses „Stück Rom in Graz", wie es der deutsche Architekt Peter Behrens einmal nannte, wurde im Auftrag Ferdinands von Pietro de Pomis begonnen und von Pietro Valnegro vollendet. Es ist eines der bedeutendsten Baudenkmäler Österreichs aus der Übergangszeit des Manierismus zum Barock. Gleichzeitig ist es der wichtigste Repräsentativbau des steirischen Hofes aus der Zeit der Gegenreformation, was vor allem in den Kuppelfresken der Gruftkapelle deutlich wird, in der übrigens auch vier Porträts Ferdinands II. zu sehen sind. Wer die von Kaiser Leopold I. geförderte Ausstattung bewundern will, muß sich zuerst im Dompfarrhof den Schlüssel besorgen, weil das Mausoleum normalerweise geschlossen ist.

Betritt der Staunende dann dieses Wunderwerk der Architektur, dessen Innenausstattung zum Teil von Johann Bernhard Fischer von Erlach stammt und das der hl. Katharina von Alexandria geweiht ist, steht er wahrscheinlich noch unter dem Eindruck der bewegten Außenfassade, die bis zum Giebel mit reichem Schmuck und mächtigen Statuen, wie zum Beispiel der hl. Katharina und zweier Engel, ausgestattet ist. Dann kann er sich sofort den Gewölbefresken und der Stukkatur im Langhaus widmen. Die Fresken aus etwa 1688 stellen die Taten Leopolds I. und des Kaiserhauses, zum Beispiel im Kampf gegen die Türken vor Wien, dar. Der Entwurf für den Stuckschmuck stammt von Fischer von Erlach. Im monumentalen Kuppelfresko ist der Stammbaum des Kaisers dargestellt. Im Kuppelscheitel die Verherrlichung des Namens Jesu und des Jesuitenordens. Alle Fresken sind von Franz Steinpichler. Die Deckenfresken in den Seitenteilen des

Der Gruftraum des Mausoleums

Querschiffs stellen links Ungarn, von einem Greif verteidigt, und rechts den Leopoldsadler mit der Ungarnkrone dar. Im linken Teil befindet sich auch ein 1701 vollendeter Marienaltar, wahrscheinlich von Marx Schokotnigg und an der Wand ein Porträt Kaiser Ferdinands III. Im rechten Teil an der Wand ein Porträt Kaiser Leopolds I. Von diesem Teil des Mausoleums aus gelangt man, vorbei an einem der bedeutendsten „Heiligen Gräber", einem Werk Veit Königers aus 1769, in den Gruftraum im Untergeschoß, in dem der aus rotem Marmor hergestellte Sarkophag mit den Liegefiguren Karls II. und seiner Gattin Maria von Bayern steht. Sebastian Carlone schuf dieses Meisterwerk, das eine Kopie seines 1580 für das Mausoleum in Seckau angefertigten Grabmals ist. In Wandgräbern und sogenannten „Herzgrüftln" sind die Gebeine und Herzen Kaiser Ferdinands II. und seiner Gattin Maria Anna von Bayern bestattet. Vier leuchtertragende Engel aus Terrakotta aus dem Anfang des 17. Jahrhunderts sind der bescheidene Schmuck. Prunkstück des Mausoleums, an dessen Stelle schon 1265 die romanische Katharinenkapelle stand, ist der Hochaltar, der von Bernhard Fischer von Erlach entworfen und dessen Hauptfigur, die hl. Katharina, umrahmt von kunstvoll gestalteten Säulen, von Marx Schokotnigg geschaffen wurde.

Für Interessierte: auf der Kuppel über der Gruftkapelle ein mächtiger vergoldeter Reichsadler, der als „Wetterhahn" funktioniert und sich mit dem Winde dreht; in einem Raum rechts hinter dem Hochaltar (links befindet sich die Sakristei) gibt es eine Kopie des Landplagenbildes zu sehen, auf der selbstverständlich alle wichtigen Einzelheiten viel deutlicher zu erkennen sind als am Original an der Außenseite des Domes.

Das Mausoleum mit Dom (links) und Domherrenhaus (rechts)

STADTPFARRKIRCHE

Von welcher Seite man immer in die Herrengasse, die Hauptgeschäftsstraße der steirischen Landeshauptstadt, schaut, die schwungvolle Zwiebelhaube des wuchtigen Dachreiters der Stadtpfarrkirche, von vielen fälschlich als Kirchturm angesehen, den Joseph Stengg entwarf (1781), ist der architektonische Blickfang schlechthin. Wuchtig steht sie mit ihrer reichgegliederten Westfassade, mit drei Eingangstoren, der stets reich bevölkerten Straße zugewendet. Vier Sandsteinfiguren von Josef Schokotnigg, im Jahre 1742 geschaffen, grüßen die Vorbeieilenden. Auf dem Giebelgeschoß ebenfalls Figuren aus Sandstein, Glaube und Hoffnung sowie Engelputten, wahrscheinlich von Veit Königer. Das Hauptportal stammt von Josef Hueber.

In der Relation zur prächtigen „Schauseite" der Stadtpfarrkirche zum heiligen Blut mag den Betrachter manches an der Innenausstattung der Kirche in seinen Erwartungen enttäuschen, wenn es auch mehr als genug künstlerisch Wertvolles zu bestaunen gibt. Am fündigsten wird man, wenn man den rechten Eingang von der Herrengasse benützt und geradeaus in das rechte Seitenschiff der Kirche, die ehemalige „neue Capellen in der Judengasse", geht, seinerzeit als Corpus-Christi-Kapelle bekannt, die Kaiser Friedrich III. 1440 erbauen ließ und die er 1464 den Dominikanern für eine Niederlassung widmete.

Das netzrippengewölbte Schiff endet in dem von einer längselliptisch reich stuckierten Kuppel überwölbten Altarraum von Josef Hueber. Das wunderschöne Altarblatt ist heute eine „Himmel-

Der mächtige Turm mit der Stadtkrone im Hintergrund

fahrt Mariens“ von Tintoretto und gehört zu den Prachtstücken der Kirche. Mächtige Statuen von Philipp Jakob Straub, zum Teil ergänzt durch Nachschöpfungen von Hans Neuböck, geben dem Altar zusätzlich Prunk. Über dem Altar ist ein Kruzifixus, der aus der frühen Bauzeit der Kapelle stammt, dessen Haupt trotz eines Bombentreffers im Jahr 1944 unversehrt blieb und dessen Corpus eine Neuschöpfung ist, wieder aufgestellt. Im St.-Johannes-Schiff, durch das man zu diesem Altar gelangt ist, gibt es zahlreiche wertvolle Wappenreliefs und Grabplatten, eine Schmerzhafte-Muttergottes-Kapelle mit einem Wappenrelief des Georg Stuerckh von Plankenwarth.

Dieser älteste Teil der Kirche wurde 1977 vom bekannten Künstler Fritz Hartlauer durch Gitter aus Profileisenschienen und durch geätztes Glas mit den für ihn typischen Urzellenmotiven von den drei Schiffen des Hauptbaues getrennt, was die Benützung des Johannesschiffs als abgeschlossenen Sakralraum, der vor allem auch am Abend offengehalten werden kann, möglich macht.

Der spätgotische dreischiffige Hauptbau mit einem fünfjochigen Langhaus und einem dreijochigen Chor vermittelt einen starken Hallencharakter, verstärkt durch die Konfiguration der Netzgewölbe. Dramatische Eingriffe hat die Kirche mit ihrer aufgelockerten Raumfolge im Zuge der Regotisierung über sich ergehen lassen müssen. In den Jahren 1875 bis 1883 wurde, nachdem schon vorher vier Kapellen demoliert worden waren, die ganze ausgezeichnete Barockeinrichtung entfernt und zum Teil zerstört, der Rest ist fast zur Gänze verlorengegangen. Gerettet wurden lediglich die Chorgestühlreliefs von Jakob Straub, zwei Bilder von Ignaz Flurer und ein Bild von Johann Veit Hauckh, die sich heute zum Teil im Propsteihof der Stadtpfarrkirche, im Diözesanmuseum und im Joanneum befinden. Die heutige neugotische Einrichtung stammt in der Hauptsache von Jakob Gschiel, ausgenommen zum Beispiel das Kreuz über der Altarmensa, das von Hans Brandstetter geschaffen wurde. Die Qualität der Ausstattung, zu der auch die reich geschnitzte Kanzel im Stil der Neugotik gehört, ist nach Meinung der Kunstexperten sehr unterschiedlich. Nicht gleich bemerken wird man, daß die Glasgemälde der großen Fenster im Chorraum zeitgenössische Werke sind, die von 1950 bis 1953 vom Salzburger Albert Birkle geschaffen wurden, nachdem die alten Fenster ein Opfer der Bomben geworden waren. Eine besondere Attraktion — wenn auch eher in die Richtung Sensationswert — ist die Darstellung Hitlers und Mussolinis im unteren Teil des linken Chorfensters. Die beiden befinden sich unter den Verfolgern Christis, die zum Programm der Fenster, nämlich der Passion seines Opfertodes, der Auferstehung, und in einem Westfenster des Weltgerichts und einer Lamm-Gottes-Darstellung gehören.

Von Bedeutung sind auch hier im Hauptteil der Kirche zahlreiche Grabdenkmäler, unter ihnen vor allem jene von Bischof Dr. Hammer (1639) im Chor mit einem lebensgroßen Relief und an der Nordwand der Epitaph für den Bildhauer Sebastian Erlacher (†1649), dessen reiche Gestaltung seinem Werkstättennachfolger Johann Baptist Fischer zugeschrieben wird, sowie das Grabmal für Thaddäus Kajetan Bernhard von Attems (†1750) mit reichem Aufbau nach Art Josef Huebers mit einem Porträtrelief des Verstorbenen, gewidmet „dem unbesiegbaren Hüter des Rechtes, Liebling der Völker, Zierde der Steiermark“.

Beachtenswert ist noch die 1970 geschaffene neue Orgel, ein Werk des Vorarlberger Meisters Riegler (von ihm stammt auch die Orgel in Admont), die zu den be-

Grabdenkmal Th. K. B. Attems

deutendsten und klangvollsten Instrumenten ihrer Art in der Steiermark gehört.

Im Hofraum der Propstei sind eine „Schmerzhafte Muttergottes“ und ein „Schmerzensmann“ von Jakob Schoy sowie ein „Vier-Evangelisten-Brunnen“ aus 1964 von Edwin Eder zu sehen. Was wenig bekannt ist: Die Kapelle Mariä Himmelfahrt neben der Landstube im Landhaus in der Herrengasse mit einem Patroziniumsbild von Hans Hainz auf dem Altar aus dem Jahre 1630 gehört zum Bereich der Propsteipfarre Zum Heiligen Blut.

STIEGENKIRCHE

Der rote Zwiebelturm mit dem farbigen hl. Paulus als „Wetterfahne" darüber dominiert den Südostabhang des Schloßbergs von Graz zwischen Uhrturm und Sporgasse. Weithin sichtbar grüßt er auf die Stadt hinunter und ist das äußere Zeichen der „Stiegenkirche", heute Gottesdienststätte der katholischen studierenden Jugend und in ihrer wechselhaften Geschichte manchen Wandlungen auch in ihrem baulichen Bestand unterzogen. Die erstmals 1343 genannte Kirche „St. Paul im Walde" ist zwar eine der frühesten, nicht aber die, wie von manchen Geschichtsschreibern festgehalten, älteste Kirche von Graz. Seinen heutigen Namen hat das Gotteshaus, das im 14. und 15. Jahrhundert immer wieder Besitztümer erhielt und das nach der Weigerung der Dominikaner, es zu übernehmen, an die Augustiner-Eremiten kam, von den genau 63 Stiegen, über die man, nachdem man den Hauseingang Sporgasse Nr. 21 durchschritten hat, zu ihm hinaufgelangt. Die Augustiner-Eremiten bauten die Kirche zwischen 1619 und 1627 ganz um. Im Jahr 1885 wurde sie schließlich von den Jesuiten übernommen, die von Karl II. von Innerösterreich und seiner Gattin Maria Anna von Bayern nach Graz geholt worden waren, um hier eine Universität zu errichten und im Kampf um die Rekatholisierung des Landes zu helfen, und sie blieben mit einer Unterbrechung zwischen 1939 und 1945 bis zum Jahre 1957. Dieses Jahr brachte mit dem Rückzug der Jesuiten aus Graz — bis auf einen Beichtvater im Dom, den es bis heute gibt —, einen schweren Schlag für das geistige und geistliche Leben der Stadt.

Die Kirche selbst mit dem an den Schloßberg geschmiegten Klostertrakt wurde im Krieg schwer beschädigt und 1948 wiederhergestellt. In die mit einem intimen kleinen Altar aus dem 19. Jahrhundert ausgestattete Kirche kam mit den Flachreliefs von musizierenden Engeln an der Brüstung der Musikempore, die Othmar Klemencic schuf, ein erstes modernes Element.

Drei Jahre nachdem die Jesuiten Graz verlassen hatten, erfolgte eine einschneidende Veränderung der Einrichtung der Kirche. Der alte Altar mußte weichen, offensichtlich weil man glaubte, besonders intensiv den neuen liturgischen Vorschriften Folge leisten zu müssen, und das schöne Altarblatt „Mariä Verkündigung" von Hans Adam Weissenkircher, im übrigen eine Leihgabe der Grafen Attems an die Kirche, wurde in die rechte Seitenkapelle „verbannt". Der bedeutende Grazer Maler Werner Augustiner schuf für den Chor ein über die ganze Breite gehendes Bild mit vier Szenen aus dem Leben des hl. Paulus. Proteste aus den Kreisen der Gläubigen ließen es allerdings bald hinter einem violetten Vorhang verschwinden. Über dem Fronbogen wurde ein interessantes Kruzifix von Ulf Mayer aufgehängt, das allerdings seit der neuesten Umgestaltung der Kirche aus dem Kirchenraum verschwunden ist und nunmehr in der Sakristei seinen Platz gefunden hat. Ebenfalls entfernt wurde das Altarbild Augustiners, das zusammengerollt sein Dasein in einem Seitenraum fristet. Um dieses Bild gab es außerdem einen in der jüngeren Kunstgeschichte wohl einmaligen Vorgang. Ohne das Wissen und die Zustimmung des Künstlers wurde nämlich nach seinem Bild ein wesentlich kleinerer Teppich gewebt, der die eigenartige Signatur „Augustiner 1960" links unten und „Schegula 1984" rechts unten trägt, und der im hinteren Teil der Kirche aufgehängt ist.

In der Apsis dominiert jetzt ein großes abstraktes und sehr meditatives Bild von Gottfried Mayrwöger, einem Vertreter des österreichischen Informel aus der Schule Wolfgang Holleghas. Der schöne Weissenkircher hängt nach wie vor in der Seitenkapelle zwischen zwei barocken Beichtstühlen, und vor ihm ist ein hoher glatter Metalltabernakel aufgestellt, der ebenso befremdend wirkt wie die kunterbunte Einrichtung der Kirche. In einer weiteren kleinen rechten Seitenkapelle befindet sich ein Schrein mit einer liegenden Statue der hl. Donata mit ihrem Söhnchen, deren Reliquien im Jahre 1838 in einer festlichen Prozession von Rom nach Graz gebracht wurden. Neben dem Schrein hängt ein Stich aus der Zeit, der diese Prozession darstellt. Neben dem alten Portal, an dem außen die Jahreszahl 1631 angebracht ist, mit einem mächtigen schönen alten Schloß, rechts eine gute Darstellung des hl. Johannes Nepomuk. Sehr schön sind die an der Kirchendecke erhaltenen barocken Rundmedaillons mit Porträts. Sie zeigen über dem Presbyterium den hl. Augustinus und im Kirchenschiff den seligen A. von Savoyen und den hl. Honoratius.

Vor der Kirche neben dem Eingang steht rechts eine gute Steinfigur des hl. Johannes Nepomuk aus dem Anfang des 18. Jahrhunderts, und links befindet sich eine Nachbildung der Lourdesgrotte, über deren Gestaltung sich die Geister scheiden. Am oberen Ende der zu Beginn erwähnten Stiege, die etwa auf halber Höhe ein wunderschönes schmiedeeisernes Tor durchquert, steht eine Kreuzigungsgruppe, die aus dem ausgehenden 17. Jahrhundert stammen dürfte und von einer interessanten Stuckdarstellung der Leidenswerkzeuge umrahmt ist.

Die Stiegenkirche von der Hofgasse aus

FRANZISKANERKIRCHE

Auf dem Stich von Wenzel Hollar von 1635 ist die älteste Klosterkirche der Grazer Innenstadt als echte Bettelordenskirche zu sehen, mit einem kleinen Dachreiter und noch ohne den hochaufragenden, heute das Stadtbild so bestimmenden Turm. Das war nach der Vorschrift der Jünger des hl. Franziskus ganz in Ordnung, nicht aber für den Hofkriegsrat des 17. Jahrhunderts. Kirche und Kloster waren an einem strategisch wichtigen Ort entstanden, an der Stadtmauer und Murböschung, womit der Auftrag verbunden war, an dieser Stelle die Stadt auch zu verteidigen. So mußte der Konvent, nachdem auch Zuwendungen des Landes und privater Wohltäter für das Kloster gesichert waren, dem festen Turmbau schließlich zustimmen, und 1643 waren die Grundmauern gelegt. Nach seiner Vollendung im gleichen Jahr ermöglichten Spender, daß ein „proportionirtes Glocken Geleuth auf ihren Unkosten" aufgezogen werden konnte. Erst 1740 bekam die Turmhaube ihre „welsche" Zwiebelform. Das Kloster blieb bis 1515 in der Hand der Minoriten, die es für den Franziskanerkonvent, bisher am Tummelplatz stationiert, räumen mußten. Nach dem Einzug der Brüder begann sogleich der Umbau des Langhauses der alten Kirche zu einer dreischiffigen Staffelhalle mit massiven Pfeilern und einem Netzrippengewölbe. Die bisherigen Umfassungsmauern wurden dabei mitverwendet.

Doch kehren wir noch kurz an den Anfang der Klostergeschichte zurück. Bereits 1239 werden in Graz die ersten beiden Minoriten urkundlich genannt, wenige Jahre nach dem Tode ihres Ordensgründers; ihre Zahl wuchs rasch an. Um 1277 dürften Klosterbau und Langhaus vollendet gewesen sein. Der Chor wurde etwa fünfzig Jahre später fertiggestellt, sein Aussehen hat sich im wesentlichen bis heute erhalten, doch ist sein polygonaler Abschluß 1945 durch Bomben zerstört und nach dem Kriege neu aufgeführt worden. Auffallend ist die Schrägstellung der Kirche, die wahrscheinlich durch einen ehemaligen Seitenarm der Mur zu erklären ist.

Den Zugang in das Innere des Gotteshauses könnte man vom Franziskanerplatz aus wählen, von wo man zunächst in den alten Kreuzgang gelangt, der einen echt franziskanischen, idyllischen Klostergarten umgibt. Dieser Gang ist auch ein etwas düster wirkender Friedhof, dessen zum Teil bedeutsame Grabdenkmäler an den Wänden bis ins 15. Jahrhundert zurückreichen. Bei Grabungen fand man die sterblichen Überreste des Andreas Greisenegger; so wird zumindest vermutet. Der Ritter war mit Baumkircher zwischen den beiden Murtoren 1471 als Verschwörer gegen Kaiser Friedrich III. geköpft worden. Er ist dann, so der Archivbericht, „in den Krewczgang ze sannd Jacob minner Brueder, ze nachst den klain turlein" bestattet worden. Die erwähnte Jakobskapelle neben dem Türlein im Gang entstand im 14. Jahrhundert und war zunächst wahrscheinlich Kapitelsaal. An ihrem Chorabschluß befindet sich außen eine kleine Kapelle mit einer Antoniusstatue von 1719. Johann Jakob Schoy schuf sie ursprünglich für die Dreifaltigkeitssäule, welche einst bei der Einmündung der Sackstraße in den Hauptplatz aufgerichtet war und heute auf dem Karmeliterplatz steht.

Das Innere der Franziskanerkirche wurde oft umgestaltet. Im 19. Jahrhundert hat

Chorabschluß und Jakobskapelle

man die Barockaltäre fast ausnahmslos entfernt und durch neugotische Retabeln ersetzt. Heute sieht man die Neugotik auf ein Minimum reduziert, die letzte Innenrenovierung ist hervorragend gelungen, ergibt ein harmonisches und dem gotischen Raum gut eingefügtes Gesamtbild. Im Langchor dominieren jetzt moderne Sakralwerke, an deren Spitze Alexander Silveris 1957 geschaffenes großes Metallkreuz zu nennen ist. Der Künstler gestaltete einen maßvoll expressiven Christus, dessen schmaler Leib am Kreuzesstamm zu schweben scheint, die Auferstehung gleichsam vorwegnehmend. Das Kreuz erhebt sich über einem kunstvoll gestalteten Tabernakel von Ulf Mayer. Nicht minder bedeutend ist die figurenreiche und farbenkräftige Verglasung der Chorfenster, 1960 bis 1962 von Franz Felfer ausgeführt, die ein umfangreiches, phantasievoll gestaltetes marianisches Programm und Heiligenfiguren aufweist. Als gelungen kann auch die Neugestaltung des Volksaltares bezeichnet werden, für den man als Antependium das wertvolle Apostelrelief, um 1600 entstanden und seinerzeit am Hochaltar aufgestellt, verwendete. Hingegen ist der Ambo am Triumphbogen etwas zu massiv ausgefallen. An der linken Chorwand fand nunmehr die anmutige Immaculatastatue von Josef Schokotnigg ihren Platz. Außer den Kirchenbänken, die im Langhaus mit Intarsien reich versehen sind, ist nur noch in der Antoniuskapelle Barockes zu finden, denn das Mariahilfbild am rechten Langhausaltar kam erst aus dem aufgehobenen Kloster der Karmelitinnen hierher. Manche Barockwerke kamen an andere Orte, zum Beispiel nach Maria Trost, vieles ist heute verschollen.

Die nach dem Altarbild benannte Antoniuskapelle, rechts vom Haupteingang, erbaute 1723 Josef Carlone. Besonders bemerkenswert ist die Pietà am Altar, ein dem Marx Schokotnigg zugeschriebenes Werk. An der Wand neben dem Kapelleneingang erhebt sich die Marmorarchitektur eines großen Grabmals, von Wappenkartusche und Engelputten mit Vanitassymbolen überkrönt. Der Maler Franz Ignaz Flurer lieferte den Entwurf. Es wurde für Ignaz Maria (I.) Graf Attems (gestorben 1732) und für seine zweite Frau, Christina Creszentia Gräfin Herberstein, geschaffen, wie die ausführliche Inschrift dokumentiert.

Wenn man die Franziskanerkirche wieder durch den Kreuzgang verläßt, kann man noch im Süd- und Westflügel die erst 1974 freigelegten Freskenfragmente besichtigen, bedeutende Malereien, entstanden Ende des 16. Jahrhunderts nach Kupferstichen von Marten de Vos. Im Dachreiter der schon erwähnten Jakobskapelle hängt eine kleine Glocke von 1272.

Der erneuerte und teilweise modernisierte Chor

BARMHERZIGENKIRCHE

Selbst wer wohlvorbereitet durch einen Kunstführer die Barmherzigenkirche am Beginn der Grazer Annenstraße betritt, wird mehrfach überrascht. Zuerst wird ihn der geschlossene Bau des weiträumigen Langhauses mit sechs dazukomponierten Kapellen in einer Intensität beeindrucken, wie sie kein noch so liebevoll gestalteter Führer ins Wort zwingen kann. Und dann blickt er unwillkürlich — und das ist die nächste Überraschung — auf das große verhangene Altarblatt und muß entsetzt zur Kenntnis nehmen, daß dieses Meisterwerk des Italieners Corrado Giaquinto, die Himmelfahrt Mariens darstellend, im Jahr 1977 ein Raub der Flammen wurde und bis heute nicht ersetzt werden konnte. Zum Glück gibt es das „Modello" dazu in der Galleria Borghese in Rom (ein Foto hängt übrigens im Gang hinter der Sakristei, der zu den Spitalsräumlichkeiten der Barmherzigen Brüder führt), und man denkt daran, eine Kopie in der ursprünglichen Originalgröße anfertigen zu lassen. Auch die wunderschöne Abendmahl-Darstellung des Kremser Schmidt wird der Besucher weder — wie in bekannten Kunstpublikationen angegeben — im Chor der Kirche finden, noch im Refektorium, wo sie vorher hing, sondern im neuen Festraum der Konventanlage.

Nach diesen eher betrüblichen Feststellungen sollte man sich aber in der Hoffnung, daß der Hochaltar bald wieder in vollkommenem Glanz erstrahlt, dem Rausch aus Farben und Formen, komponiert aus Fresken, Statuen, Gewölben und ausgewogener Barockarchitektur, hingeben und die Kloster- und Spitalskirche, die gleichzeitig Garnisonskirche ist, genauer in Augenschein nehmen. Schon von außen bietet das Gotteshaus durch sein hohes Satteldach, vor allem aber durch den besonders bemerkenswerten Turm mit konkaven Wandflächen einen großartigen Anblick.

Der mächtige Hochaltar ist ein die ganze gerade Chorwand einnehmendes Meisterwerk Josef Schokotniggs, geschaffen zwei Jahre vor seinem Tod, nämlich 1752. Der großartige Altar zeigt, hervorragend gegliedert, Säulen und Figuren. Ober der muschelförmigen Attika die drei Erzengel, wobei Michael mit dem Flammenschwert und Kreuz, Raphael mit Skapulier der Barmherzigen Brüder und Gabriel mit dem Granatapfel dargestellt sind. In der Mitte Gottvater in einer Engelsglorie und zu beiden Seiten des einstigen Altarblattes die plastischen Hauptgruppen, wobei links Papst Pius V. bei der Gründung des Ordens und rechts der heilige Kardinal Karl Borromäus bei der Reichung der Kommunion an einen Pestkranken zu sehen sind. Der Opferaltar ist etwas nach vorne gerückt und aus dunklem Marmor. Er trägt einen mächtigen goldenen Aufsatz mit Tabernakel, auf dessen Türen Flachreliefs der Jünger von Emmaus mit dem brotbrechenden Christus in der Mitte dargestellt sind. Die Fassung des Altars besorgte der Barmherzige Bruder Germanus Kauffer.

Bevor man sich zu einem Gang von einer Seitenkapelle zur anderen aufmacht, mag die Aufmerksamkeit noch der Kanzel gelten, einem besonders gelungenen Werk Matthias Leitners mit dem Erzengel Michael auf dem Schalldeckel. Unter den Füßen des Engels windet sich der Teufel mit einer Schlange als Symbol des Bösen. Die Kanzel weist auch schöne Kartuschen mit Szenen aus dem Leben des hl. Johannes von Gott, des Ordensstifters, auf. Eine Marmortafel unter der Kanzel erinnert an den Kirchenweihtag 1769.

Doch nun zu den Seitenkapellen. Links vorne befindet sich der Bruderschafts- oder Herz-Jesu-Altar mit einer beachtlichen Freskierung von Johann Christoph Vogl, die anderen fünf Kapellen wurden von Johann Mayer ausgestaltet. Für den Bruderschaftsaltar schuf übrigens Veit Königer für seinen nach Erteilung des Auftrags verstorbenen Schwiegervater Josef Schokotnigg die Figuren und schnitzte seine erste Madonna, die allerdings bedauerlicherweise durch eine neugotische Herz-Jesu-Statue ersetzt worden ist. In der Mitte links die dem hl. Ordensmitglied geweihte Johannes-Grande-Kapelle mit einem Altarblatt von Josef Tunner und in den Fresken die Marter des hl. Bartholomäus und der hl. Katharina aufweisend. Die erste Kapelle links rückwärts, der Schmerzhaften Mutter geweiht, hat ebenfalls ein Altarblatt von Tunner. Setzt man den Weg von rechts hinten fort, kommt man zuerst in die Theresienkapelle mit einem Bild der Heiligen von Ignaz Kollmann. Der mittlere Altar ist dem Ordensstifter Johannes von Gott geweiht und weist ein interessantes Altarblatt aus dem Jahre 1882 des Grazers Adolf Pirsch auf, der gegen den Willen seines Vaters und persönlich gefördert von Kaiser Franz Joseph, Maler wurde und zu einem der begehrtesten Porträtisten seiner Zeit avancierte. In der ersten Kapelle rechts vorne auf dem Kreuzaltar ein kostbares Kruzifix des Nürnberger Meisters Georg Schweigger aus 1633. Unter der Altarmensa eine Darstellung der „armen Seelen im Fegefeuer".

Die Grabmäler in der Kirche, die, wie schon erwähnt, dem Konvent der Barmherzigen Brüder gehört, sind zum Teil besonders kunstvoll gestaltet. Nach der Stiftungsurkunde aus 1615 konnte sich der Orden hier niederlassen, weil es Pater Ga-

Die prunkvolle Turmfassade zur Annenstraße

briel von Fessara gelungen war, den Bruder des späteren Kaisers Ferdinand II., Erzbischof Maximilian Ernst, ohne die scheinbar unabwendbare Amputation seines Armes zu heilen. Wichtig ist noch der Hinweis auf die schönen Kirchenbänke, die der Barmherzige Bruder Siegenbruch anfertigte, der auch 1775 das Refektorium vertäfelte. Sehr schön ist auch die reich ausgestattete Sakristei mit Gewölbeschreinen und spätbarocken Schränken. Außerdem findet sich hier gutes Stuckwerk aus dem 17. Jahrhundert. An der Ostseite der Kirche die Lorettokapelle, erbaut von Johann Georg Stengg, der 1740 auch den Turm der Kirche entworfen hat. Er wurde dann von Martin Leeb ausgeführt. In der Lorettokapelle eine italienische Mittelfigur aus 1653 und ein gemaltes Wappen des Grafen Georg von Herberstein. Auf einem kleinen Seitenaltar links vorne steht die Schiffsglocke der „SMS Thegetthoff“, die bei Marine-Gedenkfeiern geläutet wird.

MARIAHILF

An manchen Fassaden Grazer Bürgerhäuser ist eine liebliche Madonna mit Kind, gemalt oder als Relief, zu sehen. Die Darstellungen sind vereinfachte Wiedergaben des Gnadenbildes in der Pfarr- und Wallfahrtskirche Mariahilf, die unweit des rechten Murufers, dem Schloßberg gegenüber, liegt. Zu diesem Bild, das gerade erst auf den Hauptaltar gelangt war, pilgerten im regenarmen Sommer des Jahres 1697 an die 20.000 Gläubige, um die Abwendung von einer Dürrekatastrophe zu erflehen.

Wenn man durch den Haupteingang an der Straßenseite die Kirche betritt, leuchtet einem das Heiligtum mit seiner satten Farbenpracht und den bewegten Figuren schon von weitem entgegen. Von der Nähe wird der Blick zu der auf einer Wolke ruhenden Darstellung der Gottesmutter mit dem Jesuskind auf ihrem Schoß gelenkt. Maria senkt ihre Augen mütterlich-sorgenvoll auf ihren Sohn. Dieser, mit großem dunklem Blick, ist dem Beschauer zugewandt, erhebt segnend die Rechte und ist in den Mittelpunkt gerückt. Ein begnadeter Künstler hat das Gemälde geschaffen, 1611 vollendet: Giovanni Pietro de Pomis. Es wurde eines seiner bedeutendsten Werke. Wie Kurt Woisetschläger bemerkt, zeigt es „eine gewisse Abkehr von der bisher besonders betonten spätmanieristischen Bildstruktur. Die klare Trennung in irdische und himmlische Zone bleibt jedoch ebenso aufrecht wie die leere Blattmitte, welche hier nur mit einem attributhaltenden Engel gefüllt wird." De Pomis hat dieses Bild als sein einziges signiert und an einem Selbstporträt vermerkt, daß er es auf „wunderbarer Weiss mit die Engl verfertigt" habe. 150 Jahre später erhielt es die kostbare Umrahmung, ein Gerank aus Silber, das, nach oben immer üppiger werdend, den Altaraufbau mit einem Marienmonogramm abschließt.

Die Minoriten, schon seit 1239 in Graz nachweisbar, mußten ihr Kloster am äußeren Murtor 1515 den Franziskanern überlassen. Wahrscheinlich war es Seyfried der Ältere von Eggenberg, der den obdachlos gewordenen zu einem provisorischen Wohnsitz verhalf. Etwa hundert Jahre später konnten sie mit dem Bau von Kirche und Kloster beginnen, von den Eggenbergern und Erzherzog Ferdinand II. großzügig dotiert. Auf dem Gnadenbild hat de Pomis die Gemahlin des späteren Kaisers, Maria Anna von Bayern, verewigt. Auf alten Stichen ist die turmlose, von de Pomis entworfene Kirchenfassade noch zu sehen, sie wurde im Spätbarock umgestaltet, Josef Hueber setzte ihr 1744 die beiden Türme voran, und Philipp J. Straub erstellte den figuralen Schmuck. Kaiserin Maria Theresia war die Stifterin der aus türkischen Kanonen gegossenen Glocken, die 1914 wieder für Kanonen eingeschmolzen wurden.

Einst war das Innere der Wallfahrtskirche mit Fresken von Mölck ausgestattet. Als sie im 19. Jahrhundert schadhaft wurden, fand man, daß sie „eine zu reiche Farbenpracht besonders in der Landschaft und Architektur" (Josef A. Janisch) entwickelt hätten, und man hat sie entfernt. Dafür wurden in den Lünetten Medaillons im Nazarenerstil angebracht. Aus der Barockzeit blieb der Silbertabernakel am Hochaltar erhalten, den Veit Königer entwarf und den zwei große Seraphe, Philipp J. Straub zugeschrieben, Weihrauchfässer schwingend flankieren. Neben dem rechten Seitenaltar, dessen Michaelsbild

„Die Stadtmutter von Graz" von de Pomis

Anton Jantl 1770 malte, ist die Gruftkapelle der letzten Eggenberger Fürsten, die drei Zinnsarkophage enthält. Auch Hans Ulrich, bedeutend nicht nur als Mäzen von Mariahilf, wurde mit anderen Mitgliedern der Eggenberger in der Kirche beigesetzt. Wo sie liegen, weiß man heute nicht mehr. Pietro de Pomis hat man wunschgemäß in Mariahilf eine Ruhestätte bereitet. Eine Gedenkplatte für den 1633 verstorbenen großen Maler und Architekten ist am linken Langhauspfeiler angebracht.

Wenn man die Kirche durch das Seitenportal verläßt, gelangt man in den weiten Klosterhof, der zu Friedrich Hebbels Zeiten sehr stimmungsvoll gewesen sein muß, nicht nur wegen des großen Kastanienbaumes, den man zu Anfang unseres Jahrhunderts noch sehen konnte. Hebbel schreibt 1847, er sei einer, „in dem der Friede selbst seine Hütte erbaut zu haben schien." Vom Hof aus, den ein offener Arkadengang umgibt, sieht man den alten Glockenturm, über dem Westtrakt des Klosters aufgerichtet. Eine Durchgangshalle führt in den zweiten Hof zum ehemaligen Sommerrefektorium, das Joachim Carlone ab 1691 errichtet hat. Im Inneren führt ein sehenswertes Stiegenhaus in den prächtigen „Minoritensaal", von der Diözese für verschiedene Veranstaltungen gemietet. Angrenzende Räumlichkeiten beherbergen das diözesane „Kulturzentrum". Wenn man in den ersten Klosterhof zurückkehrt, kommt man im Durchgang an einem schönen schmiedeeisernen Gitter vorbei, hinter dem sich eine Kapelle befindet. In ihrem kleinen Raum begegnet man zweimal dem Mariahilf-Gnadenbild: als Altargemälde und als Deckenfresko, 1773 von Joseph Adam Mölck angefertigt. Dieses Fresko und die anschließenden Seccomalereien sind besonders interessant, weil sie Szenen aus der Wallfahrtsgeschichte von Mariahilf wiedergeben, unter anderem eine Pestheilung mit dem Hauptwachtplatz von Graz, Maria als Beschützerin über Graz schwebend und die brennende Stadt Pettau (Ptuj, Slowenien).

Tabernakeltür des Hochaltars

Im ersten Stock des Konventgebäudes ist das Diözesanmuseum untergebracht, das man Montag bis Freitag von 9 bis 12 Uhr und von 13 bis 16 Uhr besichtigen kann. So manche bedeutende Kunstwerke aus steirischen Kirchen wurden als Leihgaben hier sichergestellt.

BÜRGERSPITALKIRCHE

Krankenpflege und Armenbetreuung wurden im Mittelalter und noch bis in die Neuzeit von Ordensgemeinschaften besorgt, die ihre caritative Tätigkeit mit künstlerischen Aufträgen zu verbinden wußten. So verdanken wir den berühmten „Isenheimer Altar" dem Auftrag des Spitalsordens der Antoniter. Auch das ehemalige Bürgerspital in der Grazer Murvorstadt hatte seine Kapelle im späten Mittelalter kostbar ausgestattet, wie die wenigen uns aus dieser Zeit erhalten gebliebenen Sakralwerke zeigen. Hingegen erstaunt, daß dieses Krankenhaus, wahrscheinlich das älteste der Stadt, kein Orden übernommen hat, sondern von einem Spitalmeister geführt und von einer Meiersfrau und ihren Gehilfinnen betreut wurde. Ärzte oder bürgerliche Bader holte man fallweise aus der Innenstadt.

Das Gründungsjahr der Stiftung wird im Dehio mit 1320 „als gesichert" angegeben, denn in einer Urkunde aus diesem Jahr bestätigt Königin Elisabeth, Gemahlin Friedrichs des Schönen, eine Jahresstiftung für „ein gescheft, daz vnser liebe Margaret von Epenstein geschaffen hat". Daß mit dem „gescheft" ein anderes von der Eppensteinerin dotiertes Spital gemeint sein könnte, nämlich jenes der Dominikanerinnen am Grillbühel „hincz Grecz", wird von Konrad Steiner verneint, weil dieses damals wahrscheinlich noch nicht existierte. Fritz Popelka setzt hingegen den Beginn des Bürgerspitals erst für 1350 an. Wie dem auch sei, im „Spittel in der Au" fanden nebst Kranken und Waisen auch Soldatenwitwen, Wallfahrer, Blinde, Taubstumme, Schwachsinnige und verwahrloste Kinder Aufnahme. Gerade letztere waren damals in einer für uns unvorstellbaren Weise gefährdet, wie einem Bericht aus 1671 zu entnehmen ist. Da hat man zwei minderjährige Mädchen zum Tode verurteilt, weil sie einer Landstreicherfamilie entstammten. Nur dem Bittgesuch eines Beichtvaters ist es zu verdanken, daß diese bedauernswerten Geschöpfe begnadigt und in das Bürgerspital eingewiesen werden konnten. Schon im 15. Jahrhundert muß diese wohltätige Einrichtung, die sich durch Zuwendungen Friedrichs III. zu einer großen Grundherrschaft entwickelt hatte, gut situiert gewesen sein. Bereits der von 1403 erhaltene Speisezettel weist eine reichliche und appetitanregende Verköstigung auf. Und was ein „wahrhafftes verzeichnis" von 1726 aufzählt, „von der Fleisch-Zuwag als Züngl, Fozmaul und geringen Rindfleisch ein Eingemachtes", nebst dem „Mäßl" Wein, ist hoffentlich nicht auch den Kranken offeriert worden. Kaiser Karl VI. unterstellte das Spital der Regierung in Wien, ließ es aufstocken und erweitern. Doch Joseph II. verfügte die Schließung der kleinen Spitäler, das alte Bürgerspital wurde eine Kadettenschule. Leopold II. hat das Gebäude wieder seinem ursprünglichen Zweck zuführen lassen, und erst 1969 wurde es bis auf wenige Trakte abgerissen.

Das Gotteshaus ist zwar schon 1355 und 1372 urkundlich nachweisbar, doch der heutige Bau wurde erst 1461 errichtet. Sein Turm, ursprünglich ein hölzerner Dachreiter, 1703 auf dem Stich von Trost noch zu sehen, wurde bald darauf von einem Blitzschlag zerstört. Nach Plänen Josef Carlones bekam dann die Kirche einen hohen und schmalen Steinturm. Die Innenausstattung des einschiffigen und mit Netzrippengewölbe ausgeführten Raumes ist zwar vorherrschend barock, doch ist auch aus der Bauzeit noch manches zu sehen; in der Vorhalle ein vermauertes Spitzbogentor, ein spätgotisches Rechteckfenster, sowie ein profiliertes Steinportal. Vom alten Hochaltar blieb die Hauptfigur erhalten, jetzt links in der Marienkapelle aufgestellt. Es ist eine schlichte Plastik aus Naturstein, Maria mit Kind darstellend. Durch Aufsetzen barocker Kronen hat man ihren Stirnpartien kräftige Einschnitte zugefügt. Dieses Bildwerk entstand vor 1475 oder, nach Garzarolli, erst gegen 1490. Wie Eduard Andorfer an Hand von Stilvergleichen zu zeigen versuchte, könnte die Statue dem Jakob Kaschauer zugeschrieben werden; denn ihr betont feierlich-ruhiger Gesamteindruck wird „durch die geschlossene, fast blockhafte Umrißkontur" unterstrichen, nur die tiefen Faltenrinnen „lassen die kommende barocke Bewegtheit der achtziger Jahre" des 15. Jahrhunderts ahnen. Im ältesten Inventar der Spitalskirche ist auch ein als „geschnitzelter Heyl. Bernardus" verzeichnetes Werk enthalten. Es ist ein kleines Hochrelief, jetzt im Chor angebracht und um 1530 entstanden, das den Zisterzienserheiligen kniend zeigt, wie er den vom Kreuzesstamm losgelösten Christus umarmt. In dieser Plastik gelang eine ungemein geschickte Lösung der perspektivischen Raumillusion. Sehr wahrscheinlich war dieses bemerkenswerte Bildwerk ursprünglich im Stift Rein.

Die kostbare Barockeinrichtung der Bürgerspitalkirche ist harmonisch in den spätgotischen Raum eingefügt. Daß die hier tätigen Künstler, mit wenigen Ausnahmen, nur ungesichert aufscheinen, ist verwunderlich. Im feingliedrig aufgebauten Hochaltar, den vermutlich Johann J. Schoy entworfen hat, ist das Altargemälde allerdings signiert und von 1734 datiert, somit als ein Original des Franz Ignaz Flurer ausgewiesen. Er hat das

Pfingstereignis dargestellt, nicht dynamisch, sondern horizontalbetont ruhend, mit einem bewölkten Himmel, der sich über den Aposteln für eine weit ausschwingende Heiliggeisttaube öffnet. Der schöne Tabernakel trägt eine filigrane Leuchterbekrönung und ist ein Werk von 1775, das Jakob Peyer schuf. In einer reichgeschmückten Wandnische ist das Relief der büßenden Magdalena eingelassen, mit verinnerlichtem Gesichtsausdruck und einem meisterlich gestalteten, mit faltenreicher Gewandung umhüllten Körper. Eine besondere Rarität befindet sich jetzt unter der geschwungenen, mit schönen Holzintarsien und einem zierlichen Orgelgehäuse geschmückten Empore. Es ist ein großes Holzkreuz, auf das der Gekreuzigte mit dem hl. Kajetan gemalt ist. Das ikonographisch interessante Bildwerk wurde auf dem Dachboden der Spitalskirche gefunden. Wie Ulrike Habian-Müller in ihrer Dissertation nachweisen konnte, wurde es von Franz I. Flurer als Unikat geschaffen.

Außer zu den Gottesdienstzeiten ist die Heiliggeistkirche geschlossen. Doch kann man sich für eine Besichtigung an Sr. A. Hegenbarth wenden, die das Heiligtum liebevoll betreut, unterstützt von spendenfreudigen Gläubigen. Besonders eindrucksvoll ist das Innere in der Weihnachtszeit, denn da wird die Pracht des gut renovierten Raumes durch „steirisch" geschmückte Christbäume und eine steirische Krippe, in der Marienkapelle aufgestellt, noch gesteigert. An der Außenwand der Bürgerspitalkirche ist in einer Nische, von Sträuchern etwas verdeckt, eine ergreifend gestaltete Pietà zu sehen. Sie wurde um 1720 von Johann Jakob Schoy geschnitzt und gehört zu den besten Barockschöpfungen in Graz. Ihre vor einigen Jahren erfolgte Restaurierung ist gut gelungen.

St. Bernhard umarmt den Gekreuzigten

WELSCHE KIRCHE

Die Erbauer der Welschen Kirche fühlten sich als Fremdkörper in Graz, obwohl sie als italienische Künstler, Baumeister und Handwerker gut gebraucht wurden und entscheidend das Antlitz dieser Stadt mitgeprägt haben. Sie schlossen sich daher zu einer Bruderschaft zusammen, die im Jahre 1717 immerhin 168 Familien zählte. Fast ein Drittel von ihnen waren steirische Adelige, die sich dieser Vereinigung aus Sympathie anschlossen, und ihr Protektor war eine Zeitlang kein Geringerer als Graf Ignaz Attems. Als Schutzpatron wählte die Bruderschaftsstiftung den hl. Franz de Paula. Nachdem zuerst ihre Zusammenkünfte und Andachten in der Dreifaltigkeitskirche der Ursulinen abgehalten worden waren, stellten sie im schon genannten Jahr 1717 beim Bischof den Antrag, „auf der unteren Griess unweith der Ecce-Homo-Statue eine Kirche errichten zu dürfen". Die Genehmigung zum Bau erfolgte 1721, und 1725 war die „Wälsche Kirche beendiget".

Es darf mit Recht angenommen werden, daß ihr Planer und Baumeister Josef Carlone gewesen ist. Sein Mitarbeiter Josef Hueber, der nach dessen Tod 1740 die Witwe heiratete, vollendete 1745 die Fassade der Kirche, die vom in diesem Buch schon einige Male erwähnten Dr. Rochus Kohlbach als jene Grazer Kirche bezeichnet wird, in der wie in keiner anderen „Altäre, Decken, Plastiken, Gemälde, Statuen und Fresken harmonisch ineinanderwachsen wie sonst nirgends".

Schon die Fassade von Hueber mit dem später (1838) vereinfachten Turm bietet im Geviert des Platzes einen einmaligen Anblick. Die bewegte Schauseite wird dominiert von schönen Plastiken über der Sockelzone und drei bemerkenswerten Steinfiguren von Josef Schokotnigg. Zwei von ihnen, nämlich „Glaube" und „Hoffnung", stehen noch heute in Rundbogennischen zu beiden Seiten des Eingangs. Die dritte Statue, eine Darstellung der „Werke", wurde von ihrem ursprünglichen Platz über dem Portal vor den Giebelturm versetzt.

Das Innere der einschiffigen Langhauskirche mit Spiegeldecke und C. F. Formentini zugeschriebenen prächtigen Stukkaturen mit Laub- und Bandelwerk weist sich als ein beachtlicher Höhepunkt der reichen Innenausstattung der Kirche aus. Im Langhaus und Chor sind auch hervorragende Gewölbefresken unter anderem mit Szenen aus dem Leben des hl. Franz de Paula zu betrachten. Interessant ist der Umstand, durch den man laut Rochus Kohlbach eindeutig nachweisen kann, daß Johannes Chrysostomus Vogl aus der Schule von Maria Rast bei Marburg der Schöpfer dieser Fresken ist. Es gibt nämlich ein Dokument vom 8. April 1726, in dem Vogl bestätigt, daß ihm die Grazer Minoriten fünf Gulden dafür versprochen hätten, wenn er den in einer Szene dargestellten ganz deutlich erkennbaren Minoritenmönch, dem der hl. Franz den Teufel austreibt, so abändert, daß er nicht mehr als Minorit erkennbar sei. Aber es war, so Vogl, „zu spätt und zu kalt". Im Jahre 1726 befahl der Bischof offenbar auf Drängen der Minoriten, die „gänzliche Vertilgung der präjudizierlichen Szene". Dies wurde später tatsächlich durchgeführt. Von wem, ist allerdings nicht bekannt.

Ein großes Werk von „Schwung, Kraft und sakraler Bühnenwirkung" ist der Hochaltar, der 1746 gestiftet wurde und ebenso Franz Karl Remp zugeschrieben wird wie das Altarbild, das den Schutzheiligen gemeinsam mit dem hl. Michael in antiker Rüstung darstellt. Die anspruchsvollen Figuren der vier Heiligen, Florian, Sebastian, Johannes d. T. und Donatus, stammen wahrscheinlich ebenso von Philipp Jakob Straub wie Gottvater und die Engel. Im Aufsatz des Tabernakels sind weitere Engel, wahrscheinlich von Schokotnigg, und seitlich von ihnen Relieftafeln mit Halbfiguren von Petrus und Paulus nach der Art von Straub zu sehen. Interessant sind die aus der Clarissinnenkirche hierhergebrachten Seitenaltäre, die Veit Königer zugeschrieben werden. Das Altarblatt des linken zeigt die Kreuzigung Christi und das Oberbild die Stigmatisierung des hl. Franziskus. Das Altarblatt des rechten stellt den Tod des hl. Josef dar, und besonders bemerkenswert ist hier das Oberbild „hl. Anna lehrt Maria das Lesen", das laut Dehio dem Kremser Schmidt zugeschrieben ist.

Die Kanzel aus 1770 schuf Jakob Peyer. An den Langhauswänden beweisen schön gestaltete Heiligenfiguren aus der Werkstätte Johann Jakob Schoys, was Meisterwerke der Sakralkunst sein können, sowie ein hl. Josef und eine Maria Immaculata. Zwei besonders bemerkenswerte Gemälde in der Kirche sind ein hl. Josef mit Kind aus dem Umkreis des Hans Adam Weissenkircher und eine wahrscheinlich italienische „Maria mit Ährenkleid" aus dem 18. Jahrhundert, das mit Abstand wertvollste Bild in der Kirche. Schönes Gestühl mit geschnitztem und intarsiertem Wangenschmuck, ausgeführt als Nadelbrandzeichnungen, einige bemerkenswerte Grabdenkmäler, (unter ihnen jenes der Maria Possanner von Ehrental, gestorben 1766, mit einem Sandsteinputto mit Totenkopf) und schöne Kruzifixe unter der Empore und im Chor seien ebenso erwähnt wie die interessante Einrichtung der Sakristei mit einem auferstandenen Christus.

Sakrale Bühnenwirkung strahlt der Hochaltar aus

LEECHKIRCHE

Durch Jahrhunderte bestand der ausgedehnte Grund im Osten des heutigen Stadtparks vor allem aus Wiesen und Äckern, als „Leechfeld" benannt, mit nur wenigen Bauten. Das Gebiet gehörte dem Deutschen Orden, dessen Kirche auf einer kleinen Anhöhe errichtet wurde und über siebenhundertfünfzig Jahre im Besitz des Ritterordens war. Chronisten nennen dieses älteste erhaltene Gotteshaus von Graz eine „ganz holdselige Kirche" mit „einsiedlerischen Türmen, romantischer Stimmung im weihevollen Inneren". Kunstexperten stellen nüchtern fest, daß sie „von hohem künstlerischem und geschichtlichem Interesse" sei, ein „Hauptwerk einschiffig gewölbter Räume im österreichischen Südostalpenraum" und „die früheste, vielleicht die erste voll ausgebildete gotische Kirche unserer Heimat und in der ganzen Gegend ohne Beispiel".

Dieser Sakralbau wäre um ein Haar im 17. Jahrhundert zertrümmert worden, nicht wie sein romanischer Vorgängerbau durch Feindeshand, sondern durch die Strategie der eigenen Landesverteidigung. Zwar hatte man die wiedererrichtete Ordenskommende nun wirkungsvoll befestigt, so daß 1480 der Einfall von „Ungarn, Raitzen und Tataren" zwar alle Häuser östlich der Stadt in Schutt und Asche legte, ausgenommen als „einzige Commenthurey und das Spital am Leech". Ihre tapfere Verteidigung schildert uns das Landplagenbild am Grazer Dom. Auch als 1532 das Rückzugsheer Sultan Süleimans im Osten von Graz eine breite Spur der Vernichtung hinterließ, blieb die Leechkirche verschont. Doch hundertfünfzig Jahre später drohte abermals die Türkengefahr und da wurde beschlossen, am Leechfeld alle Gebäude zu demolieren, damit der Feind keinen Unterschlupf finden könne. Dieses Vorhaben wurde zunächst hinausgezögert und schließlich vereitelt, in erster Linie durch den Einsatz eines schlichten Angestellten der Kommende, des Ballei-Sekretarius Johann Mayr. Zwischen den Jahren 1662 und 1664 kämpfte er mit zahllosen Warn- und Bittschreiben, rührend und zugleich schlau abgefaßt, für das Vorortviertel und „seine" Ordenskirche. Zuletzt wandte sich Mayr an Kaiser Leopold I. und erinnerte ihn an seinen Ahnherrn Ferdinand II. und daran, daß dieser „frombe Kayser" bei einem ähnlichen Fall in Wien entschieden habe, er wisse „zu Beschirmung der Statt khein einich tauglichere Pastey, als Unser Lieben Frawen Kirchen", denn man habe sich vor ihr „in geringsten nichts zu förchten aber wol am allermeisten von Ihr zu hoffen". Solche Worte fielen bei Leopold auf fruchtbaren Boden und so konnte der brave Mann in einem Bericht an den Landkomtur von sich in aller Bescheidenheit bemerken, „dass mein wenige Persohn nicht geringen Vrsach ist, dass die Commende Leech vnd Kirchen noch aufrecht stehet".

Dieses gotische Juwel hatte, wie bereits erwähnt, einen Vorgängerbau. Dieser war eine Kapelle, 1202 vom Babenberger Leopold VI. auf dem „Hügel Lee" errichtet und der gerade erst kanonisierten Gemahlin Kaiser Heinrichs II., Kunigunde, geweiht. Der letzte Babenberger, Friedrich II. der Streitbare, schenkte 1233 das Gebiet samt Kapelle und dreiundzwanzig Keuschen den Deutschordensrittern. Durch das großzügige Geschenk gewann der Herzog eine kriegsgewandte Schar als Grenzschutz gegen Angriffe aus dem Osten. Der Deutschorden war 1198 aus einer Hospitalbruderschaft hervorgegangen, unter den drei Kreuzfahrerorden als letzter entstanden und damals der mächtigste unter ihnen. Er verband wie die Templer und Johanniter Rittertum und Mönchswesen, wobei noch das Gelöbnis, den Glauben mit der Waffe zu schützen, hinzukam. Dennoch konnten die Ordensritter nicht verhindern, daß ihre Kapelle am Leech 1250 bei einem Ungarneinfall zerstört wurde. Spätestens 1275 begann man mit dem Neubau einer Kirche, die dann der „Himmelfahrt Mariä" geweiht, bis heute ihr äußeres Erscheinungsbild beibehielt. Nur die kleinen Fassadentürme kamen nach 1500 noch hinzu. Im Mittelalter gehörten zur Leechkirche auch eine Taverne, eine Lateinschule und vor allem ein Spital, das am längsten überdauerte und im Pestjahr von 1680 sich besonders der Seuchenopfer annahm.

Der gedrungene schlichte Kirchenbau, heute hinter den Verbauungen am Glacis verborgen, zeigt außen keine bedeutenden Ausschmückungen, mit Ausnahme der Westfassade. Ihr Spitzbogenportal entstand gegen Ende des 13. Jahrhunderts, ist mit Birnstabprofilierungen geschmückt und enthält im Tympanon ein wohl gleichzeitig entstandenes Hochrelief mit thronender Maria und Kind. Dieses Sandsteinbild, eines der wichtigsten Werke frühgotischer Plastik in Österreich, sollte man mit Muße betrachten. Obzwar Witterungseinflüsse die Gesichtspartien Mariens vergröbert haben, wodurch sie etwas erstarrt wirken, vermochten diese das Innige und Beseelte der ganzen Szene nicht auszulöschen. Die Himmelskönigin ruht auf einer Steinbank über verschlungenen Greifen, die den Sockel bilden. Ihrem schon erwachsen wirkenden Kind reicht sie einen Apfel, dieses aber kost dafür die Mutter am Kinn, was die Beglückte mit einem seligen Lächeln quittiert. Diese menschliche Darstellung der Mutter-Kind-Beziehung hat Karl Garzarolli einer Krainer Werkstatt zugeschrieben. Nach Eduard Andorfer ist am Faltenwurf der Madonna noch ein Nachklingen des spätromanischen Zackenstils spürbar.

Den Blick in das Innere der Kirche öffnet eine niedrige Eingangshalle, dann steht man in einem hohen schmalen Raum, der sichtlich „die Formenwelt der französischen Kathedralgotik zum Vorbild genommen hat“ (Peter Krenn), wenngleich „die Einschiffigkeit ganz der Tradition der Kirchenräume des Deutschen Ritterordens entspricht“. Zuerst wird man sich dem Hochaltar nähern, der um 1780 am Übergang zum Frühklassizismus in den Chor gestellt wurde. Er folgte einer Vorgängerretabel, die wahrscheinlich der wackere Ordenssekretär Mayr um 1682 für den Altar gestiftet hatte, um das bisherige „Truhelwerk“, einen Flügelaltar, zu ersetzen. Dessen um 1500 geschnitzte Madonna mit Kind blieb aber erhalten und schmückt den heutigen Altar. Über diese Plastik hier eine kritische Beschreibung: „Schön und zart sind die Formen Mariä und des Kindes, versonnen der Mutter Ausdruck; aber gleichwie die Körperhaltung des Kindes und seine Beinchen in der Bewegung gequält gewunden und eckig überkreuzt sind, so melden sich auch im Kleid der Unbefleckten spätgotische Verquetschungen und verzogene Brüche (die) vom Gesamtorganismus der Gewandfigur aus bestimmt sind“ (Garzarolli). Von den beiden Seitenfiguren am heutigen Altar ist die linke besonders beachtenswert. Sie zeigt eine anmutige Schäferin, und nur die Kaiserkrone zu ihren Füßen verrät, daß hier die einstige Titelheilige dargestellt ist. Man sieht dieser Kunigundis die Freude über das Gottesurteil an, das sie durch unversehrtes Stehen auf einer glühenden Pflugschar vom Verdacht, die Gattentreue verletzt zu haben, reinigte. Schade, daß ihr Attribut, eine Pflugschaufel, entfernt wurde. Aus der Barockzeit stammt auch die in Naturholz belassene Kanzel mit Plastiken von Josef Schokotnigg, die an den Schmuck der Kanzel in Birkfeld erinnern. Engelputten tummeln sich auf dem Schalldeckel und halten als Symbole der vier Erdteile phantasievolle Kopfbedeckungen in den Händen. Links vom Eingang steht eine ausdrucksvolle, zu stark übermalte Pietà von 1700. Sie entstand wohl als Nachfolge jenes Vesperbildes, das die Frau des Ordenssekretärs Mayr für die Kirche stiftete.

Tympanonrelief über dem Hauptportal

Blick vom Elisabethhochhaus auf die Ritterkirche

Als Bekrönung des Besuches in Maria am Leech ist ihre Ausstattung mit Glasmalereien zu erleben. Leider sind von der einst vollständigen Verglasung der Fenster nur noch hundertfünf Scheiben im Chor zu sehen, aber immerhin bilden sie noch den größten im Besitz des Landes befindlichen Glasfensterschatz. Man fragt sich, wodurch ist denn der Bestand dieser Gemälde so arg dezimiert worden? Ein Blick auf die linke Wand liefert nur eine dürftige Antwort; alle nordseitigen Fenster wurden, wir wissen nicht wann, zugemauert. So kann die „einstige Wirkung des farbig glühenden Lichtes, das durch die Scheiben erzeugt wurde, heute nur mehr erahnt werden" (P. Krenn). Was für ein Erlebnis muß es für den Gläubigen gewesen sein, wenn ihm in diesem „mystischen Lichtraum" die Bilder der Bibel und der Heiligen entgegenleuchteten und diese ihm das Kircheninnere als Abglanz des Überirdischen erscheinen ließen! Die Entstehung der Malereien, die vermutlich von einer oberrheinischen Werkstatt geschaffen wurden, erstreckt sich über einen Zeitraum von vierzig Jahren. Unter dem Landkomtur Kuendorfer, um 1335, war das Werk vollendet. Eine Scheibe wurde später noch hinzugefügt, mit dem Bildnis des weißgekleideten Komturs Mert Hulber und dem Schriftband: „o du muter gotes pit fur mich". Hulber ließ die Glasgemälde 1502 restaurieren. Vielleicht schon unter ihm entstand das spätgotische Sakramentshäuschen an der linken Chorwand, mit einem zierlichen Maßwerkgitter und der Jahreszahl 1499 versehen.

Wendet man sich wieder dem Langhaus zu, das durch Entfernung zahlreicher Bildtafeln, Ordensfahnen und Wappenschilder heute schmucklos wirkt, fällt einem um so mehr die wunderbare Innenarchitektur auf. An ihr läßt sich auch ein symbolischer Vergleich ablesen. Die schlanken Dienstbündel dienen, wie außen die Strebepfeiler, funktionell zur Stützung von Gewölbe und Wand. Ihre Zwölferzahl steht zugleich für das Apostelkollegium, als Stütze des christlichen Glaubens. Die zwölf Außenpfeiler aber versinnbildlichen die Stämme Israels. Am zentralen Schlußstein im Chorraum tritt Christus selbst figürlich in Erscheinung. Wie dieses wichtige Bauglied die Gewölbekonstruktion vereint und die gestützten Mauern überkrönt, so eint Christus den alten und neuen Bund. Das Sichtbare der gebauten „ecclesia materialis“ deutet somit auf das Unsichtbare der „ecclesia spiritualis“.

Beim Verlassen des Sakralraumes sollte man sich daran erinnern, wie gefährdet die Leechkirche durch ihre Lage außerhalb der Stadtmauern immer wieder war und daß es an ein kleines Wunder grenzt, wenn sie sich in unsere Zeit retten konnte. An diesem Gotteshaus hat sich die Schutzaufgabe des Deutschordens durch Jahrhunderte bewährt. Seit 1985 ist sie im Besitz der Diözese, wurde auch tagsüber zugänglich gemacht und dient als Universitätskirche der Hochschulgemeinde.

Die schwarzen Ordenskreuze außen an den Holztüren sind nun übermalt; aber die übernommene Verantwortung ist damit nicht gelöscht worden, eines der ältesten und kostbarsten Sakralgüter unserer Heimat auch für die kommenden Generationen zu schützen.

Bildnis des Kompturs Hulber (rechts unten), des Erneuerers der Glasgemälde

GRABENKIRCHE

Graz hatte einst zwei Niederlassungen der Kapuziner, die 1528 als Zweig des vom hl. Franziskus gegründeten Ordens entstanden waren. Das ältere Kloster, „Sankt Antonius auf der Stiege", ließ Erzherzog Ferdinand II. nahe dem äußeren Paulustor innerhalb der Stadtmauern errichten. Im Sinne der gegenreformatorischen Bestrebungen des Stiftes entstand der schlichte Kirchenbau an jener Stelle, wo kurz zuvor zehntausend lutherische Bücher verbrannt worden waren. Kirche und Kloster, 1602 vollendet, hat Pietro de Pomis im selben Jahr im Stadtpanorama des Hochaltarbildes dargestellt.

Wenige Jahrzehnte später beschloß der Kapuzinerkonvent einen zweiten Neubau, vom Volk der Grabenvorstadt geradezu gedrängt, weil es nicht selten vorkam, daß, wenn die Stadttore des Nachts geschlossen waren, „manicher, ehe man die Thor eröffnet, ohne die hl. Sakramenten ferstorben" ist. Der Vorort benannte sich nach den Herren von Graben, die seit dem 13. Jahrhundert nachweisbar an der Ecke der heutigen Graben- und Hochsteingasse ihr Stammschloß besaßen. Der Orden fand bald einen Stifter in Sigismund Graf Dietrichstein, und den Baugrund haben andere Adelige „freygebigst verliehen". Die Kapuziner am Graben übten eine volksnahe Seelsorge aus und betreuten in den Pestjahren aufopfernd die Todgeweihten, drei ihrer Patres erlagen der Seuche. Sie errichteten in ihrem Kloster eine Schule und waren die „bey den Grätzern beliebtesten" Mönche. So war ihre 1786 erfolgte Vertreibung nach über 130 Jahren segensreichen Wirkens ein besonderer Willkürakt josephinischer Reform.

Der bedeutende Silbertabernakel

Noch heute erinnert das Äußere der 1652 geweihten Kirche an die Kapuzinerzeit. Sie ist ein einfacher Bau mit gedrungenen Außenmaßen, ihren Chorbereich überspannt ein auffallend mächtiges Walmdach, das bis in Bodennähe reicht. Noch unter den Kapuzinern hat man den kleinen Dachreiter durch einen barocken Fassadenturm ersetzt, während die Neugestaltung der Eingangsfassade erst im 19. Jahrhundert erfolgte. Jakob Gschiel schuf 1866 die Sandsteinfigur Johannes des Täufers über dem Hauptportal.

Im Inneren hat man das kleine Gotteshaus, nachdem es 1786 Pfarrkirche geworden war, des öfteren umgestaltet. Der Bruder des damaligen Bürgermeisters, Dr. Ludwig Jakomini, war hier erster Pfarrer. Er sammelte aus verschiedenen, zum Teil aufgelassenen Grazer Kirchen Einrichtungsobjekte, wodurch die Grabenkirche an Wert gewann und in interessanter Weise die Barockwelt Grazer Sakralbauten widerspiegelt. Was von der Kapuzinerzeit übrig blieb, ist nicht viel. An der rechten Langhauswand hängt ein lebensgroßes Kruzifix aus Papiermaché, angeblich von einem Kapuzinerbruder angefertigt. Im Chor, das den bärtigen Mönchen für das gemeinsame Gebet diente, blieben vier Oratorienfenster erhalten und an der rechten Wand des Hauptschiffes eine größere, mit Rokoko-Ornamenten geschmückte Oratoriumsempore. Das Bild des Apostels Judas Thaddäus, heute hoch am linken Pfeiler angebracht, entstand um 1740, könnte daher schon unter den Kapuzinern in der Kirche gewesen sein. Unter den beiden Nebenkapellen gibt es eine Gruft, in der die Gebeine von etwa dreißig Kapuzinern frei herumliegen. Offensichtlich hat man sie nicht in Särgen, vielleicht in Jutesäcken bestattet. Ihre Namen fand man in einer Urkunde im Turmknauf verwahrt. Die Altäre der beiden Nebenkapellen sind zwar Werke des 19. Jahrhunderts, wurden aber so gut restauriert, daß sie sich stilgerecht in die Barockausstattung einfügen.

Ein den Chorabschluß ausfüllender Hochaltar beherrscht das Kircheninnere. Er mußte zweimal wandern und erlebte eine wechselhafte Geschichte. Um 1766 hat man ihn für die Karmelitinnen geschaffen, deren Kirche am heutigen Andreas-Hofer-Platz stand. Nach Aufhebung ihres Klosters kam der Altar in die nahe Franziskanerkirche, wurde dort bald überflüssig und Dr. Jakomini konnte ihn für seine Pfarre erwerben. Ob das heutige Hochaltarbild mit dem Titelheiligen diese Wanderung mitmachte, ist ungeklärt. Fest steht, daß Anton Jantl 1778 dieses qualitätvolle Gemälde schuf, es signierte und datierte. Im Laufe der Zeit mußte sich der Altar manche Änderungen gefallen lassen. 1866 überarbeitete Jakob Gschiel die Aufsatzfiguren, und 1928 hat man die beiden lebensgroßen

Seitenskulpturen umgeschnitzt. So entstanden aus Josef und Joachim, um 1766 geschaffen, die hl. Apostel Petrus und Paulus. In der Empirezeit kam der Tabernakelbau hinzu. Bei der letzten Renovierung hat man die Hochaltarmensa und ihre Säulen entfernt, um sie für einen Volksaltar zu verwenden . Zwar ist dieses Unterfangen für den liturgischen Gebrauch nicht restlos geglückt, beeinträchtigt aber nicht die sonst gelungene Gesamtrenovierung.

Zur weiteren Verschönerung der Grabenkirche erwarb Jakomini zwei Altäre aus der Minoritenkirche Mariahilf, die beiderseits des Fronbogens aufgestellt wurden. Der rechte zeigt die Heiligen Johannes Nepomuk und Erhard. Interessanter ist der linke Kredenzaltar, an dem man noch vor zwanzig Jahren eine Mariendarstellung aus dem 19. Jahrhundert sah. Der Restaurator des Bildes entdeckte, daß es eine Übermalung war, schabte weiter, und abermals kam eine Immaculata zum Vorschein. Doch auch diese war nicht das ursprüngliche Bild. Schließlich zeigte sich die Darstellung des Minoritenheiligen Joseph Desa von Copertino, wie er schwebend dem Herzog Johann Friedrich von Braunschweig-Lüneburg, dem Gefolge und seiner Gemahlin, die gerade in Ohnmacht fällt, begegnet. Es ist zu vermuten, daß es sich bei dieser Entdeckung um ein Werk des Joseph Adam Mölck handelt.

Die Karmelitinnen, deren Kirche 1782 profaniert und erst 1934 abgerissen wurde, hätte es sicher gefreut, daß nicht nur einer ihrer Altäre, sondern auch ihre Kirchenbänke gerettet wurden und beitragen konnten, die Grabenkirche zu verschönern. Die Backen des Gestühls sind phantasievoll mit Blattwerk und Grotesken geschnitzt.

Das Wertvollste der Innenausstattung erinnert an die einstige „Freydhofkapelle zu St. Georgen in der Murvorstadt". Es ist ein

Der linke Seitenaltar

in Treibarbeit gestalteter, mit Silberornamenten verzierter Tabernakel, um 1765 entstanden, und wurde kurz vor Demolierung des Kirchleins von der Grabenpfarre kostenlos erworben. Er steht jetzt am Kreuzaltar. Manches aus der Innenausstattung wurde im Laufe der Jahre entwendet oder ging bei Restaurierungen verloren. So hat die Florianifigur am linken Altar kein brennendes Häuschen mehr, muß ins Leere schütten. Es fehlen auch die Fresken. Vielleicht werden kommende Generationen die übertünchten Wand- und Gewölbebilder wiederentdecken und befinden, daß sie die Harmonie der Innenausstattung nicht stören.

MARIA TROST

Blickt man vom Schloßbergplateau über das nördliche Stadtgebiet, so sieht man allmählich die Verbauung entlang des Kroisbachtales geringer werden. Bewaldete Hügel schieben sich vor, und in der Ferne erscheinen die strahlend hellen Doppeltürme von Maria Trost. Manchem Grazer blieb als Kindheitserinnerung aus der Zwischenkriegszeit, daß ihr Anblick ein wenig Fernweh auslöste und daß ihm eher traurig als tröstlich zumute war. Mag sein, daß auch die wackelige rote Straßenbahn, von den Kindern bestaunt, zu diesen Empfindungen beitrug; sie fuhr von der Zinzendorfstraße später durch ländliches Gebiet bis zum Fuß des Kirchberges. Daß dieses Marienheiligtum erst wenig über zweihundertfünfzig Jahre alt ist, dürfte kaum allen Wallfahrern bekannt sein. Auch der Purberg, auf dem die Kirche steht, wird erst 1617 urkundlich genannt und hatte damals auf seiner Kuppe einen Weingarten mit gemauertem Keller. Etwa zwanzig Jahre nach dieser Nennung entstand auf dem Berg ein Schlößl, das eine Kapelle zu Ehren Mariens enthielt, weshalb man nun den Ort Anna- oder Joachimsberg nannte. Schloßherr Johann Max von Wilferstorff erwarb 1676 von seinem Bruder Tezelin, Mönch zu Rein, eine gotische Marienstatue, die dem Stift leicht entbehrlich schien, weil sie schon altersschwach war. Johann Max ließ sie renovieren und barock ergänzen. Die Verehrung der Gnadenstatue fand rasche Verbreitung, nachdem des Schloßherrn krankes Töchterlein nach frommem Gebet vor ihr, völlig gesundet war. Eine kolorierte Zeichnung von 1711 zeigt das Schlößl mit einer Doppelstiege zum Gnadenbild und links davon die Kapellen für Joachim und Anna.

Im Jahre 1669 ging der Purberg in den Besitz des Franz C. Conduzi von Heldtenfeldt über, und es scheint, daß er nur wegen der Gnadenstatue das Schlößchen erwarb. In der Folgezeit geriet nämlich Conduzi aus Übereifer für sein Heiligtum in Konflikt mit den kirchlichen Behörden. Er versteckte die Statue zunächst in seinem Grazer Haus, dann aber kam ihm die Idee, für die Wallfahrtsbetreuung einen Orden zu gewinnen. So übernahmen 1709 Paulaner-Eremiten den Besitz, und unter ihnen entstand, von Kaiser und Fürsten großzügig gefördert, die Maria Troster Kirche. Diesen Namen hatte noch Conduzi für seine Marienstatue gewählt. Die Kirchweihe erfolgte 1746; aber die Fassade war noch nicht vollendet, da mußten die Paulaner Kirche und Kloster verlassen. Maria Trost wurde Pfarre, jeder der Klostertrakte profaniert und die Sakristei ein Stall. Dennoch blieb der Zustrom

Fassade der Wallfahrtskirche von J. G. Stengg

an Wallfahrern nicht aus, und so konnten 1846 Franziskaner, die mit kostspieligen Auflagen verbundene Pilgerstätte übernehmen. Dieser Orden betreut noch heute Wallfahrtskirche und Pfarre.
Der Kirchbau, nach einem großangelegten Entwurf des damals jungen Johann Georg Stengg errichtet, ist heute in jeder Hinsicht prachtvoll restauriert. Seine in die Landschaft harmonisch eingefügte und alles ringsum dominierende Lage, das helle Gelb der Außenfassaden, von braunfarbenen Turmhelmen und Kuppeldach überkrönt, machen Maria Trost schon von außen zu einem Schmuckstück der Grazer Umgebung.
Im Kircheninneren ist der erste Eindruck, alles ist hier frohmachend, prächtig und bunt. Einen wirkungsvollen Kontrast zur farbfrohen Freskierung zeigt der in Gold und Graublau gehaltenen Tönen ausgeführte Hochaltar, dessen Marmor an der Baustelle gebrochen wurde. Zwei riesige, rauchfaßschwingende Engel von Josef Schokotnigg flankieren das alte Gnadenbild von 1460. Im linken Querschiff hat dieser Meister auch die Skulpturen am Maria-Geburt-Altar, von den Grafen Stadl gestiftet, hergestellt. Die Statuen am Altar des rechten Querarmes schuf Veit Königer, das Altarbild mit Joachim und Anna wie auch das diesem gegenüberhängende malte Lukas Schram. An den Wänden hängen große Gemälde, die aus der Grazer Franziskanerkirche stammen; links ein von Veit Hauckh gemaltes, rechts ein weniger gelungenes Bild von Mölck.
Einen Rundgang zu den Seitenaltären beginnt man am besten links vom Eingang. Ihr Marmoraufbau zeigt großen Formenreichtum, während ihre Gemälde, teilweise später ausgewechselt, weniger bedeutend sind. Jeder Altar ist als Stiftung durch Wappen steirischer Adelsfamilien gekennzeichnet. In der ersten Seitennische ist der Michaelsaltar noch in seiner

Das barockisierte Gnadenbild

ursprünglichen Fassung, wie ihn Graf Morelli gespendet hat, erhalten. Der nächste Altar, mit den Wappen der Stifterinnen aus den Geschlechtern Eggenberg und Heister, wurde durch ein Antoniusbild umfunktioniert, desgleichen der dritte Seitenaltar, der ursprünglich dem Einsiedler Paulus gewidmet war, dessen Fresko an der Wand noch zu sehen ist. Das Doppelwappen der Grafen Attems und Herberstein erinnert an deren Stiftung von 1732. Die Reihe der rechten Seitenaltäre be-

Veit Königers Kanzel mit Kuppelraum und Chor

ginnt mit einem Altarbild, das dem Leben des Eremiten Franz de Paula entnommen ist. Über dem Gemälde ist das Wappen der Zirnfeld angebracht. Auch das nächste, phantasievoll gemalte Altarbild stammt noch von der Stiftung der Grafen Wurmbrand. Der letzte Seitenaltar in dieser Reihe ist besonders bedeutsam. Von Jakob Graf Leslie gestiftet, zeigt er die hl. Walburgis, seine aus Britannien stammende Landsfrau. Johann V. Hauckh schuf das Gemälde.

Im Chor sind kostbar intarsierte Oratorien zu sehen und im Kirchenschiff die von Veit Königer geschaffene Kanzel, wunderbar im Aufbau und in allen Einzelheiten ihrer plastischen Ausschmückung, deren Beschreibung genügend Stoff für eine theologische Abhandlung liefern könnte. Aber nun wird man auch einen Blick auf die Freskenwelt in Kuppel- und Langhausgewölbe werfen müssen. Lukas Schram und sein Nachfolger Johann Scheidt haben sie gemalt. In farbenfrohem Glanz erstrahlend, der zunächst um die Gottesmutter kreist, wird Maria in das Wirken biblischer Gestalten, dann der großen Kirchenlehrer und vieler Heiliger eingefügt. In weiteren Fresken ist der Fortlauf der Kirchengeschichte zu erkennen. Von Kaiser Konstantin bis zum Seesieg von Lepanto und der zweiten Wiener Türkenbelagerung ist in Maria Trost, wie in einem Bilderbuch, abendländische Geschichte ausgebreitet.

Wenn man von diesem Anblick ermüdet dem Ausgang zustrebt, sollte man noch auf die Orgelempore schauen. Ihr Gehäuse, durch die Fenster der Eingangsfassade geteilt, ist reich mit Figuren versehen und ihre Brüstung mit dem Vorwerk festlich geschmückt. Abschließend wird sich auch ein Besuch der Sakristei und der sogenannten Winterkirche im Klosterkomplex sehr lohnen.

STIFTE

REIN

In Blau das gekreuzte gelbe Marienmonogramm, darüber eine Krone.
Das Monogramm erscheint zunächst auf den Siegeln der Äbte in verschiedener Gestalt, immer jedoch mit dem Bindestrich über einem unicalen M.
Bei Abt Hermann, 1465, weist es bereits die in vier Felder gestellten Buchstaben auf.

Es liegt wie ein Edelstein, gefaßt in das satte Grün des Waldes und der Wiesen nahe von Graz gebettet und darf sich das älteste bestehende Zisterzienserkloster der Welt nennen. Man muß weit zurückblicken, will man die Geschichte dieses Stiftes ergründen. Es wurde das Jahr 1129 geschrieben, als Markgraf Leopold der Starke die ersten Mönche in dieses abgeschiedene Tal unweit von Graz berief, um ein Versprechen einzulösen und ein Kloster zu stiften. Schon 1140 konnte die romanische Basilika geweiht werden, die an der Stelle der heutigen Barockkirche stand, die im übrigen mit den umgebenden Gebäuden im Jahre 1976 von einem katastrophalen Hochwasser heimgesucht, nunmehr in neuem Glanz erstrahlt.
Die Mönche begannen nicht nur mit der Rodung der Waldgebiete, sie gründeten in ihrer Tüchtigkeit auch die Salzgewinnung in Altaussee und erbauten im Jahre 1164 das erste Kaufhaus in Graz, den sogenannten Reinerhof in der Sackstraße Nr. 20, der heute noch besteht. Ihr Fleiß und umfangreiche Schenkungen machten Rein bald zu einer der größten Grundherrschaften des Landes. Mit dem Kontakt zu den Habsburgern und der Tüchtigkeit der Reiner Mönche war es bald verbunden, daß das Stift auch in Wien Fuß faßte. Am Ende des Fleischmarktes entstand auch hier ein Reinerhof. In unmittelbarer Nähe des „roten Turms" wuchs damals ein Wiener Brüderpaar auf, das in die Abtei eintrat und sich für den Bau von Straßengel einsetzte. Im letzten Viertel des 16. Jahrhunderts begann dann Abt Georg Freyeisen in einer noch dazu schwierigen Zeit mit einer tiefgreifenden Veränderung des mittelalterlichen Komplexes. Abt Gülger setzte im ersten Viertel des folgenden Jahrhunderts das Werk fort. Unter Abt Placidus Mailly (1710 bis 1745) begann die Barockisierung des Stiftes (sein Epitaph ist im rückwärtigen Teil der Kirche angebracht). Als sich der Abt im Jahre 1738 daranmachte, die dreischiffige gewölbte Basilika vom Baumeister Georg Stengg abreißen und durch die heutige Barockkirche ersetzen zu lassen, nahm man auch eine Drehung der Kirche um 180 Grad vor, so daß der bis dahin nach Osten gerichtete Hochaltar nunmehr nach Westen orientiert wurde.
Aber nun ein Blick auf das Stift in seiner Gesamtheit. Über dem Hauptportal befindet sich ein schönes Relief, das den Gründer des Klosters als Reiter darstellt und 1753 von Jakob Peyer geschaffen wurde. Im Eingangsportal führt die Westtreppe zum dreiachsigen Huldigungssaal, der im Jahr 1740 von Joseph Amonte mit Fresken ausgeschmückt wurde. Das Deckenfresko stellt Gerechtigkeit und Frieden dar, die Krieg und Mißgunst stürzen. Die gemalte Scheinarchitektur der Decke ist aus Pozzos Werk, „Maler und Baumeister Perspektiv" entnommen. In den Wandfresken wird der Versöhnungsgedanke des Deckenfreskos weitergeführt.
Im östlichen Treppenhaus kommt man in den langgestreckten niederen „Steinernen Saal", der 1725 durch Carlo Formentini stuckiert wurde. Auch in diesem Raum schuf Amonte die in die Decke eingelassenen Ölbilder, die, fast die ganze Saallänge einnehmend, im Mittelbild die Geschichte Abrahams erzählen, der seinen Knecht Eliezer aussendet, um für seinen Sohn Isaak eine Frau zu werben.
Hat man den Stiftshof durch das Hauptportal betreten und wendet sich entlang des Nordtraktes – die Kirche im Auge – nach rechts, gelangt man in den barocken Bibliothekshof. Die Bibliothek des Stiftes wurde künstlerisch ebenfalls von Amonte ausgestattet. Von hier gelangt man in einen weiter im Westen gelegenen großen Hof mit schön restaurierten Barockgebäuden.
Aber zurück in den Haupthof vor der Kirche, durch den man, in den südlichen Teil des Osttraktes vordringend, zur Prälatur gelangt, vorbei an einer römischen Löwenfigur. Nördlich vom Aufgang zu dieser Prälatur bestehen noch Teile des mittelalterlichen Abthauses, das heute das Archiv beherbergt. Im Südtrakt befindet sich die bis zum Barockumbau noch freigestandene gotische Kreuzkapelle, die mit bemerkenswerten Glasmalereien ausgestattet war. Heute ist der einzige schlichte Schmuck eine gotische Altarmadonna aus dem Ende des 14. Jahrhunderts. An der Südseite des Prälaturtraktes ist ein schöner Wandbrunnen mit einer Darstellung „Christus und die Samariterin" zu sehen. Wahrscheinlich wurde er um 1750 von J. M. Leitner geschaffen. Im westlichen Teil befindet sich der Kapitelsaal mit Bildern von Amonte an der Decke, die unter anderem den hl. Bernhard mit der Ansicht des Stiftes darstellen. Ein weiteres Kleinod ist das Sommerrefektorium im südlichen Teil des Kreuzganghofes. Hier sind schöne Gemälde von Josef Adam Mölck erhalten und im Kreuzgang lebensgroße Bilder der Äbte des Stiftes. Vom westlichen Flügel dieses Kreuzganges führt ein Portal in den Wirtschaftshof, in dem man noch zahlreiche romanische und gotische Teile der ursprünglichen Klostergebäude bewundern kann.
Barocken Glanz strahlt die beschwingte,

reich gegliederte Ostfassade der Stiftskirche aus: Sie wurde in den Jahren 1742 bis 1744 von Johann Georg Stengg errichtet, und über dem Hauptportal steht in einer Nische die Statue des hl. Bernhard, der von zwei Engeln flankiert wird. Diese Statue und die drei Giebelfiguren Glaube, Liebe und Hoffnung sind Werke von Johann Matthias Leitner. Über der Nische befindet sich ein Fenster mit dem Wappen des Stiftes und des Bauabtes Mailly. Der zurückgesetzte Barockturm der Kirche, der an der Stelle des seinerzeitigen romanischen Turmes steht, wurde 1782 von Joseph Stengg in seine heutige Form gebracht.

Betritt man durch eines der drei Portale die dreijochige Eingangshalle der prachtvollen Stiftskirche, befindet man sich unter der Orgel und dem Mönchschor. Was den Betrachter besonders beeindruckt, ist die Einheitlichkeit der Kirchenausstattung aus deren Bauzeit. Der gesamte Innenraum wurde 1766 von Joseph Adam

Der weite und farbenfrohe Innenraum der Stiftskirche

Mölck mit bemerkenswerten Fresken ausgestattet. Über der Orgel ist der König David dargestellt, und im Kirchenschiff folgen dann Darstellungen des hl. Benedikt, eine Kreuzvision des hl. Bernhard, eine Darstellung von Maria als Tempeljungfrau und der „Ägyptische Joseph" als Vorläufer des hl. Josef. Am Fronbogen ein Posaunenengel und die Wappen der Bauäbte, im Chor zwei beachtliche Darstellungen „Leerer Thron Mariä" und zwei Medaillons „Ecclesia und Synagoge".

Den Säulenhochaltar mit Statuen verschiedener Heiliger und einer Darstellung der Heiligen Dreifaltigkeit schuf im Jahre 1768 Jakob Peyer. Das Altargemälde „Geburt Christi mit Anbetung der Hirten" stammt von Martin Johann Schmidt (Kremser Schmidt) und ist das ehemalige Hochaltarbild aus Straßengel, das im Jahre 1819 hierher versetzt wurde und thematisch genau zu den alttestamentarischen Figuren, die es flankieren, paßt, fast besser als zum ursprünglichen Altarblatt „Mariä Himmelfahrt" von Amonte. Der vielleicht schönste Teil des Hochaltars ist der prächtige Tabernakel, der mit dem Licht des Tages sein Antlitz wandelt.

Im Presbyterium gelangt man, vorbei an prunkvollem Chorgestühl, zur rechten Seite zu einer Tür, die in einen Raum führt, in dem sich seit 1746 die Grabstätte des Erzherzogs Ernst des Eisernen (†1424) befindet. Der wunderschöne Epitaph ist eine Salzburger Arbeit aus der Zeit um 1425. In diesem Raum auch die Grabplatte des Markgrafen Ottokar III., aus der Kartause Seitz hierher übertragen, und über dem Altar ein besonders beeindruckender Kruzifixus.

Von der Eingangshalle kommt man rechts in die 1681 erbaute Pestkapelle mit einem beachtlichen Altar, der Andreas Marx zugeschrieben wird. Gegenüber die hochbarock ausgestattete alte Sakristei oder Winterkirche mit reichem Stuck von Alexander Serenio. Zu beiden Seiten des Schiffes insgesamt acht Kapellen mit kleinen Altären, wunderbare Arbeiten von Joseph Amonte, Ignaz Flurer, Philipp Jakob Straub, J. M. Leitner und J. V. Hauckh, in denen man Meisterwerke des Barock vor sich hat. Ihre detaillierte Aufzählung würde allerdings den Rahmen sprengen. Die Altäre sind, links vorne beginnend, der Josefs-, der Engel-, der Barbara- und der Sebastiansaltar und von rechts rückwärts weiter der Anna-, der Allerheiligenaltar, der Johann-Nepomuk- und schließlich der Narzissusaltar. Es kann jedem Interessierten nur empfohlen werden, zu bewundern und sich in die einschlägige Literatur zu vertiefen. Hingewiesen sei aber noch auf die besonders prächtige Kanzel mit einer Darstellung der vier Erdteile am Schalldeckel von Jakob Peyer und die reich gestaltete Rokoko-Orgel von Anton Römer.

STAINZ

In Rot ein aufrechtes weißes Seeblatt.
Es ist dem uralten Schild des Stifters Leutold von Wildon entnommen. Ursprünglich führten die Wildonier drei gestürzte Seeblätter, wie ihr ältestes Siegel von 1195 zeigt.
1270 erscheint erstmals das aufrechte einzelne Seeblatt.

Man darf sich ruhig die Frage stellen, ob die barocke ehemalige Chorherrenstifts- und heutige Pfarrkirche zu Stainz nicht als eine romanische Kirche nach dem Vorbild von Seckau vor uns stünde, hätten sich die Augustiner-Chorherren im Jahre 1605 mit ihren Beschwerden gegen die „viel Neuerungen" und die „viel kindische Gepej im Gotteshaus" gegen ihren Propst Jakob Roselenz durchgesetzt. Er begann mit der Barockisierung der Kirche und ließ den Altarraum von der Ost- an die Westseite verlegen. Dabei wurde auch der Hochaltar noch zu Roselenz Lebzeiten hierher übertragen. Nach einer durch die Umstände erzwungenen Pause setzte Propst Jöchlingen (1680) die Umgestaltung des romanischen Langhauses in eine barocke Wandpfeilerkirche durch und begann mit der Stuckierung und Freskierung des Innenraums. Die Kirche gedieh zu einem Meisterwerk, das gerade in den letzten Jahren hervorragend renoviert wurde.

Zur Zeit der Gründung dieses dritten steirischen Augustiner-Chorherrenstiftes durch Leutold von Wildon und dessen Gattin Agnes im Jahre 1229 mußte man jedenfalls noch bescheidener sein. Als in diesem Jahr Propst Schober von Seckau nach Stainz kam, dauerte es noch zwanzig Jahre, bis das Stift seine Gründungsphase abgeschlossen hatte und die Katharinenkirche in ihrer „ersten Fassung" dastand. Bis zur Aufhebung des Stiftes im Jahre 1785 folgte eine wechselhafte und nicht immer angenehme Entwicklung, und schließlich wurde das aufgelassene Chorherrenstift 1840 von Erzherzog Johann erworben, dessen Nachfolger noch heute das Gebäude bewohnen.

An der jetzigen Pfarrkirche fallen die wuchtigen Kirchtürme auf. Die innere Geschlossenheit des Kirchenraumes zeigt sich zunächst im Deckenbereich, dessen Stuckierung von Domenico Bosco gestaltet wurde und mit 1690, sowie im Chor mit 1700 datiert ist. Etwa aus derselben Zeit sind die Fresken im Schiff, die dem Leben und der Verherrlichung des hl. Augustinus und seines Ordens gewidmet sind. Die Fresken im Presbyterium hingegen sind der Kirchenpatronin, der hl. Katharina von Alexandria, zugeeignet.

Von besonderem barockem Prunk ist in der Pfarrkirche der Hochaltar, der mit „I. M. 1689" signiert ist. Der Auftraggeber war Propst Paumgarten, dessen Wappen den Altar schmückt. Die beiden Altarbilder — das eine zeigt das Martyrium der hl. Katharina und das andere ihren Triumph über den Tod — stammen vom großen Hans Adam Weissenkircher. Die zwischen Säulen stehenden Vollplastiken — es sind die ersten vier Konzilspäpste — werden Andreas Marx zugeschrieben. In einem kleinen Obergeschoß über dem Altarbild eine Figurengruppe „Krönung Mariens durch die Heilige Dreifaltigkeit", die bereits zum ersten Deckenfresko mit dem „Auge Gottes" überleitet. Der faszinierende Tabernakel wurde 1805 vom Grazer Bildhauer Johann Gasser geschaffen.

Die beiden Seitenaltäre links und rechts an den Mauerpfeilern des Fronbogens stehen in Zusammenhang mit dem Hochaltar, tragen beide das Wappen des Propstes Carminelli (1705 bis 1724) und sind rechts dem hl. Augustinus und links der hl. Maria Immaculata geweiht. Besonders interessant ist ein kleines Bild am Antependium des Marienaltars mit einer Ansicht von Stift und Kirche aus dem Jahre 1720. Nicht umfassend aufzuzählen sind die

Fresken und Stuck über der Orgelempore

Zusammenspiel von Formen und Farben: der Hochaltar

großen und kleinen Meisterwerke der zehn Seitenaltäre. Daher nur das Wesentliche: Mit Blick nach vorne ist der erste Seitenaltar rechts den vierzehn Nothelfern geweiht mit Gemälde von Hauckh und Rotmarmor-Wappenstein des Klosterstifters Leutold von Wildon, gegenüber dem gotischen Grabstein des Propstes Siegfried Lemsitz mit Stiftswappen. An den Stirnseiten der Wandpfeiler lebensgroße Flachreliefs des Stiftsgründers und seiner Gattin. Es folgt die ehemalige Barbarakapelle. Dann der Josefialtar mit Altarbild „Tod des hl. Josef mit Christus und Maria" aus dem Jahr 1762 von J. A. Rannacher und zwei prächtigen Statuen von Veit Königer. In der folgenden Kapelle steht der beachtenswerteste barocke Seitenaltar der Kirche. Der Kreuzaltar wurde von Veit Königer in der Zeit zwischen 1770 und 1780 geschaffen und zeigt eine schöne Kreuzigungsgruppe, über der Gottvater auf goldenen Wolken mit Engeln thront. Die letzte Kapelle auf dieser Seite ist die ehemalige Armenseelenkapelle.

Auf der linken Seite, wieder von vorn beginnend, zunächst der Johann-Nepomuk-Altar von Veit Königer aus dem Jahr 1765. Das Altarbild zeigt den Heiligen bei der Anbetung des Kreuzes. Es folgt die Skapulierkapelle, deren Altar 1766 von der Skapulierbruderschaft zu Stainz aus Anlaß eines Jubiläums der „Mutter vom Berge Carmel" geweiht ist. Über einem vergitterten Fegefeuer eine „Maria mit Skapulier". In der Kapelle zwei barocke Beichtstühle. Nach der Skapulierkapelle der Annaaltar aus 1720, neben dem ein weißer Marmorgrabstein von Propst Simon Eberhart (1629 bis 1649) in vollem Ornat zu sehen ist. Am folgenden Barbaraaltar seit der letzten Restaurierung ein beherrschendes Bild der Heiligen, an Stelle des bis dahin bestehenden Lourdesaltares. Abschließend der Antoniusaltar, seit 1779 mit dem alten Altarbild aus 1671 von Matthias Managetta ausgestattet. Hier steht auch das Taufbecken aus etwa 1805. Grandios die Kanzel, die wieder aus der Werkstatt Veit Königers kommt, mit den vier Evangelisten am Korb. Am Schalldeckel der hl. Augustinus, der die Häretiker stürzt. Sehr schön ist auch das barocke Gestühl, wobei das hochbarocke Chorgestühl interessanterweise an der Ostwand der Orgelempore steht. Die bei der Restaurierung in den Jahren 1970 und 1980 erneuerte Orgel (Gebrüder Krenn, Graz) gehört zu den größten in der Steiermark. In der stichkappentonnengewölbten Sakristei sehr schöne Paramentenschränke aus dem Jahre 1720.

Stift Stainz aus der Vogelschau

VORAU

Oben in Blau auf grünem Boden, Christus mit rotem Mantel und weißem Lendentuch, Kirchenfahne mit rotem Kreuz. Vor ihm der hl. Thomas mit grünem Gewand und rotem Mantel. Unten in Gelb ein schwarzer Greiffuß. König Friedrich IV. verlieh 1453 Propst Leonhard, da Vorau bisher kein eigenes Wappen hatte, das Familienwappen des Propstes Andree Prampekch. Dieser war als letzter seines Geschlechtes 1453 verstorben. Darüber wurde das bisherige unheraldische Siegelbild „Thomas und der Auferstandene" gesetzt.

Betritt man unter dem hohen Torturm die großen, von unregelmäßigen und verschieden hohen Gebäuden und Türmen bekränzten Stiftsanlagen von Vorau, fühlt man sich einerseits wie von willkommen heißenden Armen aufgenommen und andererseits beschützt. Der wehrhafte Charakter dieser Anlage mit der nahezu spartanisch wirkenden Fassade der Stiftskirche — die beiden interessanten Türme haben unterschiedliche Keildächer — wird körperlich spürbar. Überrascht ist man vom Kontrast zwischen den schlichten Türmen und der reich verzierten Westfassade sowie das zweite Mal, — vielleicht noch stärker — wenn man unter den Türmen die Kirche betritt und dem Prunk einer der bedeutendsten Barockkirchen des Landes gegenübersteht. Es braucht wirklich einige Zeit, um sich an diese Pracht zu gewöhnen.

Die Kirche mit ihrer einschiffigen mächtigen Barockhalle, einem verkürzten Querhaus vor der halbkreisförmigen Apsis, und an beiden Seiten von je fünf Kapellen begleitet, über denen Emporen liegen, muß tief berühren. Es ist sicher sinnvoll, die genaue Betrachtung mit dem hochbarocken Zentrum der Kirche, nämlich dem Hochaltar, zu beginnen. Matthäus Steinl hat ihn um 1700 entworfen, und der Stiftsbaumeister Andreas Straßgietl hat den von Domenico Sciassia geplanten und 1660 bis 1662 errichteten Kirchenbau um zehn Meter erweitert, um diesem prachtvollen Altar dem ihm gemäßen Platz zu verschaffen. In der eingezogenen Mitte des Altares ist die Himmelfahrt Mariens dargestellt, wobei über dem Ovalbild Antonio Delaccis eine Dreifaltigkeitsgruppe in einer Rosenglorie den wunderbaren Abschluß bildet.

Der tonnengewölbte Kirchenraum ist durch breite Pilaster gegliedert, auf denen sich Ovalreliefs mit Bildern in prächtigen Schnitzrahmen befinden, die Szenen aus dem Leben Christi darstellen. Sie gehören zum malerischen Gesamtprogramm der Kirche, das in erster Linie bestimmt wird durch den sämtliche Wände und Gewölbe bedeckenden Freskenschmuck. Das Besondere in Vorau ist nämlich, daß erstmals im steirischen Barock auf eine Stuckierung zwischen den Fresken verzichtet wird. Das Freskenprogramm besteht aus drei Themenkreisen, und zwar Vorhersagung, Kommen und Vollendung des Gottesreiches, wobei die ersten beiden Themenkreise in der Vorhalle, den Kapellen und auf den Bogenfeldern der Empore abgehandelt werden. Die Vollendung durch Christus wird in fünf großen Darstellungen an der Decke des Hauptgewölbes gezeigt, und zwar vom Eingang her in der Folge „Der Stifter Ottokar III.", „Der hl. Augustinus", „Der hl. Thomas", „Himmelfahrt" und „Himmelsglorie mit Engeln" im Chor. Diese fünf Fresken stammen von Josef Ritsch und Josef Grafenstein aus Wien, während J. Kaspar Waginger Vorhalle und Emporen gestaltete. Die besonders schönen Fresken im Chor hinter der Orgel stammen von Carl Unterhuber. Von den Kapellen, die alle in ihrer Ausgestaltung hier nur eini-

Aus der berühmten Handschriftensammlung

germaßen zu beschreiben den Rahmen sprengen würde, seien doch die südliche Turmkapelle und die ersten Kapellen vom Eingang her links und rechts erwähnt, die eine gute Stuckierung von Domenico Bosco aufweisen.
Das Besondere an ihnen ist nämlich, daß nach ihrer Ausgestaltung auf Wunsch Steinls mit der Stuckierung aufgehört wurde und der Übergang zur rein malerischen Freskengestaltung erfolgte. Die Altarblätter in den Kapellen sind vielfach vom Stiftsmaler Hackhofer, von dem auch das „Jüngste Gericht" an der Decke der Sakristei stammt.
Ein Prunkstück ist die ebenfalls von Steinl geschaffene Kanzel mit einer Dreifaltigkeitsdarstellung auf dem Schalldeckel und einem ovalen Christusbild von Hackhofer an der Rückwand, flankiert von Gestalten aus dem Alten und dem Neuen Testament. Bemerkenswert auch die Kreuzwegbilder nach Entwürfen von Josef Tunner, im Jahr 1851 von Johann Felbermaier ausgeführt, das schöne intarsierte Chorgestühl aus 1774 und die besonders interessanten Kirchenbänke mit künstlerisch wertvollen Zinneinlagen.
Die beiden zentralen Gebäude der Stiftsanlage sind der Klausurtrakt rechts und der Prälaturtrakt links von der Kirche. Im Klausurtrakt, 1625 bis 1635 errichtet, in dessen Hof ein hübscher schmiedeeiserner Brunnen steht, befindet sich, über der Sakristei gelegen, der Kapitelsaal mit bemerkenswerten Fresken von Hackhofer. Im Prälaturtrakt mit schönen und gut restaurierten Arkaden befindet sich heute ein Bildungsheim und als absoluter Höhepunkt im Nordtrakt der zweigeschossige Bibliothekssaal mit Stichkappentonnen, mit großen Deckenfresken von Ignaz G. Kröll (1738) und in 31 Kartuschen Evangelisten, Propheten, Kirchenväter, die vier Erdteile und Christus darstellend. Die Stiftsbibliothek umfaßt trotz großer Verluste im Jahre 1945 noch immer über 17.000 Bände, und von besonderem Reiz ist das Handschriftenzimmer, mit Fresken von Josef Georg Mayer und Stuckarbeiten von J. B. Bistoli (1731) ausgestattet, in dem unschätzbare Werke aufbewahrt werden. Interessante weitere Räume sind das Fürstenzimmer, das Kaiserzimmer mit mehreren Porträts von Herrschern und das Prälatenempfangszimmer mit dem bekannten Porträt Kaiser Friedrichs III. aus 1460 und einem kleinen Selbstporträt von Hackhofer.
Ein paar Worte zur Geschichte des

Einer der Hauptschätze des Stiftes: Friedrich III.

Das Mittelschiff vom Hochaltar aus

Augustiner-Chorherrenstiftes. Es wurde von Markgraf Ottokar III. aus Freude über die Geburt seines Sohnes, des späteren ersten Herzogs der Steiermark, 1163 gestiftet. Ein Dechant aus Seckau, welches schon 1140 gegründet worden war, wurde erster Propst von Vorau. Es ist somit das zweitälteste Augustiner-Chorherrenstift der Steiermark. Nach einer glücklichen Anfangsphase kam es 1237 zu einem verheerenden Brand, bei dem Propst Bernhard II. bei der Rettung wichtiger Handschriften umkam. Die Pest und ein weiterer Großbrand im Jahre 1383 suchten Vorau heim. Dann kamen Mißernten, und die Türkeneinbrüche beschleunigten den Niedergang. 1485 begann man mit dem Ausbau des Stiftes zu einer Klosterburg, die auch der Bevölkerung zum Schutz dienen sollte. Die Auswirkungen der Reformationszeit führten aber dazu, daß 1542 nur noch ein Chorherr im Stift blieb. Den Umschwung führte Propst Daniel Gundau (1615 bis 1649) herbei, der das Kloster zu einer neuen Blüte führte. Seine Nachfolger Philipp Leisl (1691 bis 1717), Sebastian von Wechsberg (1717 bis 1726) und Lorenz Leitner (1737 bis 1769) verhalfen dem Barock zum Durchbruch im Stift. Nach Jahren des Glanzes kam es gegen Ende des 18. Jahrhunderts zu einem neuen Niedergang. Später Glück im Unglück: Vorau wurde von Joseph II. nicht aufgehoben, und es konnte eine neue Phase des Aufschwungs und der Erneuerung des Ordenslebens einsetzen. Im Jahre 1940 wurde das Stift trotz heftiger Proteste NS-Parteischule und lag 1945 mitten im Kampfgebiet. Es wurde schwer beschädigt, brannte zum Teil nieder und wurde geplündert. Aber schon im Mai 1945 nahmen die Chorherren ihre Arbeit wieder auf und führten das Stift zur heutigen Blüte und Schönheit.

PÖLLAU

Oben zweimal gespalten. Im rechten Feld in Rot aus grünem Blumenkelch wachsend, hl. Veit mit Palmzweig und gelbem Kessel. Mitte: in Weiß links gewendeter roter Adler. Links: in Rot gekrönte Maria mit Kind und Szepter, aus grünem Blumenkelch wachsend. Unten: in Schwarz ein nach links springender weißer Wolf.
Der Adler im oberen Mittelfeld wurde aus dem Wappen der St. Jörgen übernommen. Statt der Blütenkelche in den Nebenfeldern, aus denen die Halbfiguren hervorwachsen, waren ursprünglich Mistelzweige zu sehen, wohl eine Anspielung auf Propst Mistelberger. Die untere Schildhälfte ist dem Familienwappen der Neidberger (Neuberger) entnommen.

Im Talkessel zwischen den Höhenzügen des Rabenwaldes und des Masenberges, südwestlich von Hartberg, konnte man noch vor dreihundert Jahren eine Wasserburg neben der Pfarrkirche des Marktes Pöllau erblicken. Die Stubenberger hatten sie erbaut, 1140 den Markt gegründet und die Veste an Dienstmannen als Lehen übergeben. Aus ihr und der Eigenkirche, dem hl. Veit geweiht, entwickelte sich später das Chorherrenstift, dessen Gründung allerdings einem anderen Rittergeschlecht zu verdanken ist, den Herren von Neuberg (Nitperc, Neidberg), die 1459 die Herrschaft erwarben. Hans, ein Hagestolz, und seine resolute Schwester Elisabeth stifteten 1482, einen Wunsch ihres Vaters Heinrich erfüllend, ihren Besitz für eine Augustinerpropstei, konnten aber ihre großherzige Widmung nicht mehr verwirklichen. Hans war der Letzte seines Stammes und starb 1485, seine Grabplatte aus rotem Marmor, an der rechten Chorwand der Stiftskirche, zeigt ihn als gerüstete Ganzfigur mit wallendem Bart. Unter dem Epitaph liegt die Gruft, in die nach der Kirchweihe die „frommen Überpleipseln der Stüffter" übertragen wurden. An die Neuberger erinnert das von Kaiser Maximilian I. dem Stift verliehene Wappen, dem man noch das Emblem der Familie St. Jörgen hinzufügte. So wurde das vielgestaltige Pöllauer Wappen auch zum Symbol für die komplizierte Entstehungsgeschichte der Stiftung.

Zunächst gab es mit der Durchführung der letztwilligen Verfügung nur Schwierigkeiten. Aus Vorau sollten die ersten Chorherren kommen und diese benötigten einen Vorsteher. Kaiser Friedrich III., der die Güter des letzten Neubergers kassierte, weil dieser „Antheil an den Unruhen des Andre Baumkircher" hatte, versuchte, einen Propst zu finden, was ihm aber nicht gelingen sollte; der eine wurde an der Besitznahme gehindert und zog es vor, wieder zu verschwinden, der andere hielt die Erbschaftsstreitigkeiten zwischen der letzten Neubergerin und den Polheimern nicht durch, er resignierte. Schließlich siegte Elisabeth, von Maximilian I. wurde ihr und ihrem Gemahl Christoph von St. Jörgen-Bösing die Herrschaft Pöllau zurückerstattet, doch starb sie bald darauf. Ihr Witwer konnte 1504 endlich die Stiftung verwirklichen und holte aus Vorau den ersten Propst, Ulrich von Trauttmansdorff. Durch die Nähe zu Vorau stand Pöllau in der Folgezeit meist im Schatten des Mutterstiftes. An einen Stiftsneubau war zunächst nicht zu denken, weil Pöllau an den innen- und außenpolitischen Lasten der Steiermark im 16. Jahrhundert schwer zu tragen hatte, dazu an finanziellen Schwierigkeiten, den Türkeneinfällen und an den Glaubensauseinandersetzungen. Kurzfristig scheinen auch die Neuerungen der Reformation im Stift Einzug gehalten zu haben. Noch vor der Pest, die Pöllau 1585 heimsuchte, ergab eine kirchliche Visitation, daß sich in der Propstei nur noch drei Ordensleute befänden, dazu drei Konkubinen, eine Ehefrau und vier Kinder.

Als Erneuerer des Stiftsgeistes, gegen Ende des Jahrhunderts, verdient Peter Muchitsch (†1600) genannt zu werden, ein gelehrter, temperamentvoller Redner und Schriftsteller, zudem ein Organisationstalent und ein Hüne von Gestalt. Da diesem Prälaten gelegentlich auch Kraftausdrücke entschlüpften, mußte er deftige Spitznamen einstecken, wie „Sau", „Stockfisch" und „Doktor Hirnkrank".

Eine Blütezeit erlebte dann Pöllau im 17. Jahrhundert, der Neubau von Kirche und Stiftsanlagen wurde energisch vorangetrieben, wobei die Baukosten zum Großteil von jungen Adeligen, die ins Stift eintraten, bestritten wurden. Unter dem kunstsinnigen Propst Michael Maister entstand ein neues Gotteshaus, das den größten barocken Kirchenraum des Landes aufweist und zu einem Schlüsselbau für den Spätbarock in der Oststeiermark zählt.

Propst Maister ließ zunächst die alte Wasserburg schleifen, deren Aussehen uns noch ein Stich von Vischer-Trost vermittelt. Das Bild trägt bereits die Überschrift „Styfft Canonicorum Regularium" und zeigt auch die alte Veitskirche, deren Turm an der Stelle der heutigen Sakristei stand und die ganz zuletzt, 1716, „mit großer Müh" abgerissen wurde. Eine spätere Ansicht Vischers von Pöllau zeigt schon die neue Anlage, allerdings als Idealprospekt, mit zwei Türmen und Fassadenschmuck. Michael Maister erlebte 1696 noch die Vollendung der Stiftsbauten, deren Errichtung dem Leibnitzer Jakob Schmerlaib zugeschrieben wird. Unter Propst Ortenhofen konnte 1709 die Kirche durch den bedeutenden Architekten Joachim Carlone vollendet werden. Die Durchführung des Bauvorhabens lag aber in den Händen eines begabten Pöllauers, des Poliers Remigius Horner, der nach dem Schema der Stiftskirche nicht weniger als sieben weiträumige Dreikonchenanlagen in der Steiermark nachgebaut hat. Als Vorbild diente die neue Petersbasilika in Rom, deren monumentale Ausmaße Zentral- und Langhausbau vereinigen. Doch eine noch so grandiose Kirche konnte 1785 die Stiftsaufhebung nicht verhindern, Pöllau hatte finanzielle Schwierigkeiten und besaß außerdem keine Klosterschule. Nach der Säkularisierung wurde das Gotteshaus Pfarrkirche, die Stiftsgebäude, später von den Grafen Lamberg erworben und in ein Schloß umgewandelt, sind seit 1938 im Besitz der Marktgemeinde.

Eine reizvolle Besonderheit stellen die ebenerdigen Stiftsvorbauten dar, die aus den ehemaligen Wehranlagen hervorgingen. Ihre beiden Torbogen, freskengeschmückt und mit Giebelfiguren versehen, führen auf den Vorplatz, der in einen offen gebliebenen Hof mündet, an dessen rechter Seite sich die mächtige, unvollendete Kirchenfassade erhebt. Sie wird vom Südturm flankiert, der über dem achteckigen Glockengeschoß in einem flachen Laternenhelm endet. Die dahinterliegende, vom Kuppelbau überhöhte Dachzone würde von Ferne noch harmonischer wirken, wenn man auch den Nordturm ausgebaut hätte.

Beim Eintritt in das Innere der Kirche ist man sich zunächst der gewaltigen Ausmaße des Raumes kaum bewußt, weil das Zusammenspiel von Architektur und Freskenschmuck eine großartige Verdichtung ergibt. Das Langhaus ist durchlaufend mit einem kräftigen Gesims versehen, das Tonnengewölbe tragen hohe Seitenwände, die durch Nebenkapellen, Kolossalpilaster und offene Emporen weitgehend aufgelockert sind. Ihr Bewegungsfluß, zunächst durch leicht vorschwingende Brüstungen der Emporenzone dezent zurückgehalten, erreicht im Kuppelgeviert eine Ausweitung und läßt den Raum zu einer großartigen Einheit verschmelzen. Im Mittelpunkt der imposanten Anlage erfährt der Bewegungsrhythmus noch eine barock gesteigerte

Ergänzung durch das einflutende Licht in den Fenstern des Kuppeltambours und durch die sich kleeblattförmig ausweitenden Chorarme. Im Kuppelgewölbe begann Matthias von Görz 1712 seinen bedeutsamen Freskenzyklus, zunächst mit den neun Chören der Engel, welche die Dreifaltigkeit verehren. Von hier aus entfaltete der Künstler in alle Richtungen sein mit zahlreichen und sehr bewegten Figuren gefülltes Programm, das den Raum für Darstellungen aus der Heilsgeschichte weit öffnet, und damit, nach Vorau, die illusionistische Großmalerei auch in der Oststeiermark durchsetzte. Matthias, aus Gleisdorf gebürtig, hatte sich für seine Fresken bei einem Studienaufenthalt in Rom, vor allem durch Werke von Pietro da Cortona und Domenichino, inspirieren lassen.

Ein Teil der Fresken des Matthias von Görz

Bei einem Rundgang zur Innenausstattung der Stiftskirche, die nach ihrer jüngsten Restaurierung noch einheitlicher wirkt, muß man bedenken, daß die Altaraufbauten ursprünglich als illusionistische Malereien gestaltet waren und erst später plastisch ausgeführt wurden.

Im Hauptchor ist eine bescheiden gemalte Altardekoration, die das später hier angebrachte Hochaltarblatt von Mölck flankiert. Das im Chorraum aufgestellte neue Lesepult aus grünlichem Marmor ist leider allzu wuchtig ausgefallen und harmoniert auch nicht mit den schwarz-weißen Bodenfliesen. Fast alle Seitenaltäre sind beachtenswert, drei von ihnen zeigen Bilder des „Viel- und Schnellmalers" Joseph Adam von Mölck. In der zweiten Seitenkapelle, vor der prächtigen Kanzel, ist der farbige Grabstein des Bauherrn Propst Maister angebracht. In der nächsten Kapelle sind qualitätvolle Altarbilder des Martino Altomonte zu sehen und über dem Tabernakel eine ausdruckstarke Pietà aus der Spätgotik, die noch aus der alten Kirche stammt. Für den mächtigen Säulenaltar im nördlichen Seitenarm schuf Marx Schokotnigg die Plastiken, Voraus Stiftsmaler Cyriak Hackhofer lieferte dazu das Rosenkranzbild. Wendet man sich nun den südlichen Nebenkapellen zu, so begegnet man im großen Seitenarm abermals hervorragenden Werken von Schokotnigg. Daß Matthias von Görz auch gute Ölbilder malen konnte, beweist das Altarbild in der folgenden Kapelle, wo auch das Epitaph für den ersten Propst von Pöllau aufgestellt wurde. Vor dem Verlassen der Kirche vermittelt ein Blick auf die Brüstungsfelder der Orgelempore, mit dem eigenartigen Orgelprospekt von 1739, nochmals den vitalen Bewegungszug der ganzen Raumgestaltung.

Die ehemaligen Stiftsgebäude, um zwei Höfe gruppiert — das monströse Kriegerdenkmal im großen Arkadenhof könnte auch anderswo aufgestellt werden — dienen heute verschiedenen Gemeindezwecken.

Ein architektonisch reich gestaltetes, mit Holzintarsien versehenes Prunkportal führt in die ehemalige Bibliothek, heute als Festsaal adaptiert. Im Ecksaal hat Matthias von Görz sein letztes Fresko gemalt, eine Apotheose seiner Kunstgattung. Jetzt wird hier Musik gelehrt. Und wer von der Ursubstanz des Stiftsgebäudes noch etwas sehen möchte, der sei auf die weitläufigen Umfassungsmauern verwiesen. Außerdem enthält das Gemäuer an der Westseite des Vorhofes noch Reste der alten Wasserburg.

NEUBERG

In Blau ein aus der Schildspitze hervorgehendes gelbes Vortragskreuz, das durch ein gelbes Faßeisen gesteckt ist.
Ursprünglich war es ein M als Marienmonogramm, mit einem Kreuz besteckt, wie das Siegel des Abtes Colomann mit der Jahreszahl 1496 zeigt. Dann geriet der Sinn des Wappens in Vergessenheit, auch bei Bartsch's Wappenbuch wurde das Bild völlig mißverstanden.

Die helle dreischiffige Hallenkirche des „Neuberger Münsters" betreten, die weitläufige Klosteranlage mit prachtvollem Kreuzgang, Kapitelsaal und Refektorium durchstreifen und mit genießenden Augen die hier vorhandenen Schätze betrachten, läßt einen eintauchen in die Atmosphäre des Spätmittelalters, versinken in die Stimmung einer Zisterzienserabtei jener längst vergangenen Tage, die in ihrem Charakter unverändert erhalten geblieben ist und seit 1950 liebevoll und sachkundig restauriert wird. Vieles an der wuchtigen Stiftskirche von Neuberg an der Mürz mit ihrem gewaltigen Krüppelwalmdach, auf dem, der Zisterziensertradition entsprechend, nur ein kleiner Dachreiter sitzt, eingefügt in die Gebirgslandschaft des steirischen Oberlandes, erinnert an die enge Verbundenheit des Hauses Habsburg mit dem Stift. Am Chorschluß und am Heiliggeistloch der Vierung etwa oder über der gewaltigen Westrose über dem Hauptportal findet sich der Wahlspruch Kaiser Friedrichs III.: AEIOU, der die Kirche in ihrer heutigen Form in der Zeit zwischen 1461 und 1496 fertigstellen ließ. Mit dem Schicksal des Hauses Habsburg ist Neuberg auch für immer durch die hier abgeschlossenen Erb- und Teilungsverträge verbunden, durch die 1379 die Aufspaltung in die albertinische und die leopoldinische Linie erfolgte. Der letzte Habsburger, den es in besonderer Weise immer wieder hierher zog, war Kaiser Franz Joseph, der das Neuberger Jagdgebiet besonders liebte und schließlich im nahen Mürzsteg ein Jagdschlößl errichten ließ, das dem heutigen Bundespräsidenten als Sommerresidenz dient.

Gegründet wurde Stift Neuberg von Herzog Otto dem Fröhlichen, dem Enkel Rudolfs I. von Habsburg, im Jahr 1327, und Zisterzienser aus Heiligenkreuz besiedelten es und begannen mit dem Bau. Segensreiches Mönchsleben zog in Neuberg ein und entwickelte sich jahrhundertelang, bis Joseph II. 1786 die Aufhebung des Stiftes verfügte und das gewaltige Vermögen von 750.000 Gulden und alle Güter des Stiftes vom steirischen Religionsfond eingezogen wurden. Seit 1800 ist Neuberg Staatsbesitz.

Am äußeren Erscheinungsbild des mächtigen Kirchenbaues mit dem größten in Österreich erhaltenen gotischen Dachstuhl, der im übrigen als Modell im Kircheninneren zu sehen ist, beeindruckt die klare Gliederung, wobei nur an der Nordseite aus dem geschlossenen Baukörper die zweigeschossige Lorettokapelle vorspringt. Besonders schön ist die Westfassade mit dem Spitzbogenportal, dessen Tympanon leer ist. Darüber eine bewundernswerte Fensterrose und in der Giebelzone reiche Blendarkaden. Über der Fensterrose ist eine Konsole mit Baldachin zu sehen, auf der bis zu einem mächtigen Sturm im 17. Jahrhundert die „Neuberger Madonna" stand. Obwohl der Orkan die Steinfigur der gekrönten Muttergottes mit dem Jesuskind aus so gewaltiger Höhe stieß, blieb sie wie durch ein Wunder unversehrt und ist heute an der Südwand in der Kirche zu bestaunen. Dieses Meisterwerk aus der Zeit zwischen 1330 und 1340 gilt als Vorläuferin der „schönen Madonnen" im weichen Stil.

Auf den Besucher, der die lichtdurchflutete Hallenkirche mit drei gleich hohen Schiffen und geradem Chorabschluß betritt, wirkt die bestechende Ergänzung von Raum und Licht. Überall stehen Bündelpfeiler mit nur angedeuteter Kapitellzone. Bei genauer Betrachtung ihrer Durchformung fühlt man sich an den Stephansdom und an Stift Heiligenkreuz erinnert. In allen Jochen Kreuzrippengewölbe mit zum Teil schildförmigen Schlußsteinen. In den östlichen Gewölbejochen spätgotische Rankenwerkornamente, und im Hauptjoch wachsen aus den Blüten Heiligenbüsten. An der Westwand der Kirche ein zum Teil durch den Emporeneinbau verdecktes großes Fresko in Form eines Flügelaltars, dessen Mittelbild die heilige Sippe darstellt. Auf den südlichen Bildbahnen Kreuzigung und Nothelfer. Die Westempore mit ihrer reichen barocken Rundorgel verdeckt auch zum Teil die Rosette.

Für das gute Licht in der Kirche sorgen die zum Teil sechsbahnigen Maßwerkfenster, die zu den bedeutenden Werken gotischer Steinmetzkunst gezählt werden müssen. An der Südwand drei Portale: zum Kreuzgang, zum Dormitorium und zur Sakristei. Das Dormitoriumsportal ist über dem Giebel mit einem Uhrblatt versehen, das auf den direkten Aufgang der Mönche in die Schlafräume hinweist. Sehr interessant ist auch die reiche Empore über dem Eingang zur Lorettokapelle, die von Engeln getragen wird. Darüber ein großes Gemälde des hl. Robert mit reich geschnitztem Rahmen aus dem Jahr 1680. Prächtige Kanzel (1670) mit Aposteln und Kirchenvätern am Korb. Am Schalldeckel Engeldarstellungen mit Leidenswerkzeugen und der hl. Bernhard. Zu den künstlerischen Glanzstücken der Einrichtung gehört zweifellos der Hochaltar. Er wurde in den Jahren 1611 und 1612 vom Stiftsbildhauer Hans Georg Mader gemeinsam mit anderen Künstlern errichtet und ist der

erste Renaissancealtar der Steiermark. Giovanni Terzano aus Como schuf die helle Fassung und die Temperabilder an der Rückseite des nach Zisterziensersitte ganz umgehbaren Altars. Im Mittelteil die Madonna, über die Gottvater und Gottsohn die Krone halten. Darüber schwebt der Heilige Geist als Taube. In den beiden Seitennischen Statuen der Heiligen Bernhard und Benedikt. Im Aufsatz Kreuzgruppe und seitlich die Heiligen Rupert und Ulrich. Zuoberst das Jesuskind mit der Weltkugel, flankiert von zwei Engeln. Prachtvolle geschnitzte Predella mit Darstellungen der Evangelisten und der lateinischen Kirchenväter.
Außerdem gibt es gute Seitenaltäre zu sehen, darunter einen Marienaltar an der Südwand mit besonders schöner Statue einer sitzenden Maria mit Kind aus Holz aus der Zeit um 1440. Sehr schön auch die beiden Altäre am dritten Pfeilerpaar vom Eingang mit Teilen zweier spätgotischer Flügelaltäre, am linken Reliefdarstellung der Kreuzigung und am rechten der Kreuzabnahme. In der Kirche befindet sich auch eine größere Anzahl bemerkenswerter Grabdenkmäler und Epitaphe.
Im ehemaligen Stiftsgebäude ist besonders der prachtvolle Kreuzgang mit Spitzbogenmaßwerkfenstern und Kreuzrippengewölben hervorzuheben. Er ist einer der schönsten Österreichs. Interessant sind hier die unterschiedlich gestalteten Konsolen, die vor allem im Ostflügel mit phantastischen Skulpturen ausgestattet sind. In die Schildmauern eingepaßt, befinden sich große Gemälde, darunter Otto den Fröhlichen und verschiedene Äbte darstellend. Unter dem Kapitelsaal ist die Gruft des Stifters (†1339), deren Deckplatte 1870 erneuert wurde. Das Refektorium gegenüber dem Brunnenhaus ist eine zweischiffige Halle mit Tonnengewölbe und reichem Stuckdekor sowie diversen Darstellungen von Speisungen wie zum Beispiel das Linsengericht und Christus in Emmaus. Östlich des Kreuzganges befindet sich die St.-Bernhards-Kapelle, die wie die gleichartige Kapelle im Stift Heiligenkreuz mit schönen Kreuzrippengewölben ausgestattet ist.

Der lichte Säulenwald hin zum Hochaltar

GÖSS

Schwarzes Faßeisen auf gelbem Grund.
Ursprünglich ein Hufeisen, wie es der Strauß in Leobens Stadtwappen im Schnabel und in den Krallen hält. Im Umkreis des Stiftes sind Hufeisen als alte Symbole der Schmiede und des Eisenhandels nicht selten.
Die Siegel der Äbtissinnen zeigen bis 1576 nur deren Familienwappen. Anna von Putterer führte als erste eine Kombination von Faß-(Huf-)eisen und Familienwappen in ihrem Siegel.

Südlich von Leoben und seit 1939 zur Stadt gehörig, liegt nahe einer Murschleife die weitbekannte Gösser Brauerei. Sie ist in ehemaligen Stiftstrakten untergebracht und bemüht sich in vorbildlicher Weise um Erhaltung und Pflege der noch verbliebenen Bauwerke. Aus dem Gotteshaus wurde schon 1782 die Pfarrkirche von Göss, nachdem die alte, bis auf den Turm, abgetragen worden war.

Der Lauf der Geschichte von Göss, dem ältesten Stift der Steiermark, beginnt mit dem Pfalzgrafenpaar Aribo und Adala, denen der letzte Karolinger, Ludwig das Kind, weite Gebiete nördlich der Mur übergab. Die beiden errichteten bei der „villa Costiza" ein Nonnenstift. Diese Bezeichnung ist slawischen Ursprungs und dürfte vom slowenischen „gost" (= Gast) herrühren. Aribo, der später Erzbischof von Salzburg wurde, ließ seine Stiftung vom Nonnberg her besiedeln. Vermutlich lebten die Stiftsfrauen damals noch als Kanonissen nach der Augustinusregel. Man liest, Silvester II., das Universalgenie auf dem Papstthron, habe Göss unter seinen Schutz gestellt. Dies ist jedoch kaum möglich, denn Silvester starb 1003 und die erste gesicherte Bezeugung des Stiftes stammt aus dem Jahr 1020, als Göss zur Reichsabtei erhoben wurde. Bald darauf dürfte die Umwandlung in ein Benediktinerinnenkloster erfolgt sein. Unter der langen Abfolge der Äbtissinnen sind die steirischen Adelsgeschlechter zahlreich vertreten, denn Göss war durch Jahrhunderte Ausbildungsstätte für „Grafen-, Herren-, Ritter- und Adelstöchter". Diese brachten auch eine Mitgift ins Stift, wodurch das Klostervermögen rasch anwuchs, die Baulichkeiten zunahmen und zahlreiche Kunstwerke entstehen konnten. Unter ihnen ist in erster Linie das einzigartige „Gösser Ornat" zu nennen, um die Mitte des 13. Jahrhunderts nachweisbar, das einzige vollständig erhaltene dieser Art aus dem Hochmittelalter. Leider kann man es heute nur an verschiedenen Orten besichtigen, wesentliche Teile werden in Wien, Köln und London aufbewahrt. Das Ornat, von den Gösser Nonnen mit Figuren und Ornamenten kunstvoll und originell bestickt, wurde für Äbtissin Kunegundis angefertigt. Während der Türkenjahre hat man die Bauwerke rund um die Stiftskirche durch Wehranlagen und Türme befestigt, allerdings erst nach 1480, nachdem Göss wie durch ein Wunder einem Türkeneinfall entging. Schließlich kam das unselige Jahr 1782 mit der letzten Eintragung der Äbtissin in der Stiftschronik, die mit dem Satz schließt: „sünd wier aufgehoben worden". Damals waren noch fünfundsechzig Nonnen in der Abtei, darunter auch alte und gebrechliche, sie erhielten eine kärgliche Rente und wurden in alle Winde verstreut.

Joseph II. ließ nun in Göss den Sitz eines neuen Bistums installieren, denn er hatte die unglückselige Idee, das steirische Bistum in zwei Diözesen aufzuteilen. Das währte nicht lange. Nach dem Tod des einzigen Bischofs von Leoben, Graf Engl, übernahm die Diözese Seckau 1800 die Administration des obersteirischen Gebietes, das dann später dem alten Bistum wieder eingegliedert wurde. In der kurzen Zeit, da Göss eine Kathedrale hatte, fand im ehemaligen Stift ein historisches Ereignis statt: Hier führte General Bonaparte die Verhandlungen zum Vorfrieden von Leoben.

Die Stiftstrakte wurden 1827 von Vordernberger Radmeistern ersteigert und kamen 1860 an einen Grazer Bierbrauer. Dies war keine Entweihung der alten Kulturstätte, denn einer Urkunde von 1459 ist zu entnehmen, daß schon die Stiftsfrauen den Hopfensaft brauen ließen; ihr „Pirprewer" hieß damals Lenhartt Newmeister.

Die gotische Stiftskirche ersetzte nach einem Brand den romanischen Vorgängerbau. Zuerst entstand der Chor mit einem Kreuzrippengewölbe und erst zwischen 1510 und 1522 die dreischiffige Halle des prachtvollen Langhauses. Die Kirche erreicht man nach Durchquerung einer niedrigen, von einer kräftigen Säule gestützten Durchgangshalle, die in den idyllischen Stiftshof führt. Dieses „Brunnhöfl" wird durch die südliche Kirchenmauer und zwei Klostertrakte gebildet, die Äbtissin Margarethe von Khuenburg an Stelle abgerissener Bauten aus dem Mittelalter durch Pietro Carlone 1614 errichten ließ. Die beiden Trakte sind mit offenen Gängen und Pfeilerarkaden versehen. Vor der kleinen überdachten Außentreppe an der Südwand der Kirche befindet sich das Eingangstor, das zu den Spitzenleistungen spätgotischer Steinmetzkunst in der Steiermark zählt. Es ist ein Rundbogenportal, das einer rechteckigen Portalfläche eingeschrieben ist. Schlanke Rundstäbe und Birnstabprofile umrahmen es und füllen das Rechteckfeld. Während über dem Torbogen Stäbe in Eselsrückenformung aufsteigen, lockern weitere Stäbe, sich durchschlingend und durchkreuzend, das Gefüge. Die kleinen Rundbogen enden in reich ausgebildetem Blattwerk.

Im Inneren öffnet sich dem Besucher ein

feierlicher und zudem heimeliger Raum. Seine Decke im Mittelschiff ist mit vielfach verschlungenen Rippen versehen, die keine tragende Funktion ausüben, sondern einer verspielten Ausschmükkung dienen.
Zwischen den Gewölberippen sind Rankenmalereien und Wappenschilder zu sehen, darunter das Wappen der Äbtissin Margarethe von Mindorf, die 1523 starb. Sehr skurril wirken die gewölbetragenden, schraubenförmig verdrehten Pfeiler, aus denen die Rippen mit reich geschmückten Kapitellen hervorwachsen. Durch eine gegenläufige Drehung des östlichen Pfeilerpaares hat der Baumeister einen ungemein dynamischen Raumeindruck entstehen lassen.
In einem künstlerisch derart bedeutenden Raum, dessen Chorwände auch noch spätgotische Freskenreste zieren, fallen einige weniger wertvolle Werke aus der Zeit nach der Stiftsaufhebung etwas ungünstig auf. Der jetzige Hochaltar ent-

Nur in Göss: schraubenförmig gedrehte Säulen

stand im Klassizismus, ebenso die beiden Seitenaltäre, die allerdings mit hervorragenden Gemälden ausgestattet wurden. Sie sind 1791 vom Kremser Schmidt signiert und datiert. Vor allem das zarte und innige Madonnenbild zeigt die Meisterschaft dieses so bedeutenden Malers des österreichischen Spätbarock. Im prächtigen Chorgestühl von 1742, mit späterer Empirebekrönung, versammelten sich die Stiftsfrauen zum täglichen Gotteslob, das aber damals auf der Orgelempore abgehalten wurde. Über dem Gestühl hat man das eindrucksvolle Gösser Kruzifix von 1180 angebracht, und in Chornähe befindet sich eine Schutzmantelmadonna aus dem 15. Jahrhundert. Den Lettner ließen schon die Nonnen abreißen, weil er ihnen die Sicht von der Empore auf den Hochaltar nahm. Das Lettnerkreuz, vor 1520 entstanden, findet man heute in der Vorhalle. Dort sind auch besonders interessante Grabsteine zu sehen, unter anderem die Ganzfigur der Margaretha von Khienburg (Khuenburg), die einen mächtigen Hirtenstab schwingt. Eine Zierde der mächtigen Sängerempore, mit reich stuckierter Brüstung, ist die von Johann Georg Mitterreiter 1718 erbaute Orgel. An den Wangen der Kirchenbänke sieht man vorgetäuschte Intarsien, denn sie sind gemalt.

Zur frühromanischen Krypta gelangt man durch die alte Sakristei. Die Grablege, eines der ältesten Baudenkmäler der Steiermark, enthält in den westlichen Jochen des dreischiffigen Raumes noch die um 1000 entstandene Umgangskrypta, deren Säulen das Kreuzgewölbe tragen. In der Gotik hat man den Raum nach Osten erweitert und diesen Teil in der Barockzeit durch ein Tonnengewölbe verändert. Besondere klimatische Verhältnisse führten zu einer Mumifizierung der hier bestatteten Nonnen.

Südlich der Kirche, mit ihr und den Stiftsgebäuden zusammenhängend, erhebt sich die zweigeschossige Michaelskapelle, die ursprünglich frei stand und vom Nonnenfriedhof umgeben war. Äbtissin Herburgis ließ im letzten Drittel des 13. Jahrhunderts über dem romanischen Untergeschoß einen frühgotischen Kirchenraum errichten. Vorzügliche Fresken im Zackenstil sowie originelle Schlußsteine am Kreuzrippengewölbe schmükken diesen kleinen Sakralraum, der für kurze Zeit Hauskapelle des Leobener Bischofs war, dessen Grabmal in der Vorhalle zu sehen ist. Von den Wehranlagen sind der Vorturm mit Spitzbogenportal, sowie Umfassungsmauern mit Rundtürmen erhalten. Die Doppeltürme der Kirche, durch neugotische Helme ungünstig verändert, erinnern nur in den unteren Geschossen an die Zeit, da Göss noch ein Stift war.

SECKAU

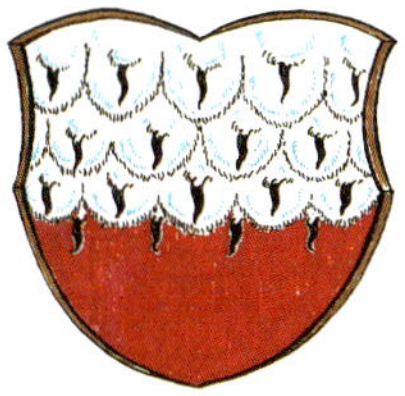

Über rotem Grund ein dreifach unterteilter Hermelinpelz. Ursprünglich erscheint das Stiftswappen im Siegel des Propstes Ulrich von 1428 als Kürsch über einem farbigen Feld. Vom Stifter, der 1158 starb, ist kein Siegel erhalten.

Jedesmal, wenn man den mächtigen Torbogen durchschreitet, um in den Vorhof der Basilika von Seckau zu gelangen, spürt man das Vorgefühl eines Erlebnisses, dem man sich hier weniger entziehen kann als in vielen anderen Kirchen im Land: Es ist die Empfindung des Aufgenommenwerdens in einen Kirchenraum, dem die wuchtige Architektur der Romanik und die Gebete aus Jahrhunderten, der gemessene Wohlklang gregorianischer Choräle und ein maßvolles Spiel des Lichts die Weihe geben. Der „Dom im Gebirge" umfängt einen völlig.

Bei der Gründung um 1143 dürfte es, folgt man den Urkunden, allerdings nicht allzu fromm hergegangen sein. Als nämlich der Gründer Adalram von Waldeck mit seinen Augustiner-Chorherren aus St. Marein nach Seckau übersiedelte, kam es mit seiner Gattin zu einem handfesten Krach. Seine Frau war nämlich mit der Art, wie er sein Geld und vor allem auch das von ihr beigebrachte Heiratsgut ihrer Meinung nach verschleuderte, keineswegs einverstanden. Sie verklagte ihn sogar beim König und erhielt einige ihrer Besitztümer zurück. Nach dieser Klage trat Adalram in sein Stift Seckau ein, wo 1167 die erste romanische Basilika geweiht wurde, deren Langhaus noch heute besteht. 1299 erhob Erzbischof Eberhard II. von Salzburg Seckau zur Landeskirche und zum Sitz eines Domkapitels. Genau vierzig Jahre später wurde es von einer Brandkatastrophe heimgesucht. Nach dem Wiederaufbau folgten zwei Jahrhunderte der Blüte. Unter anderem entstand in dieser Zeit die hunderttausend Verse umfassende „steirische Reimchronik" des Ottokar von der Gaal, die Österreichs Geschichte zwischen 1210 und 1309 schildert.

Im 14. Jahrhundert war Seckau auch ein beliebter Marienwallfahrtsort, im Jahrhundert darauf folgten Jahrzehnte des Schreckens für Seckau. Die Pest (1466), Heuschrecken und Hunger (1478) suchten das Kloster und den Ort heim. Vor den Türkeneinfällen (1480) blieb das Kloster wie durch ein Wunder verschont. Seine verborgene Lage und starker Nebel im August ließen die Brandleger die Propstei nicht finden. Nach wechselvollen Jahrzehnten brausten die Ereignisse der Reformation und Gegenreformation über das Land hinweg. Karl II. von Innerösterreich, ein mächtiger Kämpfer für die Rekatholisierung, läßt in der Stiftskirche sein prunkvolles Mausoleum errichten.

Was sich vom 17. Jahrhundert bis 1945 abspielte und selbstverständlich nur in Andeutungen aufgezeigt werden kann, liest sich wie ein Kriminalroman. Nach einer langen Aufbauphase im 17. und in weiten Zeiträumen des 18. Jahrhunderts kam 1782 die Aufhebung von Kirche und Stift durch Joseph II. Es folgte eine Zeit der Vandalen, der Plünderer und des Verfalls. Was an Schriften nicht verbrannte oder verrottete, gelangte zum Glück nach Wien oder Graz in Bibliotheken. Die Grabstätten in der Basilika wurden geplündert und sogar Zinnsärge eingeschmolzen. Eine Kapelle, die einst Ulrich von Liechtenstein gestiftet hatte, mußte 1840 abgetragen werden, weil niemand bereit war, die lächerlichen zweihundert Gulden für ihre Sanierung aufzubringen, und 1886 waren schließlich die beiden mächtigen Türme der Basilika so baufällig, daß sie abgetragen werden mußten.

Einschneidend war für Seckau das Jahr 1883. Die Beuroner Benediktiner kauften das Stift, und eine abermalige Zeit des Wiederaufbaus konnte beginnen. Kirchenrenovierung, Neu- und Umbau der Klostergebäude und die Errichtung eines Abteigymnasiums fallen in diese Zeit, wobei vor allem Abt Ildephons Schober (1887 bis 1908) als dynamischer Motor wirkte. Aber schon wenige Jahrzehnte später kam der nächste Schlag. 1940 wurden die Mönche zu Staatsfeinden erklärt und mußten innerhalb von vierzehn Tagen verschwinden. Der Verlust an Kunstschätzen und Vermögenswerten war enorm. Schon kurz nach dem Zweiten Weltkrieg ging man mit Mut an die Wiedererrichtung von Abtei und Schule, und Seckau erblühte zu dem geistigen Zentrum, das es heute noch ist.

Aber zurück zum „Dom im Gebirge" mit seinen Kunstschätzen. Die beiden neuromanischen Türme aus Seckauer Sandstein bestimmen die Westfront der Kirche, in die man zwischen zwei romanischen Löwenplastiken durch ein reich gegliedertes Stufenportal mit der Seckauer Muttergottes im Tympanon „eintaucht" in den überwältigenden Innenraum der dreischiffigen Basilika, die erst später durch die Beuroner um das Querschiff erweitert wurde. Gleichzeitig erfolgte eine wesentliche Vergrößerung des Chores.

Von fast beklemmender Schlichtheit ist der Altarraum, der 1964 von Clemens Holzmeister neu gestaltet wurde. Über einer einfachen Altarmensa schwebt überlebensgroß das älteste erhaltene steirische Triumphkreuz aus etwa 1220, das aus einer Wegkapelle hierhergebracht wurde und das nun umgeben ist von Assistenzfiguren aus einer anderen Wegkapelle, nämlich aus der Gaal. Deshalb wird heute oft irrtümlich das Kreuz als „Gaaler

Kruzifix" bezeichnet. Der von den Beuronern 1893 errichtete neuromanische Baldachinaltar befindet sich übrigens seit 1964 in der Kirche auf dem Mexiko-Platz in Wien. Beeindruckend das Chorgestühl, eine kunstvolle Arbeit von Beuroner Laienbrüdern.

Das optisch wohl eindrucksvollste „Detail" im Münster ist zweifelsohne das Mausoleum für Karl II., dessen Platz er selbst ausgesucht hatte. „In einem erhabenen Raum" entstand — so Rochus Kohlbach — „ein wahrhaft fürstliches Mausoleum". An nichts wurde gespart. Roter, weißer und gesprenkelter Marmor wurden als Material gewählt, und Alexander de Verda aus Gondria am Gardasee als Baumeister geholt. Den Kenotaph, das wohl prunkvollste Stück der Ausstattung, auf dem Karl und seine Gattin dargestellt sind, schuf Sebastian Carlone. Das Mausoleum, eine meisterhafte Kombination aus Architektur, Plastik und Malerei, und eine der bedeutendsten Leistungen der ausklingenden italienischen Renaissance, enthält auch eine in den ikonographischen Details noch nicht gedeutete Würdigung des Hauses Habsburg. In diesem Mausoleum, das übrigens von einem prachtvollen Schmiedeeisengitter abgeschlossen wird, sind neben Karl noch weitere acht Mitglieder des Hauses Habsburg bestattet.

Qualität und Schönheit der anderen Altäre und Kapellen in eine Rangordnung zu bringen, fällt schwer. Am überraschtesten ist der Betrachter sicherlich von der Engelskapelle, die von Herbert Boeckl, einem der bedeutenden Maler unserer Zeit, von 1952 bis 1960 nach Motiven aus der geheimen Offenbarung gestaltet wurde.

Neben der Engelskapelle gelegen ist die Gnaden- oder Sakramentskapelle, die das Seckauer Gnadenbild, ein Alabasterrelief der Madonna mit Kind aus dem 12. Jahrhundert — vermutlich eine vene-

Das Mausoleum Karls II. von Innerösterreich

Die „Gaaler Kreuz“ genannte Figurengruppe

zianische Arbeit —, birgt, die vom Seckauer Goldschmiedemeister Frater Bernward neu gefaßt wurde. An der Westwand dieser Kapelle befindet sich eine Darstellung der Gründungslegende, gemalt von Franz Ignaz Flurer. Dann die Bischofskapelle mit vierunddreißig Fresken von Bischöfen an den Wänden und dem einmaligen gotischen Schnitzaltar „Maria Krönung“ mit einer sehr seltenen vortridentinischen Dreifaltigkeitsdarstellung über der Madonna. Der Altar ist ein Meisterwerk spätgotischer Schnitzkunst und zeigt im übrigen auf der Werktagsseite der Predella den Stiftungspropst Dürnberger. Links in der Kapelle der Epitaph für Bischof Brenner. In der Kapelle unter dem Südturm befindet sich der Maria-Opferungs-Altar mit Madonna aus 1488, die zum Dank für die Rettung vor den Türken zuerst im Mittelschiff aufgestellt war und jetzt, flankiert von einer hl. Katharina und einer hl. Barbara, hier ihren Platz gefunden hat. Anschließend der Kreuzigungsaltar, neben dem ein Portal in den Kreuzgang führt.
Interessant ist noch der neuromanische Benediktsaltar mit einer eigenwilligen bayrischen Figurengruppe, die die mystische Vermählung der hl. Katharina von Siena mit dem Jesusknaben (1520) darstellt.
Im gewaltigen Stiftsgebäude mit seiner hundertdreiundvierzig Meter langen Westfassade beeindruckend vor allem der 1588 von Bernhard de Silvo erbaute Doppelarkadenkreuzgang, der Kaisersaal im zweiten Stock des Westflügels, der Huldigungssaal aus 1620, der Festsaal und die Ursprungskapelle, jetzt Kapitelsaal. Auf dem „Zellenplatz“ vor dem Stift steht eine Augsburger Mariensäule aus dem dritten Viertel des 18. Jahrhunderts und als bemerkenswertester Profanbau der „Hofwirt“, 1661 von Peter Franz Carlone erbaut.

ST. LAMBRECHT

*Gelbes L auf blauem Feld, darüber zwei gekreuzte Abtstäbe.
Das älteste Stiftswappen, 1394 im Siegel des Abtes Rudolf von Lichteneck, zeigt zwei im Schragen gekreuzte Hirtenstäbe, daneben das Schild seines Hauses.
Das L im Wappen findet sich zuerst im Siegel des Abtes Johann Schachner von Frauenburg. In der Folgezeit gab es verschiedene Kombinationen.*

Wenn der Besucher des Stiftes zunächst die Bergkuppe westlich der Abtei besteigt, so gewinnt er von ihrem Plateau einen guten Überblick auf die Stiftsanlage. Zugleich befindet er sich an einer Stelle, die auch mit den Anfängen von St. Lambrecht zu tun hat. Auf dem Hügel ließ nämlich Ende des 11. Jahrhunderts Markward von Eppenstein eine Burg errichten, die 1103 dem von ihm gegründeten Stift geschenkt wurde. Später hat man sie zu einem Abthaus umgewandelt, das schließlich mit vielen Türmen, Erkern, Arkaden und einer Hauskapelle ein stattliches Schloß wurde. Es existiert noch ein altes Modell von diesem prächtigen Bauwerk, das einer Zeit entstammt, da sich der Abt, auch als Prälat mit landespolitischen Aufgaben betraut, einen eigenen „Hof" hielt. Aber diese so unmönchische Zeiterscheinung war bald vorbei, schon im 17. Jahrhundert diente das Schloß als Gymnasium, dann als theologische Lehranstalt. Als St. Lambrecht durch Kaiser Joseph II. aufgehoben wurde, hat man das Schloß abgetragen. Es blieben noch der sechsgeschossige Bergfried, Teile des Torturmes und Reste der Ummauerung. Man sieht auch noch die ehemalige Schloßkapelle zum hl. Jakob, die man 1848 neugotisch wiederhergestellt hat. Sie enthält heute einen Flügelaltar von 1520, den man aus Aflenz hierher übertrug.

Die Stiftsgeschichte beginnt mit dem schon erwähnten Eppensteiner Grafen. Als Markward vor 1076 beschloß, nahe des Neumarkter Sattels in über 1.000 Meter Seehöhe ein Benediktinerkloster zu errichten, fand er dort bereits die Kirche des „hl. Lambert im Walde" vor. Sein Sohn, Herzog Heinrich III., erreichte die kaiserliche Bestätigung seines Hausklosters. Im 12. Jahrhundert entwickelte sich St. Lambrecht zu einem der bedeutendsten steirischen Kulturzentren. Lambrechter Mönche besiedelten Altenburg am Kamp, und 1157 wurde, über eine Aflenzer Mönchsniederlassung, das Marienheiligtum von Mariazell gegründet. Über die erste Stiftskirche ist nichts bekannt, 1160 erfolgte die Weihe einer romanischen Basilika. Durch Brände wiederholt beschädigt, stürzte 1327 der dreischiffige Bau ein. Darauf entstand die heutige gotische Hallenkirche, zuerst das Langhaus, dann der Mönchschor, den man gegen 1400 vollendete. Im Jahre 1471 wurden Stift und Kirche abermals von einem Brand heimgesucht, bei dem auch die Glasgemälde zersprangen. Den Barockumbau der mittelalterlichen Gebäude leitete Architekt Domenico Sciassia. Es entstand eine regelmäßige, um drei Höfe gruppierte Anlage, die 1639 vollendet war. Kurz darauf erfolgte auch die Barockisierung des Münsters. Die Hochblüte dieses kleinen geistlichen und wirtschaftlichen Fürstentums, das damals auch vierundzwanzig Pfarren zu betreuen hatte, nahm ein jähes Ende, als 1786 seine Aufhebung erfolgte. Viele Kunstschätze gingen damals verloren oder wurden verschleudert. Zwar ließ Kaiser Franz II. das Stift wieder errichten, aber es hatte den Großteil seiner Besitzungen eingebüßt und konnte sich nur mühsam erholen. Als erstes österreichisches Stift traf St. Lambrecht 1938 die Enteignung durch das NS-Regime. Nach 1945 wiedererstanden, begann hier der mühsame aber erfolgreiche Wiederaufbau. Als das Stift 1978 seine Pforten für die Landesausstellung „Gotik in der Steiermark" öffnete, konnte es sich als eben frisch restauriert präsentieren.

Die Stiftskirche bildet, ähnlich wie im oberösterreichischen St. Florian, den Abschluß des langgestreckten westlichen Stiftstraktes. Nur sind hier Stifts- und Kirchenfassade viel schlichter gestaltet, und ein gewaltiger Getreidekasten von 1625, mit schindelgedecktem hohem Krüppelwalmdach, schließt im Norden den Vorhof ab. Westlich, am Fuß des Schloßhügels, begrenzt eine Bastei mit Barockstatuen und Steinvasen den äußeren Hof. Die Doppeltürme des Münsters sind bis zur Höhe der Uhren noch romanisch. Domenico Sciassia schuf das schöne Renaissanceportal, in der Barockzeit durch Nischenfiguren ergänzt. In der Vorhalle vereinen sich drei Stilepochen, denn neben dem barocken Innenportal konnten in jüngster Zeit Reste des alten romanischen Tores freigelegt werden. Aus der Gotik stammt links der Kruzifixus, ihm gegenüber sieht man eine überlebensgroße Madonna, die M. Hönel 1642 geschaffen hat.

Das Innere des Münsters ist eine weite, dreischiffige Halle, deren gotischer Charakter sich vor allem im Chor und an der linken Seite fast unverändert erhalten hat. Mächtige, achtseitige Pfeiler tragen die Kreuzrippengewölbe und verdecken zunächst die barocke Ausstattung der Seitenschiffe. Imposant ist der Aufbau des Hochaltares, der die gotische Gewölbearchitektur im Chor, durch eine wachsende Verjüngung nach oben, keineswegs beeinträchtigt. Wenn auch an diesem Altar keine sehr bedeutenden Künstler tätig waren, auch das Altarbild Maria Himmelfahrt ist nur eine Kopie (nach Rubens), so verdient doch der Name dessen, der diesen Aufbau 1632 errichtete, erwähnt zu werden; es war dies Valentin Khautt.

Die Stiftskirche mit dem gewaltigen „Getreidekasten"

Höchst originell gestaltet ist der hohe Aufbau am Schalldeckel der Kanzel, 1732 geschaffen. Balthasar Brandtstätter stellte auf ihm einen Triumph des hl. Benedikt dar, mit köstlichen Plastiken der vier Erdteile, darunter den Afrikaner auf einem Elefanten reitend. Für die Einzelmessen der Mönche entstanden im 17. und 18. Jahrhundert zahlreiche Nebenaltäre. Wenigstens einen von ihnen, den um 1639 errichteten St.-Emmerams-Altar, sollte man besichtigen. Er zeigt ein Fastentuch von etwa 1470 mit sechsundfünfzig Bildfeldern, die biblische Szenen darstellen.

An der rechten Langhauswand befindet sich ein gut erhaltenes Portal aus dem 12. Jahrhundert. Es wurde erst 1975 freigelegt, sein bemerkenswerter plastischer Schmuck ist eine wesentliche Bereicherung des geringen romanischen Bestandes in der Kirche. Beim Durchwandern des Münsters kann man noch so manche Zeugnisse aus der Gotik entdecken. Weihekreuze und interessante Apostelmedaillons an den Wänden, sowie das erst jüngst aufgefundene monumentale Christophorusfresko, Ende des 14. Jahrhunderts zu datieren. Der Heilige ist recht originell in zeitgenössischer Tracht dargestellt, nur hat man ihm leider im 16. Jahrhundert die Beine mit einem dreiteiligen Passionszyklus übermalt. Zum Glück blieb daneben das Fresko einer zierlichen hl. Agnes erhalten. An der gegenüberliegenden Wand ist der Thron Salomons dargestellt, ungefähr aus der selben Zeit.

Bei Führungen durch das Stiftsgebäude werden vor allem die Prunkräume gezeigt. Da ist zunächst der Kaisersaal von 1645 zu nennen, überwölbt von einem freskenumrahmten, üppigen, fast erdrückenden Stuck, geschaffen von Domenico Camin und Taddeo Galli. Die Prälatur enthält einen mit zartem Rokokostuck überzogenen Saal, in dem Äbtebilder zu sehen sind, vor allem aber die sehr qualitätvollen Porträts des Herrscherpaares Franz I. und Maria Theresia, gemalt von Johann Bapt. Lampi. In der Bibliothek, deren Holzregale 1677 mit Landschaften und Emblemen bemalt wurden, ist der Bestand an Handschriften und Bänden durch die josephinische Aufhebung arg dezimiert worden. Noch immer reichhaltig sind die Stiftssammlungen. Unter den vielen Plastiken und Tafelbildern aus der Gotik wäre an erster Stelle die „Strahlenkranzmadonna" zu nennen, die sich aber als Leihgabe im Grazer Joanneum befindet. Hans Riehl hat dieses kostbare kleine Bild, um 1420 entstanden, in seinem Buch „Österreichische Malerei" bewegend und anschaulich beschrieben. Hingegen ist

hier noch die „Brunnenmadonna" aus Mariazell zu sehen, die um 1450 Jakob Kaschauer schnitzte. Eine Zierde der Sammlung ist auch der ehemalige Tabernakel des Hochaltars von 1719, silberbeschlagen und aus Ebenholz gefertigt. Den Kunstsammlungen sind Räume mit interessanten volkskundlichen Objekten und einer Vogelsammlung angeschlossen, Ergebnisse von Forschungen der gelehrten Benediktiner Pramberger und Hauf.
Mit dieser Besichtigung ist man in St. Lambrecht noch nicht am Ende. Nördlich der Kirche steht der Rundbau eines romanischen Karners, 1148 urkundlich erwähnt. Seine zwölf Fenster beiderseits der runden Öffnung über dem gotischen Portal symbolisieren das Apostelkollegium. Falls man beim Besteigen des Schloßberges die Peterskirche links liegenließ, lohnt es sich, abschließend diese noch aufzusuchen. Sie wurde 1424 erbaut, diente als Spitals-, dann als Pfarrkirche, wurde 1786 profaniert und im 19. Jahrhundert wiederhergestellt. Damals hat man sie allzusehr erneuert. Ihre Altäre sind jedoch immer noch sehenswert. Der Hauptaltar stammt aus Aflenz, eine Villacher Werkstätte schuf ihn um 1525. Seine Reliefs, auch an den Flügeln, sind zwar original, aber ihre Fassung sowie die Malereien an den Außenseiten, entstanden im 19. Jahrhundert. In den beiden neugotischen Seitenaltären wurden bedeutende Werke der Gotik wiederverwendet, links ein hervorragendes Tafelbild von 1435. Im Schrein des rechten Altares steht eine Marienstatue, um 1430 geschaffen. Das Relief der Predella, eine Anbetung der Dreikönige, entstand Anfang des 16. Jahrhunderts. Die Bilder der Altarflügel, noch vor 1500 gemalt, waren einst in der Stiftskirche.

Gotisches Tafelbild aus der Peterskirche

ROTTENMANN

Drei übereinandergestellte gelbe Kugeln auf blauem Grund. Das Stiftswappen ist ein persönliches Zeichen des Propstes Johann II. Kugelberger, gestorben 1512. Auf seinem Siegel hält er auf flacher Hand einen „Kugelberg".

Unter den zehn steirischen Stiften kann Rottenmann gewiß nicht mit den anderen Gründungen konkurrieren. Seine nur etwa dreihundert Jahre währende Geschichte ist nicht sehr ereignisreich und endete nach erfolgreichen Bemühungen eingesetzter Administratoren aus Vorau, das Stift aus materiellen Nöten zu befreien, 1785 mit der Aufhebung durch die josephinische Reform. Die Klostergebäude wurden kaum künstlerisch ausgestaltet und nach der Profanierung zum Teil demoliert. Auch seelsorglich konnte der kleine Konvent nur wenige Pfarren der Umgebung betreuen. Daß in J. Angerers „Klösterreisen, Österreich und Südtirol" Rottenmann nicht aufscheint, ist dennoch sehr zu bedauern.

Die Entstehung dieser Ordensniederlassung ist nämlich einmalig unter der Vielzahl steirischer Stifte. Es ist als das einzige nicht von einem Adeligen, sondern von einem schlichten Bürger, dem Rottenmanner Wolfgang Dyetz (Dietz), gegründet worden. Dieser saß nicht nur im Rat der alten Stadt, er sah es auch als seine Lebensaufgabe an, Gutes zu tun. Gewiß war er sehr begütert, seine Frau hatte ihm ein stattliches Vermögen zugebracht, das durch sechs große Erbschaften noch vermehrt wurde. Den Großteil seines Reichtums verwendete Dietz aber für wohltätige Zwecke, unter anderem für das Spital und die dazugehörige Kirche, wie für den Bau eines Altersheimes, und er widmete Huben, Herbergen und Areale „den armen dürftigen Leuten". Schließlich reifte in ihm der Plan, ein Chorherrenkloster zu errichten, und er war so schlau, sich direkt an Kaiser Friedrich III. zu wenden, von dem er wußte, daß dieser für solcherlei Unternehmungen sehr aufgeschlossen war. Dietz unterbreitete gleich ein fertiges Programm, wonach der Kaiser als Stifter fungieren, den Schutz über die Gründung übernehmen und sich für die Erstbesiedelung durch Wiener Chorherren einsetzen sollte. Friedrich akzeptierte prompt, Papst Calixtus III. gab die Bestätigung, und 1455 zogen die ersten fünf Chorherren aus St. Dorothea-Wien, mit einem vom Kaiser ernannten Propst in Rottenmann ein und wurden vorerst im Spital untergebracht. Alsbald aber gab es Empörungen gegen die Umwandlung der bisherigen Pfarrkirche St. Nikolaus in eine Chorherrenkirche. Relativ harmlos war noch der Protest des Abtes von Ossiach, der, aus uns unbekannten Gründen, Anspruch auf die Kirche erhob. Er wurde vom Kaiser des Landes verwiesen. Bald danach protestierten die Mitbürger des Ratsherren Dietz, bemächtigten sich des Kirchenschlüssels, verjagten die Chorherren und machten die Sakristei zu ihrem Hauptquartier. Kaiser Friedrich reagierte wieder prompt, entsandte eine kleine Söldnerschar nach Rottenmann, und diese beeindruckte die Stadtväter so sehr, daß sie sich mit der Einverleibung der Kirche einverstanden erklärten. Aber erst 1480 durften die Ordensleute in den Pfarrhof neben der Niklaskirche übersiedeln. Schon einige Jahre zuvor erfolgte die Wahl des dritten Propstes, sie fiel auf den Oberösterreicher Johann Kuglberger, dessen Wappen fortan als Stiftsemblem Verwendung fand. Unter diesem Vorsteher gedieh der Erweiterungsbau von St. Nikolaus bis zur Vollendung des Langhauses.

Von den neu errichteten, in die Stadtbefestigung einbezogenen Stiftsanlagen standen schon Ende des 15. Jahrhunderts der Südtrakt und sein Verbindungsflügel zur Kirche, die heute als Pfarrhof dienen. Wie G. M. Vischers Stich um 1680 zeigt, hatte das Kloster recht bescheidene Ausmaße und war nur zweigeschossig aufgeführt. Der Topograph hat auch schon die späteren Erweiterungen eingezeichnet, zwei neue Trakte und einen mehrstöckigen Torbau.

Die Benützer der Rottenmanner Umfahrungsstraße können von der ehemaligen Stiftskirche nur die im 19. Jahrhundert allzusehr erhöhte Turmbekrönung sehen, nicht aber die unteren Turmgeschosse mit den Resten der älteren gotischen Pfarrkirche, zwischen 1440 und 1478 errichtet. Da aber St. Nikolaus schon 1266 als Tochterkirche von Lassing urkundlich erwähnt wird, muß es bereits in der Romanik einen Bau gegeben haben, von dem nichts mehr erhalten blieb. Den Neubau für das Chorherrenstift begann der Architekt Christoph Marl 1480 mit dem Chor, und er benötigte fast dreißig Jahre, bis auch die Gesamteinwölbung des Gotteshauses vollendet war. Während dieser Zeit hat Marl seinen ursprünglichen Bauplan geändert, weil ihm die Idee kam, eine noch größere Weite des Raumgefüges zu erreichen. Er ließ die Zahl der Joche reduzieren, wodurch eine Verschiebung in der Pfeileranordnung entstand und zugleich eine Verzerrung des Sternrippengewölbes. Marl wußte allerdings diese störende Änderung so geschickt auszuführen, daß sie einem nur bei genauerem Hinsehen auffällt. Die Chorarchitektur ergab einen Umgang mit Maßwerkfenstern und, erst vor einigen Jahren freigelegten, Gewölbefresken mit Heiligenfiguren, darunter den Kirchenpatron. Neben Nikolaus sind das Meisterzeichen und die Inschrift „1509 Christoff

Marl" zu sehen. Ein in der Steiermark nur noch selten anzutreffendes Kunstwerk aus der Spätgotik ist die Kanzel in rotem Marmor, aus einem Achteck entwickelt und durch Korbfelder verstärkt. Sie trägt die Jahreszahl 1513. Aus dem gleichen Material wurde auch der reich profilierte, mit Astwerk und Wulst versehene Taufstein geschaffen. Eine besondere Kostbarkeit aus dieser Zeit ist der zweiteilige, nunmehr am Chorbogen aufgestellte Betstuhl, der für den Propst und vielleicht für den Patronatsherren des Stiftes angefertigt wurde. Auf der Rückwand des Baldachins ist das Entstehungsjahr 1514 eingeschnitzt. Dieses bedeutende Werk wurde im 19. Jahrhundert vor dem Verfall gerettet, aber leider ergänzt.

Die Barockzeit hinterließ in der Nikolauskirche nur ein einziges störendes Element, den plump wirkenden Gurtbogen, den man am Chorgewölbe eingezogen hat. Ansonsten kann die barocke Innenausstattung als Bereicherung angesehen werden. Für den mächtigen Rokoko-Hochaltar malte 1760 Philipp C. Laubmann ein farbenfrohes, bewegtes Nikolausbild, und für die Seitenaltäre entstanden um 1777 drei vorzügliche Gemälde des Kremser Schmidt. Nach Aufhebung des Stiftes mußte die schadhaft gewordene Orgel durch eine neue ersetzt werden. Der vielgerühmte Laibacher Meister Franz Xaver Chrismann leitete die Arbeiten, doch war es sein letztes Werk, dessen Vollendung er nicht mehr erlebte. Chrismann starb 1795 und wurde in Rottenmann begraben.

In der Stadt sind noch zwei weitere Kirchen sehenswert, die Filiale St. Georg und die kleine Kirche „Maria am Rain", die zum Spital gehörte, das Wolfgang Dietz gestiftet hat. In diesem Krankenhaus lebt das soziale Wirken des 1474 verstorbenen Rottenmanner Bürgers fort „zw lob dem almachtigen . . .".

Der Betstuhl aus 1514

ADMONT

Zwei anstoßende, facettierte und in Weiß und Rot farbengewendete Wecken.
Es erscheint zuerst in den Siegeln Admont'scher Dienstmannen und Amtleute, wie Heinrichs des Oeder 1303. Bei manchen derselben wurde dieses Bild später auch zum Familienwappen.
Unter den Äbten führte erst Albrecht II. Lauterbeck das Wappen in seinem Siegel vom 6. September 1378.

Aus einem alten Hexameter stammt die grobe Unterscheidung zwischen den Klosteranlagen der Zisterzienser und Benediktiner: „Bernardus valles, Benedictus montes amabat." Admont ist eine der vielen Ausnahmen davon in Österreich, denn es liegt nahe am Ufer der Enns und am Eingang des romantischen Gesäuses. Daß der Name etwas mit „mons" zu tun habe, vielleicht wegen der Haller Mauern, die einen gebirgigen Hintergrund für die Abtei bilden, ist ebenfalls nicht haltbar. In der ältesten Urkunde, datiert von 859, heißt der Ortsname „in Ademundis valle" (im Tale Ademundi), 931 wird der Ort Adamunton und 1005 Adamunta genannt. Immer wieder wechselte die Benennung, ein „ad montes" kommt in den ersten Jahrhunderten nicht vor und ist eine spätere Latinisierung.

Zur Entstehung und über neunhundertjährigen Geschichte der Abtei sollen nur die wichtigsten Fakten festgehalten werden. Als Stifterin im weitesten Sinn gilt Hemma von Zeltschach-Glödnitz, verwitwete Gräfin von Friesach, die 1045 starb und 1938 kanonisiert wurde. Schon seit Jahrhunderten ist Hemma Landespatronin von Kärnten. Sie wird auch in einer Bamberger Urkunde von 1016 genannt, da sie von Kaiser Heinrich II. mit ihrem Sohn einen Anteil an den kaiserlichen Salinen im Admonttal erhielt. Ob sie diesen hier für eine Klostergründung verwendete? Der Admonter Stiftungsbrief ist verlorengegangen, aber als gesichert gilt, daß Erzbischof Gebhard von Salzburg das 1074 aus dem Vermächtnis der hl. Hemma gegründete Kloster ihrem Schutz unterstellte. Weiters, daß es zu Ehren der Gottesmutter und des hl. Blasius geweiht und von Benediktinern aus St. Peter in Salzburg besiedelt wurde. Im Mittelalter führte Admont eine berühmte Schreibschule und war eines der bedeutendsten Kulturzentren der Steiermark. Seit 1614 besteht das Stiftsgymnasium, heute modern erweitert. In der Barockzeit gab es im Stift auch eine berühmte Stickereischule, und der Bildhauer Josef Th. Stammel, aus Graz gebürtig, wäre ohne Admont niemals so vielseitig aktiv geworden. Die Abtei bestreitet ihren Unterhalt aus der Land- und Forstwirtschaft. Ihre Stiftsgärtnerei ist für spektakuläre Züchtungsergebnisse auch im Ausland bekannt geworden. Bezogen auf seinen Grundbesitz ist Admont heute das größte Kloster der Welt.

Das Stift hatte zunächst nur einen schlichten Bau, wahrscheinlich aus Holz, als Münster. Doch schon 1121 konnte Erzbischof Konrad I. eine romanische Basilika weihen, er trug auch die Kosten des Neubaues. Von diesem Münster sind noch der Kern der untersten Turmgeschosse und seitlich an den Türmen zwei einfach gestufte, mit Säulen und Kapitellen ausgestattete Portale erhalten. Um die gleiche Zeit hat Abt Wolfold dem Stift ein Frauenkloster angeschlossen. Konvent und Kirche der Nonnen erhoben sich am linken Ufer des Admontbaches. Trotz strenger Klausur war damals der Zudrang zum Schwesternkloster sehr groß, vor allem aus Adelsfamilien, und nicht selten traten ganze Familien in den Doppelkonvent ein, wie Wigand von Leoben und Gemahlin Mathilde. Aber im 16. Jahrhundert starb das „Vravvnchloster ze Admunde" aus, das Gebäude wurde zunächst ein Spital, später ein Geflügelhof. Daran erinnert noch das altertümliche Haus Nr. 87 im Markt, das „Hühnerspital" genannt wird. Nach dem vernichtenden Brand von 1152, bei dem nur Nonnenkloster und Gästehaus der Abtei verschont blieben, mußte das große Münster, dessen Marmorsäulen besonders prächtig waren, neu erbaut werden. Im 13. und 14. Jahrhundert erfolgte die Gotisierung der Stiftsanlagen. Ein Chronist gibt 1598 eine genaue Innenbeschreibung des gotischen Münsters und berichtet von neunzehn Altären und einer hohen Lettnerwand; diese wurde erst 1619 entfernt. Im 17. Jahrhundert erhielt der Hochaltar ein neues Gemälde, Tobias Pock, der auch für den Wiener Stephansdom arbeitete, schuf eine Krönung Mariä. In der Barockzeit hat man Prälatur und Gästehaus neu errichtet, andere Trakte wurden umgebaut. Abt Anton II. berief dazu Gotthard Hayberger als Baumeister, dessen Pläne dann Josef Hueber in vereinfachter Form verwirklicht hat.

Als am 27. April 1865 ein im Markt gelegter Brand auch auf das Stift und sein Münster übergriff, schien alles, was hier durch Jahrhunderte an Kultur gewachsen war, mit einem Schlag rettungslos verloren. Die Kuppeln der Türme verglühten, das Gewölbe der Kirche stürzte ein, sämtliche Dachungen brannten ab, Refektorium, Kapitelsaal und die Trakte mit Museum und Archiv wurden Beute der Flammen. Ein Foto aus diesem Schreckensjahr zeigt das Stift als eine kahle Ansammlung von Mauerwerk mit hohlen Fensteraugen. Aus der Romanik und Gotik blieb im Inneren des Münsters nichts mehr erhalten, denn die spätgotische Ölberggruppe an der heutigen rechten Langhauswand kam später aus Mitterndorf hierher, und das Triumphbogenkreuz von 1518 gelangte erst an diese Stelle im 1866 wieder aufgebauten Gotteshaus. Es grenzt an ein Wunder, daß dennoch wertvolle Plastiken gerettet werden konnten, sie sind aber nicht mehr in Admont zu sehen. Die berühmte „Admonter Madonna", vor 1330 geschaffen, wird im Grazer Joanneum aufbewahrt, ebenso ein armloses „kolossales Crucifix" vom Lettner, das erschütternd expressiv, wohl vom Meister der Madonna, gestaltet ist. Auch eine wundervoll innige Pietà von 1394 blieb erhalten, gehört aber zu den abgewanderten Werken. Eine Reihe von Barockwerken überlebte ebenfalls den Brand, vor allem die mit viel Phantasie geschnitzten köstlichen Figuren der großen Krippe von Josef Th. Stammel. Sie sind links vom Eingang in einem neugotischen Schrein zu sehen, der normalerweise nur in der Weihnachtszeit geöffnet ist. Der in Admont „famosus statuarius" genannte Meister schuf das Werk zwischen 1755 und 1756. Er starb 1765 siebzigjährig und wurde im Stift bestattet, sein Schädel wurde, nicht sehr pietätvoll, im Stiftsarchiv aufbewahrt. Eine Pietà von ihm, für Wildalpen gestiftet, kam erst 1953 in das Münster.

Die Aufbauten der vielen Altäre und der besonders kühl wirkende Hochaltar von 1895, aus Carraramarmor angefertigt, sind neugotisch. Aber fast alle Seitenaltäre enthalten an der Rückwand Gemälde aus dem 18. Jahrhundert. Der Marienaltar links ist der vorzüglichste, er enthält geschnitzte Medaillons mit den Rosenkranzgeheimnissen, in denen Stammel schon früh, 1726, seine Meisterschaft unter Beweis stellte. Die Darstellung der Immaculata an der Rückwand ist zwar von Martino Altomonte gemalt, aber bei einer Restaurierung wurde ihr Haupt stark entstellend verändert.

Wenn man das neu errichtete Münster verlassen hat und auf dessen Nordseite blickt, kann man erkennen, daß sein Baumeister aus Deutschland berufen wurde. Wilhelm Büchner, in Wiesbaden daheim, erlaubte sich nämlich einen Spaß, indem er zwei Wasserspeier als karikierte Köpfe von Bismarck und Kaiser Wilhelm I. gestalten ließ. Anschließend ist ein Besuch der Paramentenkammer sehr empfehlenswert, wofür man an der Klosterpforte sein besonderes Interesse bekunden müßte. Denn im ehemaligen Kapitelsaal über der Sakristei sind einzigartige Sakralwerke angewandter Kunst aufbewahrt, alle in der stiftseigenen Stickerei entstanden.

Vor dem großen Brand umfaßten die Klostertrakte sieben Höfe, jetzt sind es nur mehr vier. Der Ostflügel blieb vom Feuer verschont, da sich 1865 die Rettungsaktionen vor allem auf diesen Raum mit seiner kostbaren Bibliothek konzentrierten. Der Bibliothekstrakt stellt aber auch ein bauliches und geistesgeschichtliches Juwel aus einer der Glanzperioden Admonts dar. Die Bibliothek umfaßt eine solche Fülle an literarischen Werken, daß ihre Gesamtzahl sogar vom selben Autor in zwei verschiedenen Büchern völlig differierend angegeben wird. Aber wer wollte sie alle zählen, die nur als Mittelwerte anzugebenden 135.000 Bände, 11.000 Handschriften und über 700 Inkunabeln, in einer der größten privaten Bibliotheken der Welt? Ihre älteste Handschrift stammt aus dem 10. Jahrhundert.

Der Schauraum, einer der schönsten repräsentativen Prunksäle des österreichischen Barock, ist eine Meisterschöpfung des Joh. Gotthard Hayberger aus Steyr. Von Josef Hueber ausgeführt, wurde er 1776 vollendet. Seine Deckenfresken in der zentralen Kuppel und in den Seitengewölben zeigen ein figurenbewegtes Programm, gemalt und bezeichnet mit „Bartho. Altomonte aet. (atis) 76 fecit

B. Altomontes Kuppelfresko in der Bibliothek

1776". Dieses Alterswerk des jüngeren Altomonte muß man am Ort selbst erleben und sich zu seinem tiefsinnigen Inhalt führen lassen. Die Bücherschränke mit umlaufender Galerie, sparsamer Goldverzierung und vielen Konsolenköpfen bestimmen größtenteils den Raumeindruck. Unter den vielen Stammel-Figuren sind Spitzenwerke barocker Bildschnitzerei, vor allem sind es die berühmten, beklemmend realistischen Darstellungen der „Vier letzten Dinge". Sehenswert auch seine großen Reliefs über den Eingängen. Besonders Interessierte lassen sich noch in das naturwissenschaftliche Museum und in die reichhaltige kunsthistorische Sammlung im dritten Stockwerk führen. Nach fast neunhundert Jahren ruhmvoller Geschichte wurde 1938, wie alle österreichischen Stifte, auch Admont enteignet. Im Jahr darauf mußten die Mönche emigrieren. Keine von den ausländischen Mächten fand es wert, gegen diesen Gewaltakt zu protestieren. Als 1945 eine arg

Nur zu Weihnachten zu sehen: die Stammel-Krippe

dezimierte Schar von Mönchen heimkehren durfte, fand sie die Bibliothek zugemauert, Urkunden und wertvolle Handschriften zu einem wirren Haufen getürmt. Im Klostergarten entdeckten sie die zertrümmerten und verscharrten Steinfiguren Josef Stammels; Internatsschüler des Besetzungsregimes hatten eines Nachts, angeleitet von ihrem Turnlehrer, hier ihre kulturlose Stärke zu beweisen versucht. Die Heimkehrer mußten viel Aufbauarbeit leisten, um Admont erneut in den Dienst Gottes und der Mitmenschen stellen zu können. Heute präsentiert sich Admont wieder als ein „blühendes" Stift, als Kulturpfleger und Volkserzieher einer großen Region, als sozialer Brotgeber für die vielen stiftseigenen Betriebe. Aber nicht zuletzt auch für die Seelsorge, die das Stift in dreißig Pfarren des Enns- und Paltentales zu verantworten hat.

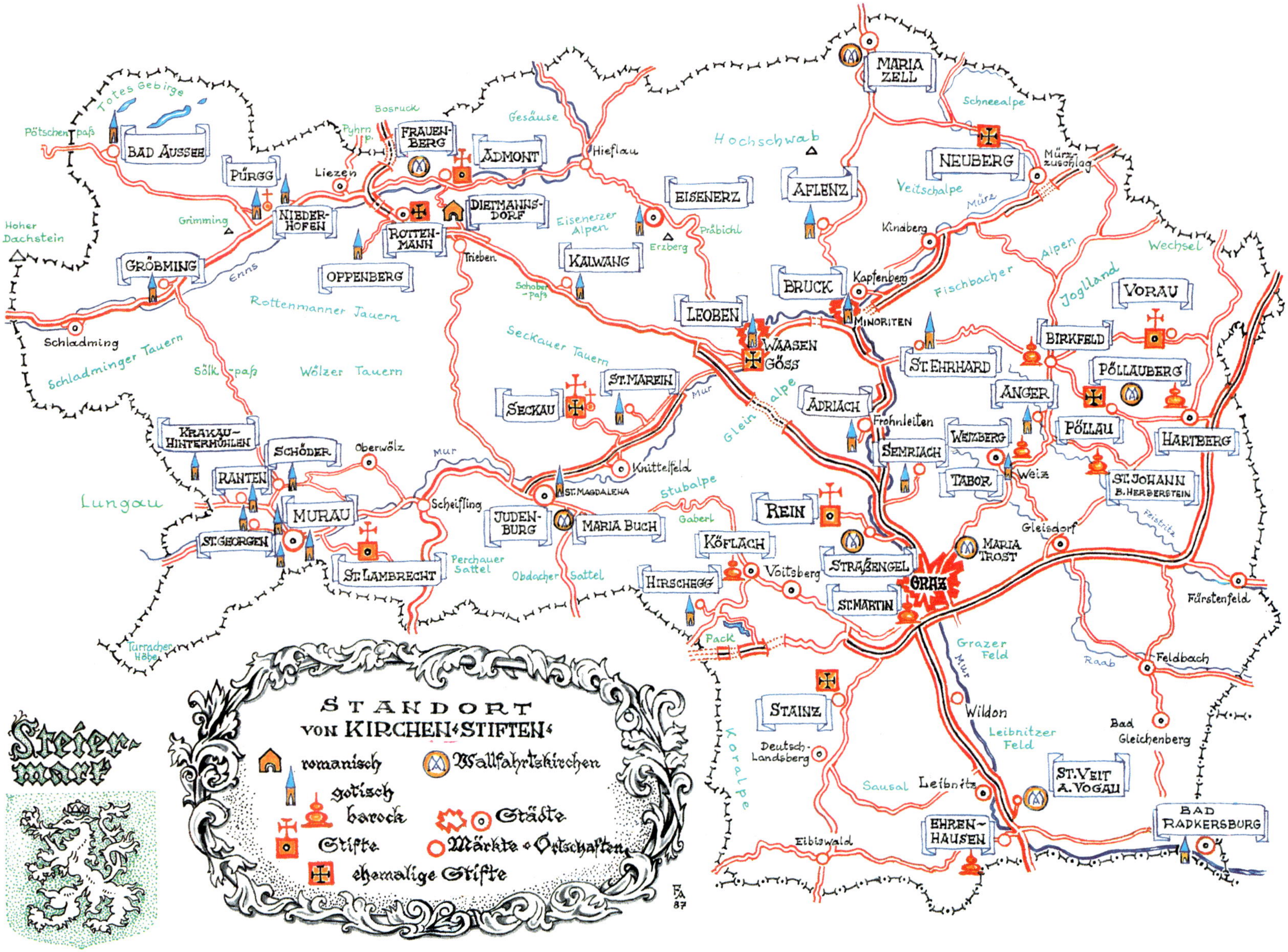

Anmerkungen zu den Erklärungen der Wappen:

1. Die Wappenfelder werden in der Wappenkunde stets vom Schildträger her beschrieben. Sie schildern demnach seitenverkehrt als „rechts", was der Beschauer als „links" sieht und umgekehrt.
2. Die Stiftswappen wurden nach dem Steiermärkischen Wappenbuch des Zacharias Bartsch von 1567 kopiert, ihre Farbangaben und Erklärungen sind der Ausgabe von J. Zahn und A. A. Siegenfeld entnommen, ihre Umrahmung (Kartuschen) nach Vorlagen aus der Renaissance frei gewählt.
3. Im Steiermärkischen Wappenbuch von 1567 sind die Stiftswappen, außer bei Göss und Seckau, mit Abtmitra, Hirtenstab und Bursa (Tuch) dargestellt.
4. Wenn man bedenkt, daß das erste urkundlich nachweisbare Wappen, der Löwe auf dem Siegel Herzogs Welf VI. mit 1152 datiert und es bereits 1300 vereinzelt Bürgerwappen gab, erscheinen die steirischen Stiftswappen, mit Ausnahme von Stainz, relativ spät.

KIRCHEN IM LANDE

ST. MARTIN

Die Kirche von St. Martin bei Graz, die von der Ebene aus und vom Berg her betrachtet, eine schöne optische Einheit mit dem gleichnamigen Schloß, ein Zentrum des bäuerlichen Bildungswesens in der Steiermark bildet, wurde in ihrer äußeren Gestalt, wie sie sich heute dem Betrachter darbietet, auf eine ungewöhnliche Art bezahlt. Als nämlich Abt Urban von Admont im 17. Jahrhundert Schloß und Kirche umbauen ließ — die vorher bestehende Schloßkapelle aus der Mitte des 12. Jahrhunderts war viel kleiner — wurde mit dem Baumeister folgende Zahlungsweise vereinbart: Für den Umbau von Schloß und Kirche sind 1.000 Gulden und 525 Liter Wein zu bezahlen. Dazu das Baumaterial, das Essen des Poliers, täglich 1,41 Liter Wein für diesen und seine „Liegestatt, wie es drinnen in Schlössern bräuchig". Im 10. und in Teilen des 11. Jahrhunderts war die Kirche zu St. Martin Aribonengut gewesen. Im Jahr 1053 ächtete Kaiser Heinrich III. den Aribonen Botho und schenkte die halbe Kirche dem Erzbischof von Salzburg. Die andere Hälfte blieb im Besitz der Markgräfin Irmgard, die sie aber bald auch an Salzburg verschenkte. Als der damalige Erzbischof von Salzburg im Jahr 1073 Admont gründete, schenkte er eine Hälfte von St. Martin dem Stift. Die andere kam in den Besitz des Gartler von Hohenwart, Markgraf von Sounne, der im Verlauf von Kämpfen den Abt von Admont gefangennahm und sehr hart behandelte. Als Buße dafür schenkte er seine Hälfte an der Kirche dem Stift Admont. Dessen Abt Urban sorgte für den genannten Ausbau, und in den Jahren 1738 und 1740 kam es zur Neugestaltung der Kirche mit drei Altären, zu denen das Prunkstück gehört, das im ganzen Lande als St.-Martins-Altar bekannt ist. Es ist einer der Höhepunkte im Schaffen des großen Künstlers Josef Thaddäus Stammel.
Vor der Betrachtung des „Roßaltars", wie er oft genannt wird, ein paar Worte über die übrige Einrichtung der sehr schlichten einschiffigen Kirche mit Stichkappengewölben. Links und rechts vom Triumphbogen sind zwei reich geschnitzte Barockaltäre angebracht, deren Schöpfer nicht genannt wird. Sie stammen ebenso wie das

Die schlichte Eingangsfront

Abtwappen im Scheitel des Chores aus der Zeit um 1740 und haben schöne Altarblätter, die links die Heilige Familie mit St. Benedikt und der hl. Scholastika darstellen und rechts die Enthauptung der hl. Barbara. Außerdem befindet sich als Leihgabe eine steinerne Madonna aus dem Jahre 1270 hier, die aus einer Außennische der Kirche von Straßgang stammt. Nicht vergessen darf man auch den gelungen eingefügten Volksaltar, dessen Entwurf aus dem Jahre 1969 ebenso vom bekannten Bildhauer Alexander Silveri stammt wie die Madonna mit Kind im Kirchenraum und die Metallreliefs am Portal. Interessant sind auch die Kanzel aus dem 19. Jahrhundert und die barocken überlebensgroß gemalten Apostel von Johann Krachner an den Wänden des Kirchenschiffs.
Aber nun zum künstlerischen Höhepunkt des Gotteshauses, zu einem Hauptwerk der steirischen barocken Plastik überhaupt. Dieser Altar mit drei lebensgroßen Reitergruppen umschließt nach dem Priester und Kunsthistoriker Rochus Kohlbach „in pompöser Gesamtanlage menschliche Figuren und verkörpert die drei Zeitalter des Pferdelebens: Im Streitroß des Christenverfolgers Saulus, das vom unverstandenen Machtwort des kirchlichen Mahners in die Knie brach, dann aber sich grimmig aufzubäumen sucht, im Reitgaul des hl. Martin und in der abgehalfterten kranken Schindermähre des hl. Eligius mit der schicksalsergebenen Unterwürfigkeit der ausgeschundenen Kreatur“. Das Gesamtkonzept des Altarraumes sorgt dafür, daß der Eindruck einer bewegten Schaubühne entsteht, und neben der interessanten unterschiedlichen Darstellung der Pferde besticht Stammels Können auch bei der Bewältigung der Darstellung der handelnden Personen Martin, Saulus und Eligius.

Eines der Hauptwerke von J. Th. Stammel

KÖFLACH

Die Betrachtung der mächtigen Pfarrkirche St. Magdalena zu Köflach kann man kaum beginnen, ohne sein Augenmerk zuerst zwei Teilen der Kirche zuzuwenden, die in einer betrüblichen Weise unseren Zeitgeist widerspiegeln. Da ist zuerst der noch immer das Stadtbild dominierende hohe gotische Turm, dessen Gemäuer auf mittelalterlichen Fundamenten ruht und dem in einem beachtlichen Ausmaß Hochhäuser Konkurrenz machen. Noch kann er sich behaupten, und hoffentlich werden die Menschen so klug handeln, daß es für immer so bleibt. Dem zweiten noch erschreckenderen Zeichen steht man gegenüber, wenn man die Kirche durch den Seiteneingang betritt und das Kirchenschiff durchquert. In ein Tuch gehüllt, steht der Mittelteil eines der schönsten gotischen Flügelaltäre des Landes da, dem brutale Räuber 1986 die beiden ausladenden Flügel gestohlen haben. Der Altar, der zum Beispiel in der neuesten Ausgabe des Dehio noch genau beschrieben ist, und der vom 1476 verstorbenen Georg Ritter von Graden gestiftet wurde und deshalb die Bezeichnung „Gradneraltar" trug, war vermutlich zuerst für die Kirche in Maria Lankowitz oder für die heute zugemauerte Gradner-Gruft-Kapelle bestimmt. Nach dem durch einen Blitzschlag notwendig gewordenen Neubau der Köflacher Pfarrkirche in den Jahren 1643 bis 1649 war der Altar an verschiedenen Stellen der Kirche aufgestellt, wanderte 1930 als Leihgabe ins Grazer Diözesan-Museum und blieb dort bis 1960. Zunächst nach Köflach zurückgekehrt, wurde er 1978 bei der großen Landesausstellung „Gotik in der Steiermark" in St. Lambrecht gezeigt, und 1986 fand er sein unrühmliches oben beschriebenes Ende. In welcher Form er wiederhergestellt werden soll, bewegt nicht nur die Köflacher sondern viele Kunstfreunde im Lande. In Frage kommt eine Nachmalung der beiden Seitenflügel nach fotografischen Vorlagen, die links den Stifter in voller Ausrüstung und über ihm eine schöne Madonna im Ährenkleid sowie rechts seine Frau mit ihrem Wappen und darüber den hl. Johannes den Täufer zeigen. Die Flügel des Altares präsentieren in geschlossenem Zustand zwei weibliche Heilige, und zwar wahrscheinlich die hl. Maria Magdalena und die hl. Agnes. Im erhaltenen Mittelteil des Altares ist eine sehr seltene Darstellung des hl. Bernhardin von Siena zu sehen. Die zweite erwogene Variante wäre die von einem Künstler der Gegenwart völlige Neugestaltung der gestohlenen Seitenflügel des gotischen Altares.

Blick ins Hauptschiff

Doch nun zur klar konzipierten Kirche, einem hohen kreuzförmigen Renaissancebau, der als Vorlage die um zweiundzwanzig Jahre früher, nämlich 1621, errichtete St.-Laurentius-Kirche in Venedig hat. Beim Betreten des Gotteshauses wird der Betrachter sofort von den spätbarocken Fresken des Adam Ritter von Mölck fasziniert, die 1775 bis 1777 entstanden sind und die am Gewölbe Szenen aus dem Leben der hl. Maria Magdalena behandeln. Von Mölck stammen auch das große Hochaltarbild mit der Heiligen, be-

Teil des entwendeten gotischen Flügelaltars

schützt vom Erzengel Michael, der auf ein Kreuz zeigt, und die beiden Bilder am Fronbogen, rechts der hl. Nikolaus und links die hl. Maria mit den Heiligen Lambert und Dominikus.

Kunsthistorisch wertvoll auch der Nebenaltar aus 1755, der sogenannte Kreuzaltar. Das Kruzifix und die Statue der hl. Magdalena stammen schon aus dem Jahre 1700. Der prunkvolle Hochaltar, von dessen Altarblatt bereits die Rede war, ist eine gute spätbarocke Arbeit aus dem Jahre 1772. Anzumerken ist, daß in diesem „neuen" Altar Teile des ersten Hochaltars aus den Jahren 1650 bis 1652 des Christoph Paumgartner mitverwendet wurden. Von ihm auch die Darstellung der Heiligen Dreifaltigkeit an der höchsten Stelle des Altares, die Statuen der heiligen Apostel Petrus und Andreas. Eine weitere hervorragende Barockarbeit ist die Kanzel aus 1742 mit schönen Darstellungen der Evangelisten sowie des hl. Johann Baptist und der hl. Magdalena. Etwas früher als die Kanzel entstand die Orgel, ein Werk des Meisters Andreas Schwarz.

Wertvolle Statuen der hl. Barbara (Anfang des 16. Jahrhunderts) und des hl. Benedikt (erste Hälfte des 17. Jahrhunderts) befinden sich ebenso im Kircheninneren wie der spätgotische Wappenstein des 1479 verstorbenen Georg Rapptaler in der Turmhalle. Rapptaler hatte 1472 von Kaiser Friedrich III. Schloß und Herrschaft Lankowitz als Lehen erhalten.

Im Kirchhof, der auf eine malerische Weise die Köflacher Kirche umgibt, steht ein romanischer Rundkarner, der 1889 im letzten Moment vor dem Abreißen bewahrt wurde, womit der Stadt Köflach ihr mit Sicherheit ältestes Bauwerk erhalten blieb. Heute ist der Karner ein Kriegerdenkmal, das an die Toten des Ersten Weltkriegs erinnert und dessen Inneres von Fritz Silberbauer freskiert und mit Bildhauerarbeiten des Köflachers Franz Josef Unterholzer ausgestattet ist.

MARIA LANKOWITZ

„Segt' sn Turm und segt' sn Spitz von Maria Lankowitz" ist eine seit unvordenklicher Zeit bekannte Redensart. Wahrscheinlich ist sie schon lange von den Wallfahrern angewendet worden, die von weither kommend, den spitzen Turm der Wallfahrtskirche hoch über Köflach gesehen haben. Kommt der Pilger der Kirche nahe, findet er eine Tafel, auf der genau geschildert wird, wie die bescheidene Maria Lankowitzer Muttergottes hierher gekommen ist. Ernst Lassnik hat in seinem Buch „Rund um den heiligen Berg" festgehalten, was da zu lesen ist: „Dieses Gnadenbild wurde im Jahre 1426 von den Türken zu Barth bei Radkersburg geraubt und im Jahr 1433 durch einen Hirten in einem Dornbusche aufgefunden, in dem er zwei Ochsen, welche von seiner Herde fehlten, aufsuchte und dieselben bei jenem Dornbusche auf knieende Vorderbeine ruhend antraf. Das Gnadenbild wurde sodann auf einen Karren gehoben und diese zwei Ochsen vorgespannt, welche dann ohne Leitung durch drei Tage und Nächte gingen, ohne Futter zu nehmen und endlich in Lankowitz bei einem Lindenbaume stillestanden."

Ihre heutige Form erhielt die Wallfahrtskirche Maria Heimsuchung in den Jahren 1678 bis 1681 durch den Baumeister Jakob Schmerlaib, der aus Leibnitz stammte. Er erbaute die Kirche an Stelle einer angeblich 1473 von Ritter Georg von Graden gestifteten und 1446 vollendeten Kirche. Der Zubau der beiden Seitenkapellen erfolgte im Jahre 1712, und erst in den Jahren 1870 bis 1872 erhielt die Kirche den heutigen so charakteristischen Turm, während bereits 1816 ein hölzerner Dachreiter aufgesetzt worden war.

Die Gnadenstatue, deren Geschichte wir schon kennengelernt haben, befindet sich seit 1684 auf dem Hochaltar. Früher hatte sie ihren Platz auf dem Annaaltar gegenüber dem Eingang der Kirche. Dieser Altar trägt auch den Namen Gradneraltar, weil er nach einer Inschrift von Rudolf Graden von Saurau und Maria Elisabeth Gräfin von Wipsberg gestiftet worden ist und von 1651 bis 1684 als Gnadenaltar verwendet wurde.

Der Hochaltar ist eine prächtige Barockarbeit mit Säulen und wird von Kunsthistorikern dem großen Veit Königer zugeschrieben. Weitere Prunkstücke der Kirche sind der 1648 geschaffene Josefsaltar mit zwei schönen Arbeiten von Hans Adam Weissenkircher, dem wir schon einige Male begegnet sind und der der Hauptgestalter des grandiosen Freskenwerks im Schloß Eggenberg zu Graz ist. Mit den schönen Bildern „Tod des hl. Josef" und „Die Heilige Familie" sowie der 1770 entstandenen Rokokokanzel, die Jakob Philipp Straub zugeschrieben wird, lernen wir neue Höhepunkte der Einrichtung dieser bedeutenden Wallfahrtskirche kennen, in die jährlich einige tausend Menschen pilgern, um Trost und Hilfe zu suchen.

Die Kirche, deren harmonischer Innenraum im Gleichklang zwischen Chor und Schiff unter Kreuzgratgewölben mit Säulen, deren phantasievolle Gestaltung uns noch heute beeindruckt, steht, ist nicht so großzügig und überreich ausgestattet wie Mariazell, aber sie umfängt den Gläubigen mit einer vom gesamten Ambiente ausgehenden Wärme. Beeindruckend ist auch die aus dem Jahr 1719 stammende Kreuzkapelle, die 1961 von Toni Hafner mit neuen Wandmalereien versehen wurde. Sehr interessant sind auch die ovalen Andachtsbilder aus der Zeit um etwa 1706, die wichtige Stationen aus dem Marienleben darstellen.

An der Außenseite des Marienheiligtums sieht der Betrachter, wenn er durch ein reich geschmücktes Tor mit der Darstellung der „gnadenvollen Mutter Christi" den Kirchhof betreten hat, einige Kunstwerke, zu denen eine Kreuzgruppe aus den Jahren 1712 bis 1734 gehört, die Schokotnigg zugeschrieben wird. Sie ist sicher das bedeutendste Kunstwerk außerhalb der Kirche. Es wird allerdings von Fachleuten angenommen, daß der Korpus Christi nicht von Schokotnigg stammt, sondern früher zum Kreuzaltar gehörte, der 1955 wegen seiner starken Angegriffenheit abgetragen werden mußte. Der seit damals vereinfachte Kreuzaltar befindet sich in der bereits erwähnten Kreuzkapelle.

Neben dieser Kreuzgruppe vor der Kirche befindet sich das im Jahr 1930 von F. Josef Leitinger geschaffene und von Toni Hafner im Jahre 1955 gelungen restaurierte Kriegerdenkmal. Etwas abseits der Kirche die 1660 bis 1661 erbaute Antoniuskapelle mit einem großen Kunstwerk von Pietro de Pomis. Es ist eine Darstellung des Freiherrn Siegmund von Herberstein mit seiner Gattin Maria und ihren fünfzehn Kindern. Die Kapelle, in der sich auch ein Rokokoaltar befindet, wurde 1666 durch Bischof Maximilian Graf von Kuenburg geweiht.

Das Gebäude des 1455 durch Ritter Georg von Graden gegründeten Franziskanerklosters wurde in der heutigen Form von Bartholomeo Montiano, der in Leibnitz ansässig war, errichtet. Im Kreuzganghof dieser herrlichen barocken Anlage mit alten gotischen Bauresten (Lassnik) befindet sich eine besonders schöne barocke Steinfigur „Maria auf den Wolken".

Der einladende Zugang zur Wallfahrtskirche

GnaDenreIChe MVtter aLLer ChrIsten

HIRSCHEGG

„Hirschegger Münsterlein“ hat die Pfarrkirche Hirschegg, die der hl. Maria geweiht ist, ein Mann genannt, der mit der Kunstgeschichte der steirischen Kirchen untrennbar verbunden ist und dessen Wiege in Hirschegg stand. Es ist Rochus Kohlbach, dessen letzte Ruhestätte unweit vom Seiteneingang der Kirche leicht zu finden ist und dessen Heimathaus, der „Schmiejodl“, etwas außerhalb des Ortes bergwärts liegt. Von der kleinen Kapelle aus, die an der Straße steht und zu eben diesem Haus gehört, hat man einen der schönsten Blicke auf das gotische Juwel, eingebettet in einen weiten Talkessel, hinter dem sich wie eine Kulisse die Bergwelt der Hirschegger Alpen mit dem „Salzstiegl“ erhebt.

Wie staunt der Betrachter zum ersten Mal, wenn er die Kirche vom Dorfplatz aus in ihrer noch heute Wehrhaftigkeit ausstrahlenden Wucht betrachtet und das zweite Mal spätestens, wenn er die umfassende Mauer durch das schmiedeeiserne Tor durchquert hat und den Kirchhof betritt. Von hier aus hat er einen optimalen Blick auf die mächtige Westfassade. Er sieht das Kielbogenportal mit reichem Schmuck. Darüber eine schöne Fensterrose mit Maßwerk und wiederum über ihr das leider vom Wetter sehr hergenommene Fresko einer Schutzmantelmadonna. Halb rechts über dem Hauptportal eine sehr gute, trotz der Restaurierung im Jahre 1955 ebenfalls wieder recht angegriffene Darstellung des hl. Christophorus. In die Kirchenwand eingelassen, einige interessante Grabsteine.

Betritt man das schöne spätgotische Münsterlein, das 1245 erstmals genannt, bis 1685 im Besitz des Stiftes St. Lambrecht war, durch den Seiteneingang, so ist man von der Klarheit der erst in den letzten Jahren mit großer Liebe und Opferbereitschaft restaurierten dreischiffigen Hallenkirche angetan, deren heutige Form zwischen 1480 und 1490 entstanden sein dürfte. Mit einiger Sicherheit war ein Meister Ulrich, an den ein Steinmetzzeichen aus dem Jahre 1482 erinnert, der Hauptmeister des Baues, obwohl noch weitere einunddreißig Steinmetzzeichen erhalten sind. Die drei Schiffe sind mit Sternrippen überwölbt, und der einjochige Chor, den man durch einen stark eingeschnürten spitzen Fronbogen betritt, ist durch Netzrippengewölbe auf Randdiensten geschmückt. In diesem Chor befindet sich der künstlerisch wertvolle Hochaltar aus dem Jahr 1670, in den ältere Teile aus einem spätgotischen Altar eingebaut sind. Zu diesem älteren Teil gehört die sehr gute Schnitzgruppe der Geburt Christi, die, folgt man Rochus Kohlbach, von

Blick auf die Kreuzrippen mit interessanten Schlußsteinen

Hans, dem Schnitzer aus Hörgas, stammen könnte. Andere Kunsthistoriker wollen wieder Ähnlichkeiten des Altars mit dem berühmten „Kefermarkter Altar" erkennen. Unter den Maßwerkfenstern im Chor sind vor allem die Glasgemälde im Südfenster bemerkenswert, die das Wappen der Saurau sowie die Heiligen Dorothea und Christophorus mit der Stifterin Dorothea Hirsegger darstellen und mit 1467 bezeichnet sind. Sehr schön sind auch die beiden Seitenaltäre, deren linker an der Predella aus 1643 die büßende Maria Magdalena darstellt und unter dessen Statuen sich ein spätgotischer hl. Sebastian befindet, der wahrscheinlich vom ursprünglichen Hauptaltar stammt. Am rechten Seitenaltar eine gute Darstellung der hl. Anna.

Eine der Besonderheiten des Gotteshauses, in dem im übrigen bei der Restaurierung beachtliche gotische Freskenreste freigelegt wurden, ist die Spindeltreppe zum Turm, die sich hier — was nicht oft vorkommt — im Kircheninneren befindet. Der Zugang zu dieser wahrscheinlich aus wehrtechnischen Gründen hier eingebauten Treppe befindet sich unter der steinernen Musikempore mit durchbrochener Maßwerkbrüstung. Auf der Empore eine klangschöne Orgel aus dem Jahre 1734 aus der Werkstatt des Johann Georg Mitterreiter. Ein polygonaler gotischer Taufstein und ebenfalls mit viel Liebe und Einfallsvermögen restaurierte barocke Kirchenstühle, um deren Wiederherstellung sich die steirische Tischlerinnung mit ihren Mitgliedern besonders verdient gemacht hat, ergänzen die Einrichtung des Hirschegger Münsterleins. Zu den bemerkenswerten Kleinodien dieser so überreichen Landkirche gehört auch die siebenhundert Kilogramm schwere Marienglocke aus dem Jahre 1491.

Das Hirschegger „Münsterlein"

EHRENHAUSEN

Nahe der Grenze zu Jugoslawien liegt, an der Einmündung der Gamlitz in die Mur, der vom Schloß und dem Mausoleum der Eggenberger überkrönte kleine Markt Ehrenhausen. Weniger bekannt als die bedeutende Grablege der Fürsten dürfte sein, daß dieser Ort in seiner Mitte eine prächtige Pfarrkirche aufweist, die mit einem alten Gnadenbild ausgestattet, zugleich auch Wallfahrtsstätte für die nähere Umgebung ist. Das Innere des Gotteshauses birgt noch ein weiteres Kleinod anderer Art, das man über der Eingangsempore entdecken kann: die kleine, einmanualige Orgel. Von ihr soll gleich eingangs die Rede sein.

Die Orgelbauzunft in der Steiermark wurde bis 1600 fast ausschließlich von Meistern aus dem bayrisch-salzburgischen Raum geleitet. Erst ab der Mitte des 17. Jahrhunderts kam sie mit dem italienischen Orgelbau in Berührung, zumeist durch Zwischenträger aus Tirol und später, im südlichen Gebiet der Grenzmark, aus Slowenien und der Krain. So lag die Steiermark nun im Schnittpunkt vielfältiger Anregungen, die sie zu eigener stilistischer Prägung, einer spezifisch steirischen Barockorgel-Baukunst formte. In der Ehrenhausener Orgel wurde eine Urkunde vorgefunden, der interessante Einzelheiten über das Werk, aber leider weder Erbauer noch Baujahr zu entnehmen sind. Wir erfahren nur, daß im Jahre 1818 ein „Herr Ottonitsch, bürgerlicher Orgelmacher in Marburg" in Ehrenhausen die „alte Orgel" installierte. Außerdem ist der Urkunde zu entnehmen, daß man dieses Werk „im Wege der öffentlichen Versteigerung" erwarb und daß es zuvor „in der aufgehobenen Minoriten-Klosterkirche zu Marburg" stand. Somit dürfte die Entstehungszeit um die Mitte des 18. Jahrhunderts anzusetzen sein. In der Steiermark gibt es viele schöne Barockorgeln, aber nur noch wenige, deren historisches Klangbild so vollkommen und klangschön wie in Ehrenhausen erhalten ist. Das von nur elf klingenden Stimmen betriebene Orgelspiel wurde auf einer Amadeo-Schallplatte verewigt.

Für die Errichtung des neuen Kirchenbaues, der einen Vorgängerbau aus dem 16. Jahrhundert ersetzte, war wohl Johann Fuchs, ebenfalls ein Marburger, als Baumeister tätig. Fuchs war ein Konkurrent von Josef Hueber, dem Architekten der nahegelegenen Kirche St. Veit am Vogau. Georg Kodolitsch bringt einen interessanten Vergleich zwischen den beiden Kirchen. St. Veit wirkt breit, behäbig und schwer, der barocke Langhausgedanke ist vorherrschend. Hingegen ist Ehrenhausen, wo man 1752 die neue Kirche zu errichten begann, ein typischer Rokokobau. Hier entspringt alles einer erregten Bewegung, das Schwingen des ovalen Zentralbaues, der reiche Rocailledekor im Inneren und die konvex-konkave Außenfassade. Diese weist eine giebelgekrönte Mittelachse auf, mit kräftigen Gesimsen, Kolossalpilastern und vielen Ornamenten, die bis hinauf in den hochragenden Fassadenturm reichen. Dessen Helm ist besonders phantasievoll ausgestaltet. Die Voluten zwischen Turm und Fassade sind mit Steinskulpturen geschmückt, zwei weitere Plastiken sind in halber Höhe neben der Fassade angebracht. Die Figuren werden der Art des Philipp J. Straub zugeschrieben. Im Fassadengiebel sieht man ein Chronogramm von 1755 und zur Erin-

Die aus Marburg „zugewanderte" Orgel

nerung an die Hauptspender für den Kirchenbau das Doppelwappen der Familien Leslie und Attems.

Den Innenraum hat der Baumeister mit einem kreuzförmigen Grundriß gestaltet, und zwar mit einer für Johann Fuchs bezeichnenden Tendenz, den Zentralbaugedanken zu betonen. Eine Flachkuppel beherrscht den Mittelraum, während eine kleinere Kuppel den Chor umwölbt.

In der Chorapsis steht ein schwungvoll aufgebauter Hochaltar, dessen Skulpturen die Art des Philipp J. Straub erkennen lassen. Schön gearbeitete Oratorien öffnen die seitlichen Choranbauten. An der Decke sind Fresken von geringer Qualität aus dem Ende des 19. Jahrhunderts zu sehen. Ein Rätsel gibt das Vesperbild aus Stein auf, das am Altar aufgestellt und am Anfang des 15. Jahrhunderts entstanden ist. Wo sich diese vorzüglich gearbeitete Pietà ursprünglich befand, konnte bisher nicht ermittelt werden. Für den Erstbau der Kirche kann sie nicht geschaffen worden sein, weil dieser erst 1574 urkundlich genannt wird.

Sämtliche Seitenaltäre sind im Rokokostil gehalten, einige von ihnen wurden mit sehr guten Plastiken ausgestattet, deren Schöpfer als dem Veit Königer „nahestehend“ bezeichnet wird. Das wertvollste Bild des Gotteshauses befindet sich heute in der Alten Galerie des Grazer Joanneums. Das Gemälde ist nach einer Ölskizze des Franz Anton Maulbertsch angefertigt worden und stellt den hl. Johannes Nepomuk dar. An der prächtigen Rokokokanzel, wohl von Straub geschaffen, ist ein originelles Detail hervorzuheben: Ein Engel auf dem Kanzelkorb zeigt dem Betrachter das Modell der neuen Kirche.

In der Kirche sind auch gut erhaltene figürliche Grabsteine der Familie Eggenberg aufgestellt. Man sieht Christoph und seine Frau Helena, geborene Fueger, unter einer Bogenarchitektur knien, dann Hans Christoph, der 1581 starb, und Bartholome von Eggenberg, die gerüstet vor dem Bild des Gekreuzigten kniend, dargestellt sind. Beim Verlassen der Kirche von Ehrenhausen wird man gewiß noch einen Blick auf die mächtig vorschwingende Eingangsempore werfen. Mit ihren Ornamenten und den zahlreichen jubilierenden Engelputten am Gehäuse ist sie ein würdiger Rahmen für die so kostbare Orgel.

Ebenfalls ein „Marburger“: der strahlende Kirchenturm

ST. VEIT AM VOGAU

Einige Kilometer von Leibnitz sieht man von der Autobahn die hohen, weithin über die Murebene leuchtenden Barocktürme der Pfarr- und Wallfahrtskirche St. Veit. Sie steht an einem von Bürgerhäusern umsäumten Platz, und man ist erstaunt, daß dieser kleine Ort eine so prachtvolle und zudem die größte Barockkirche der südlichen Steiermark aufweist. Wie die Geschichte von St. Veit zeigt, gibt es dafür gute Gründe.
Über Ruinen aus der Römerzeit entstand ein 1202 urkundlich erwähnter Kirchenbau, dessen spärliche Reste im Untergeschoß des Westturmes noch erhalten sind. Eine alte Ansicht zeigt, daß der romanische Bau eintürmig und geostet war. Ein Pfarrer Leutold „zu Vogan“ wird schon in der zweiten Hälfte des 12. Jahrhunderts genannt. Das ursprüngliche Pfarrgebiet und seine Kirche sind aber noch älter, entstanden im Zuge der Christianisierung unseres Landes, Ende des 10. Jahrhunderts vom Salzburger Erzbischof veranlaßt. So war St. Veit durch Jahrhunderte Salzburger Eigentum bis zur Übernahme der Pfarre 1342 durch das neu errichtete Bistum Seckau. Die Seelsorger der Kirche hatten mehrfach den Rang eines Erzpriesters für Teile der Steiermark inne, Liutpold wurde 1283 sogar Bischof von Seckau und zugleich für kurze Zeit Landeshauptmann. Auch später, als der Kirchengrund vermindert und die Seelsorger Landpfarrer wurden, behielt St. Veit als Wallfahrtsort seine überregionale Bedeutung.
Der Kirchenpatron, einer der vierzehn Nothelfer, war frühchristlicher Märtyrer und gehört zu den besonders beliebten Volksheiligen. Aus Italien hat Kaiser Karl IV. seine Reliquien nach Prag übertragen, wo sich über ihnen der Veitsdom erhebt. Zahlreich sind seine Patronate, er wird vor allem bei Epilepsie, dem „Veitstanz“, angerufen. Seine Beliebtheit dürfte auch dazu geführt haben, für den Wallfahrtsort ein größeres Gotteshaus errichten zu lassen. So entstand zwischen 1748 und 1768 eine neue Kirche, die vom Grazer Stadtbaumeister Josef Hueber gebaut wurde. Ihre Fassade ist von scheinbar problemloser Einfachheit, quadratische Türme mit Zwiebelhauben flankieren eine breite Architektur. Diese aber wird durch Gesimse, Fenster und Statuennischen reich gegliedert.
Beim Eintritt in den Kirchenraum entdeckt man, wie großartig Hueber sein erstes bedeutendes Werk entworfen hat. Eingerückte Wandpfeiler fangen die Weite des Kirchenraumes auf, alles wird hingelenkt auf den mächtigen Hochaltar, der als Hauptblickpunkt den Chorabschluß füllt. Sein Altarblatt malte 1752 Franz Xaver Palko, sächsischer und bayerischer Hofmaler. Es zählt zu den Spitzenwerken barocker Malerei in der Steiermark. In kühnen Diagonalen ist die Figurengruppe des Bildes aufgebaut, deren Bewegung durch prächtige Farbakzente noch verstärkt wird. Gebannt verfolgen

Ausladende Fassadenarchitektur von J. Hueber

Richter und Volk das Martyrium des jugendlichen St. Veit, der vom Henker in den Kessel mit siedendem Öl gestoßen wird und dessen weitausholender Arm von einer ähnlichen Bewegung des herabschwebenden muskulösen Engels mit der Siegespalme kontrastiert wird.
Den Hochaltar flankieren Skulpturen der Pflegeeltern des Heiligen und außen besonders qualitätvolle Plastiken, Josef Schokotnigg zugeschrieben. Links ist der hl. Valentin zu sehen, dem ein epileptisches Kind zur Heilung dargereicht wird, rechts der Viehpatron Erhard, einem Kind das Augenlicht wiederschenkend. Geistiger Mittelpunkt von St. Veit aber ist das Gnadenbild über der Tabernakeltüre, eine barocke Kopie der Mariendarstellung in der Cappella Paolina von Santa Maria Maggiore in Rom. Weitere Bildhauerarbeiten am Altar stammen vom Schwiegersohn Schokotniggs, Veit Königer, einem der besten Barockmeister des Landes, der hier noch eigenhändig gearbeitet hat. Im Altarraum, den prächtige Oratoriumslogen mit Reliefs zieren, beginnt Königers ausdrucksstarke Serie von überlebensgroßen Statuen, zuerst mit Christus und Maria. Die eindrucksvolle Apostelfolge ist auf die Wandpfeiler des Kirchenschiffs verteilt. Gegenüber der schwungvoll gestalteten Kanzel steht ein Altar, Fürbittern der Bauern gewidmet, dem König Oswald und den Seuchenpatronen Patrizius sowie Ägidius. Besonders zu beachten ist die Kreuzigungsgruppe am linken vorderen Seitenaltar, um 1770 von Veit Königer geschnitzt. Auffallend sind die manieristisch überstreckten Proportionen und expressiven Gesten der Gestalten. Dem anatomisch fein durchgebildeten Körper des Gekreuzigten sind im Altaraufsatz, als Typologie seines Opfers, die eherne Schlange und die Gesetzestafeln als Verheißung ewigen Lebens gegenübergestellt. Im Annenaltar, links vom Haupteingang, umgeben Skulpturen aus der Werkstätte Königers ein Altarbild von Anton Jantl, leider ungeschickt restauriert. Unter den weiteren Bildern im Kirchenraum ist jenes am Nepomukaltar hervorzuheben. Dargestellt ist der Heilige und im Hintergrund dessen Brückensturz in Prag. Das Gemälde schreibt man dem Krainer Valentin Menzinger zu.
Ein Blick noch auf die Ausmalung der Gewölbe ist unvermeidlich. Erst in unserem Jahrhundert konnte man die Decke freskieren und holte dazu den Maler Barazutti aus Friaul. Es sind gewiß keine großartigen Schöpfungen, die zwischen 1914 und 1921 hier entstanden, aber die Bilderfolge ist wohl durchdacht und liebevoll ausgeführt, das Programm von allgemeinkultur- und lokalhistorischem Interesse, mit zahlreichen Porträts, auch von einheimischen Zeitgenossen.
Eines der kostbarsten Objekte in St. Veit ist die in gold-schwarz gehaltene prachtvolle Orgel. Man hat sie im 17. Jahrhundert für St. Lambrecht gebaut, und auf dem Umwege über Mariazell kam sie hierher. Mit ihrer ursprünglichen Traktur und Disposition zählt sie zu den bedeutenden Klangbauten Österreichs. Bevor man St. Veit verläßt, sollte man unter der Empore das Khienburg-Epitaph, noch aus der alten Kirche stammend, nicht übersehen. Der Verstorbene kniet in voller Rüstung vor dem Auferstandenen, von seinen beiden Frauen und ihren achtzehn Kindern umgeben.

Jakobus d. Ä. aus der Apostelfolge

BAD RADKERSBURG

Auf der Suche nach der Bad Radkersburger Pfarrkirche, die dem hl. Johannes dem Täufer geweiht ist, muß man sich in acht nehmen. Es sind nämlich zuerst die barocken Zwiebeltürme des Rathauses und der Frauenkirche, die ins Auge springen und die das Ortsbild der gepflegten Murstadt direkt an der jugoslawischen Grenze prägen. Den Weg zur Pfarrkirche weist einem ein schlichter, dafür umso interessanterer achteckiger Turm mit einem spitzen, ebenfalls achteckigen Zeltdach. Die heutige Pfarrkirche — bis 1513 gab es deren zwei, nämlich „St. Ruprecht außer- und St. Johannes innerhalb der Stadt" — steht mit ihrer Westseite direkt an der alten Stadtmauer, und der untere Teil des dreiundfünfzig Meter hohen Turms ist noch der alte quadratische Wehrturm, auf den die achteckige Konstruktion aufgesetzt ist.

Schlicht wie der Turm ist auch das Äußere der gotischen Pfeilerbasilika, nur geschmückt von einigen bemerkenswerten Grabsteinen aus verschiedenen Epochen. Der bekannteste unter ihnen ist der für Hans Eggenberger, der 1481 starb und einer der Stammväter des berühmten Geschlechts war. Besonders schön ist auch der Stein für Achatz von Maghnitz aus dem Jahr 1526 mit dem qualitätvollen Relief eines gerüsteten Ritters. Zu den Prunkstücken des Äußeren der Kirche gehört auch das spätgotische Hauptportal aus Aflenzer Sandstein, das 1510 geschaffen wurde und einen reich mit Krabben besetzten Kielbogen mit Kreuzblume hat.

Betritt man die Kirche, ist man einerseits von der freundlichen Helle und andererseits von der qualitätvollen aber uneinheitlichen Ausstattung überrascht. Der Bau ist eine gotische Pfeilerbasilika aus dem 14. Jahrhundert, bestehend aus vier Jochen, die um 1400 um einen Chor mit Sakristei erweitert wurden. Das Mittelschiff hat weite Pfeilerarkaden. Leider wurden, wahrscheinlich nach einem Brand, die Rippengewölbe entweder nicht mehr erneuert oder abgeschlagen. Die Seitenschiffe sind seit 1509 mit Sternrippengewölben versehen, die zur gleichen Zeit geschaffen wurden wie das Hauptportal und die Aufgangsempore im südlichen Seitenschiff, die die Wappen der Bischöfe M. Scheit (†1502) und Christoph Zach (†1508) trägt.

Am uneinheitlichsten eingerichtet ist der Chor. Neben einem neugotischen Hochaltar aus dem Jahre 1906 finden sich unter anderem drei gotische Sakramentnischen und ein hochgotisches Portal zur Sakristei mit massiver Eisentür und spätgotischen Beschlägen. Vor dem Hochaltar befindet sich ein reiches barockes Kommuniongitter, bezeichnet mit „ICRD 1746" und wieder davor ein leider weder im Stil noch im Material zur Einrichtung passender Volksaltar mit Ambo aus unseren Tagen. Daneben an der Nordseite gutes eingelegtes Chorgestühl.

Links und rechts vom Choraufgang zwei beachtliche Seitenaltäre aus der Zeit um 1740, wobei das Zentrum des rechten ein spätgotisches Kruzifix aus dem Jahre 1571 bildet. In beiden Seitenschiffen je zwei barocke Heiligenstatuen und im nördlichen ein kleiner im Stil wieder uneinheitlicher Seitenaltar. Über einer Pietà von Jakob Gschiel aus dem Jahre 1882 eine gute Kopie der „Schwarzen Madonna von Tschenstochau". Besonders interessant ist neben der Kanzel und dem Kirchengestühl, das zum Großteil wie das schon erwähnte Chorgestühl aus dem 18. Jahrhundert stammt, ein ausgezeichnetes Bild unter der Orgelempore, darstellend den „Tod des hl. Josef" aus dem Jahre 1750, dessen Schöpfer unbekannt ist. Die Orgel wurde 1963 mit viel Einfühlungsvermögen umgebaut und fügt sich gut in den Kirchenraum. Bemerkenswert sind auch die beiden gotischen Maßwerkfenster, die bei der Innenrestaurierung im Jahre 1977 freigelegt wurden.

Beim Weg durch die Kirche sollte man daran denken, daß die Pfarre Radkersburg zu den ältesten der Steiermark zählt und 1402 von der Erzdiözese Salzburg unter die Seckauer Herrschaft kam. Bemerkenswert, vor allem in Hinblick auf den heute herrschenden Mangel an Priestern, ist, daß im kleinen Radkersburg im Jahr 1528 genau fünfzehn Priester tätig waren. Um diese Zeit wurde anläßlich einer „Glaubensvisitation" auch festgestellt, daß es die ersten Protestanten gab. Überliefert ist, daß sich am Aschermittwoch jenen Jahres vom Haus des Christoph Eggenberger eine eigenartige Prozession sichtlich zur Verspottung katholischer Bräuche in Bewegung setzte. Eine Bahre mit einer ausgestopften Figur mit Kürbiskopf und einer Stange, bestückt mit einem Kranz und zwei Heringen, wurde mitgetragen. Angeführt wurde der seltsame Zug von einem als Priester verkleideten Grazer Bader namens Wolf und einem Knecht, der den Teufel verkörperte. 1582 stellten die Radkersburger in Bruck an der Mur an Erzherzog Karl II. den Antrag auf freie Religionsausübung. Unter dem Druck der Umstände wurde zwar Gesinnungsfreiheit, nicht aber freie Religionsausübung zugestanden, und im selben Jahr wurde eine protestantische Kirche erbaut, wohin sich bald das geistige Leben der Stadt verlagerte. Im Jahre 1600 „machte" Bischof Martin Brenner Radkersburg wieder „katholisch" und ließ alle

Ketzerschriften verbrennen. Die Kirche sprengte man samt dem Mesnerhaus in die Luft. Um die innere Bekehrung zu beschleunigen, hatte man Kapuziner in die gotische ehemalige Augustiner-Emeriten-Kirche geholt.

Der Innenraum der Pfarrkirche

SEMRIACH

Wenn eine Kirche nach neuesten Erkenntnissen und technischen Möglichkeiten renoviert wurde, zudem mit erheblichen finanziellen Mitteln, dann kann man auch kritisch in der Beurteilung ihres erneuerten Aussehens sein. Bei Semriachs Pfarrkirche, die am Ausgang des langgestreckten Marktplatzes auf dem Hochplateau errichtet wurde, wird der Beifall dominieren. Schon die Außenrenovierung gelang bis ins Detail. Es ist beglückend zu sehen, wie sich die naturbelassenen Kanten und Flächen an den Strebepfeilern und am mächtigen mit einem Pyramidendach bekrönten Turm vom Mauerverputz abheben. Dies ist an der Nordseite von besonderer Bedeutung, weil die ganze Nordwand ohne Fenster ist und einer Gliederung bedarf, um nicht eintönig zu wirken. Ein weiter Platz wurde rings um die Kirche angelegt, so ist sie von allen Seiten sehr wirkungsvoll sichtbar. Sicher wäre der Blick vom Markt her noch schöner, wenn man, wie bei der Kirche von Allerheiligen im Mürztal, das den Außenchor und sein Kreuz verdeckende Kriegerdenkmal an einen anderen würdigen Ort versetzen könnte.

Der erste Kirchenbau, 1237 urkundlich genannt, wurde um 1500 abgebrochen und statt dessen entstand die spätgotische Hallenkirche, welche dem Grazer Dom in mancher Hinsicht ähnlich ist. Rochus Kohlbach meint sogar, daß der bärtige Männerkopf im Kircheninneren ein Selbstporträt des Dombaumeisters sein könnte. Als gesichert kann gelten, daß Semriach als eine „Ausstrahlung der Dombauhütte" (P. Krenn) entstand. Die Pfarrkirche besitzt gegenüber dem Dom sogar zwei spätgotische Portale, wobei das Hauptportal an der Westfront reicher gestaltet wurde. Seine Rippen zeigen schraubenartige Konsolen und im Bogenfeld einen großen einköpfigen Adler mit verkürztem Datum. Dieser Wappenvogel liefert eine Datierungshilfe für die Vollendung des Langhauses, da Maximilian I. bereits König aber noch nicht römischer Kaiser war, also 1505. Den Zugang ins Innere öffnet jedoch das Südportal, das ein Schulterbogen umrahmt.

Da man von der Seite in die Kirche gelangt, hat man den Triumphbogen gleich nahe vor sich. An der rechten der schön gemeißelten und gebündelt abgestuften

Zugang vom Marktplatz

Konsolen für die Gewölberippen ist auch der erwähnte Männerkopf angebracht. Hier an der unteren Bogenzone ereignete sich leider auch Unbegreifliches, und man mag lieber nicht hinsehen, wie da eine neugotische Kanzel, außerdem durch den Ambo ergänzt, den so schön renovierten Barockaltar daneben erdrückt. Im schmalen Langchor wird man wieder versöhnt, obwohl er heute etwas nüchtern wirkt und einmal kostbarer ausgeschmückt war. Vom ehemaligen Hochaltar im Chorabschluß sind noch Haupt- und Oberbild, beide von Franz I. Flurer, nun an der linken Chorwand zu sehen. Auf dem größeren Gemälde schildert der Künstler eine Szene aus der Ägidiuslegende, die er auch auf einem Seitenbild im Chor des Grazer Domes dargestellt hat und die den Eremiten Saint Gilles, wie er eigentlich heißt, in einem tiefen Wald der Provence zeigt, wo er und seine ihn ernährende Hirschkuh vom Ostgotenkönig Flavius entdeckt wird. Der jetzige Hauptaltar von 1896 ist ein erfreuliches Beispiel dafür, daß es auch in dieser Zeit gelang, künstlerisch beachtliche Altäre aufzurichten. Nur ist, für unser heutiges Empfinden, die Bemalung der Reliefs an den Seitenflügeln etwas süßlich ausgefallen.

Ein Blick zurück in das dreischiffige Langhaus bietet sich als wahre Augenweide, festlich und zugleich heimelig präsentiert sich der Raum, mit den stämmigen Säulen und ihren Verästelungen in den Gewölberippen, wunderbar in Naturstein herausgeputzt. Die farbenfrohe Sängerempore und ihre kleine Orgel, 1742 von Johann G. Mitterreiter erbaut, bilden dazu einen malerischen Hintergrund. Wie am Gewölbe des Grazer Domes sind auch hier, allerdings in den Seitenschiffen, an den Netzrippen farbige Wappen als Schlußsteine angebracht. Im linken Schiff, von der Empore aus gesehen, sieht man das Rübenschild des Salzburger Erzbischofs Leonhard von Keutschach, es folgen die Wappen von Ungarn und Österreich. Im rechten Schiff erinnert ein Schild an Pfarrer Grazer, der bis 1506 in Semriach wirkte. An anderen Schlußsteinen sind der steirische Panther und die Prozessionsfahne der Grafen Montfort angebracht. Von den beiden Seitenaltären ist der rechte mit besonders schwungvoll gearbeiteten Plastiken ausgestattet, die der Werkstatt des Philipp Jakob Straub zugeschrieben werden. Aus seiner Werkstatt sind auch die beiden Heiligenfiguren an den vordersten Pfeilern hervorgegangen; die linke davon stellt Dismas dar, einen der beiden Schächer, den Christus am Kreuz heiliggesprochen hat.

Die farbenfrohe Mitterreiter-Orgel

Nahe der St.-Ägidius-Kirche steht auf dem alten Friedhofsgelände die ehemalige Michaelskapelle aus dem 14. Jahrhundert, barock umgebaut. An der Südmauer der Pfarrkirche, die von Reiner Zisterziensern betreut wird, ist ein figuraler Römerstein zu sehen, Zeuge des bis in die Spätantike reichenden Kulturbodens von Semriach.

ST. ERHARD IN DER BREITENAU

Das Gotteshaus von Breitenau — so lautet die Pfarrbezeichnung — stellt in seiner „heutigen Gestalt das Ergebnis vorbildlicher Restaurierung dar, wobei nach gründlicher und stilgerechter Instandset-

St. Erhard als „Säulenheiliger"

zung der Altäre, Statuen und Bilder mit der Restaurierung der im Jahre 1722 von Andreas Schwarz erbauten Orgel nicht nur ein architektonischer Schlußpunkt, sondern auch ein klanglicher Höhepunkt der überaus reichen und sehenswerten Innenausstattung dieser gotischen Kirche gesetzt wurde". Ernst Günthert, der diesen Satz in seiner Beschreibung alter steirischer Orgeln schrieb, animiert zugleich, St. Erhard, durch vorweihnachtliche Fernsehübertragungen weithin bekannt geworden, einmal auch in Muße und Stille als sakrales Kunstwerk zu erleben.

Ein kurzer Rückblick auf die Baugeschichte der auf einer kleinen Anhöhe am Ortsrand gelegenen Pfarr- und Wallfahrtskirche ist für das Erfassen der vielgestaltigen Innenarchitektur hilfreich. Schon bald nach 1200 entstand hier, so ergaben Bauuntersuchungen, eine kleine romanische Saalkirche, die hundert Jahre später erweitert wurde. Einige Jahrzehnte darauf begann man, den Langchor aufzuführen und die rechte Langhauswand neu zu gestalten. Diese Phase wurde durch das Einziehen eines Kreuzrippengewölbes, den Bau von Sakristei, Turmbasis und Sängerempore um die Mitte des 14. Jahrhunderts abgeschlossen.

An der steilen Westfront befindet sich das Eingangsportal von 1400, dessen Spitzbogen und plastischer Schmuck die schlichte Wand beleben. Im Tympanon, unter dem maßwerkverzierten Wimperg, ist ein Hochrelief eingelassen, in dem wir bereits dem Titelheiligen Erhard begegnen, der seine Segenshand über das enge Tal erhebt. Dem Besucher des Innenraumes, dessen Niveau um einiges unter dem Eingangstor liegt, eröffnet sich ein stimmungsvoller, aber nicht gleich überschaubarer Anblick. Eine riesige, schlanke Erhardfigur fand mitten im Chorbereich auf einer Säule Aufstellung. In schwungvoller Pose, mit ausdrucksvollen Händen ist sie geschnitzt, verdeckt jedoch etwas den Blick auf den Hochaltar. Diesen hat Philipp J. Straub geschaffen und in der Oberzone mit reichem plastischen Schmuck versehen. Um den Tabernakel, der etwas später hinzukam, stehen sechs Statuen, die beliebte Volksheilige darstellen. Eine prächtige Umrahmung des Chores bilden die reichgeschnitzten Seitenoratorien, so daß hier alles sehr fröhlich und trotz der vielen Vergoldungen nicht überladen wirkt. Einzig das Hochaltarbild von 1646 ist etwas farblos geraten, läßt aber um so mehr die Leuchtkraft der kostbaren Glasmalereien in den Chorfenstern hervortreten.

Die Scheiben sind uns als Restbestand nach dem Brand von 1777 erhalten geblieben. Unter den Darstellungen der Passion, des Marienlebens und zahlreicher Heiliger ist rechts unten auch der Stifter abgebildet, Herzog Albrecht III., mit seinen Frauen Elisabeth von Böhmen und Beatrix von Hohenzollern. Albrecht war ein scheuer, etwas bigotter und äußerst sparsamer junger Mann, der nach dem Vertrag mit seinem Bruder Leopold III. Teile von Österreich, nicht aber die Steiermark zugesprochen erhielt. Deshalb könnte die Frage auftauchen, wieso er die Glasgemälde, in seiner Wiener Werkstätte geschaffen, für eine Kirche im Gebiet seines Bruders stiftete. Eine Antwort gibt die Entstehungszeit der Malereien, welche frühestens mit 1386 anzusetzen ist. Genau in diesem Jahr fiel Herzog Leopold in der Schlacht von Sempach, seine minderjährigen Söhne stellten sich unter die Vormundschaft ihres Onkels Albrecht. Dieser wurde somit auch für das Herzogtum Steiermark zuständig, und so ist auf der Stifterscheibe zu Recht angebracht: „dux austrie et styrie". Er war es nicht lange, denn er starb kaum dreißigjährig im Jahre 1395. Dem Betrachter dürfte auch der merkwürdige Zopf auffallen, den Albrecht in einer Metallbüchse am Rücken trägt. Es ist dies ein Emblem der von ihm gegründeten ritterlichen „Zopfgesellschaft", die im Sinne romantischer Ritterideale aus uns unbekanntem Anlaß entstand und mit diesem skurrilen Namen versehen wurde. Eine Ordenskollane aus dem Besitz der Stubenberger wird vom Landesmuseum Joanneum verwahrt.

Um 1300 erfolgte links vom Kirchenschiff der Anbau einer Erhardikapelle. Der höfische Charakter dieser seitenschiffartigen Anlage läßt sie als Stifterkapelle erscheinen. Hier gibt es Wappenschlußsteine zu bewundern, den mit Blattwerk und Blütenrosetten verzierten Schlußsteinen im Chor an Qualität ebenbürtig.

Die Barockausstattung im Langhaus wurde in die gotische Architektur dezent eingefügt. Die kleinen Kredenzaltäre zu Seiten des Triumphbogens zeigen frühe Herz-Jesu- und Herz-Mariä-Darstellungen. Besonders prächtig ist die um 1700 entstandene Kanzel, mit phantasievoller Akanthusschnitzerei verziert. In der rechten Seitenkapelle weist der Leonhardaltar qualitätvolle Figuren der Erzengel über den Umgangsportalen auf.

Nun aber noch ein Blick auf die schon eingangs erwähnte Musikempore. Ihr reichgeschnitztes Gitter, auf die gotische Maßwerkbrüstung gesetzt und sich auf weit vorgezogenen Seitenteilen in das Kircheninnere fortsetzend, umfaßt so harmonisch mit den gleichgestalteten Balkonen im Chor den ganzen Innenraum. Diese Ausstattungselemente tragen Inschriften mit Chronogrammen, welche die Jahreszahlen 1732 und 1757 ergeben. Das Erlebnis dieses Gotteshauses ist deshalb so groß, weil in diesem versteckten Seitental der mittleren Mur in der Erhardikirche alles, auch die raumgestaltende Symbiose vieler Stilelemente, so beglückend zusammenwirkt.

Hochaltar mit den gotischen Fenstern

WEIZ, TABORKIRCHE

Den oberen Abschluß des aufsteigenden Hauptplatzes von Weiz bildet eine von Bäumen und Sträuchern umstandene Treppenanlage, die zu einem dahinter aufragenden mächtigen Bauwerk führt. Man würde in ihm eher eine Burg mit Bergfried und Vorwerk vermuten als eine Kirche. Auf dem Wappenbrief, den Kaiser Ferdinand I. 1560 für den Markt ausstellen ließ, ist die Anlage noch burgähnlicher dargestellt. Tatsächlich lag einst im Westen des Ortes ein „castrum Wides", 1152 als Burg der Herren von St. Dyonisen-Waldstein urkundlich genannt. Liutold III., der sich nach seiner Burg an der Raabklamm „de gutenberch" nannte, ließ sie abbrechen. Gemeinsam mit seiner Frau Elisabeth gründete er 1188 den Markt und seine Kirche, die er dem Märtyrer Thomas von Canterbury weihen ließ. Die für Steiermark ungewöhnliche Patroziniumswahl dürfte auf die bekannt papsttreue Haltung Liutolds zurückzuführen sein.

Thomas Becket, zuerst Kanzler des mit ihm befreundeten Heinrich II. von England, wurde dann Erzbischof von Canterbury. Als solcher verwahrte er sich energisch gegen die Bestrebungen des Königs, kirchliche Rechte einzuschränken und aus der englischen Kirche eine Nationalkirche zu machen. Im Auftrag Heinrichs wurde er von vier Rittern, zum Entsetzen aller ob des ungeheuerlichen Frevels, vor dem Altar seiner Kathedrale niedergemetzelt. Das geschah am 29. Dezember 1170, kaum zwanzig Jahre vor Stiftung der Taborkirche. Aus der Erbauungszeit stammen noch die Mauern des romanischen Langhauses und seines Chorquadrates, außerdem untere Teile des Turmes, der damals noch nicht so massiv aufgerichtet war.

Fresko „Jüngstes Gericht"

Ein Durchgang im heutigen Benefiziatenhaus, das man Ende des 17. Jahrhunderts hufeisenförmig an Stelle der Wehrbauten errichtet hatte, führt zu einem erhöhten Gelände, auf dem die Kirche steht. Sie wurde in der zweiten Hälfte des 15. Jahrhunderts, im Zusammenhang mit den Türkeneinfällen, zu einem Tabor (= vom slawischen „taborišče", befestigtes Lager, dann Wehrbau) ausgebaut. Um 1560 erhielt sie ihre endgültige Gestalt. Der Turm aber wurde erst 1644 wehrhaft verbreitert, erhöht und mit einem abgewalmten Giebelsatteldach abgeschlossen. Von den übrigen Wehranlagen sind noch einige Mauerzüge und ein vorspringender Schalenturm erhalten. Den breiten Torturm mit Satteldach hat man später in das Taborhaus eingebaut. Mitte des 17. Jahrhunderts wurde im Langhaus ein frühbarockes Kreuzgratgewölbe eingezogen, dessen Wandpfeiler leider zu starken Einbußen am wertvollen Freskenschmuck führten. Bisher konnte nicht geklärt werden, ob die neue Decke ein gotisches Gewölbe oder eine romanische Flachdecke ersetzt.

Obwohl man bald nach Aufhören der Türkengefahr den Tabor zum Großteil abgebrochen hat, galt er noch einige Zeit als Festung. Als 1713 die Kirche den Dominikanern überlassen werden sollte, protestierte der Dechant von Weizberg dagegen mit folgender Begründung: „Es sei die Kirche zugleich ein Tabor, mithin zum Schutz der Kinder und Weiber" somit gegen etwaige feindliche „Stryfereyen stets bestimmt gewesen, soll daher nicht in einen Convent verändert werden".

Aus der Gotik ist in der Thomaskirche noch manches zu sehen, und meist ist es kräftig, fast derb ausgefallen. Man sieht das außen an den abgetreppten Strebepfeilern und am spitzbogigen Westportal, innen am Triumphbogen und am kleinen Portal im Chorquadrat. Dieselbe Formsprache erkennt man an den roh behauenen Rippen am Gewölbe des Chores, der im 14. Jahrhundert dem quadratischen Raum vorgebaut wurde. Im 15. Jahrhundert erfolgte an der linken Chorseite der Anbau eines Nebenraumes, den man später mit einem Stiegenaufgang versah. Im Langhaus ist an einem Schlußstein das Stubenbergwappen zu erkennen, das mit den eingemauerten funktionslosen Halbsäulen in Verbindung gebracht werden könnte, wie Peter Krenn meint. Die beiden Säulen dürften, ihrer Größe nach zu schließen, von einer Kapelle — wohl dem oben genannten Nebenraum — stammen und die müßte eine Gründung der Stubenberger gewesen sein. Zum Freskenschmuck an der linken Kirchenwand ist zunächst zu bemerken, daß er lange Zeit mit Kalk übertüncht und erst 1933 freigelegt wurde. Die Bilder stellen „den eindrucksvollsten Niederschlag der hochmittelalterlichen Wandmalerei in der Oststeiermark dar" (Franz Hauser) und umfassen drei Schichten von Zyklen. Die Szenen aus der Schöpfungsgeschichte, aus Christi Passion und ein Verkündigungsbild gehören noch dem spätromanischen Zackenstil an. Fehlstellen hat Fritz Silberbauer ergänzt oder neu gestaltet, so entstand 1935 sein Fresko mit dem Martyrium des Thomas Becket; übrigens ein Jahr nach der Ermordung des österreichischen Kanzlers Dollfuß. Im Chorquadrat sind dann Reste eines Jüngsten Gerichtes zu sehen, schon dem frühgotischen Linienstil zuzuordnen. Über diese Freskenzyklen hat man in der ersten Hälfte des 15. Jahrhunderts eine dritte Malschicht aufgetragen, sie zeigt eine Anna selbdritt und einen Gnadenstuhl. Daneben, teilweise verdeckt, ist die Marter der Zehntausend dargestellt mit der Inschrift: „Sanct(us) Ach(a)cius cu(m) socu(i)s suis". Als Rest einer großfigurigen Szene im Chorquadrat blieb das kleine kniende Stifterpaar erhalten. Von einem ehemaligen Flügelaltar stammen die erst jüngst gefundenen Tafeln der Heiligen Rupert und Barbara, die man jetzt an der Chorwand sehen kann. Ein kleiner Christuskopf, nicht leicht zu finden, blieb von den ehemaligen Glasmalereien der Fenster übrig.

Von der Ausstattung aus der Barockzeit ist nicht alles ein der Taborkirche würdiger Schmuck. Doch sind nennenswert das Chorgestühl von 1675, die kleine Orgel von Ferdinand Schwarz und vor allem das Hochaltarbild von Joseph Adam Mölck. Es stellt den hl. Thomas von Canterbury als Fürbitter für Weiz dar und zeigt im Hintergrund den Ort mit der Taborkirche, signiert und mit „Pinxit 1771" datiert.

An der Südwand außen sind drei spätrömische Grabsteine eingelassen.

Achatius und die Marter der Zehntausend

WEIZBERG

Weithin sichtbar auf einem Hügel gelegen, grüßt die Pfarr- und Wallfahrtskirche zur „Schmerzhaften Gottesmutter" Weizberg den Besucher schon von weitem. Das Innere der Kirche ist einer der schönsten spätbarocken Kirchenräume der Steiermark und ragt über die Industriestadt Weiz wie ein Solitär hinaus. Seine heutige Gestalt verdankt das Gotteshaus dem Grazer Baumeister Josef Hueber, der es in der selbst für unsere Zeit mit ihrer perfektionierten Bautechnologie nahezu unfaßbaren Zeitspanne von zwei Jahren, nämlich von 1757 bis 1758 entstehen ließ, nachdem die gotische Kirche vollkommen abgerissen worden war. Und der Kontrakt, der zu dieser Baumeisterleistung führte, verdient es ebenso, festgehalten zu werden, wie die überragende Bereitschaft der Bevölkerung, durch Spenden und Taten mitzuhelfen, ohne die Hueber scheitern hätte müssen. Laut Auftrag mußte der Baumeister „innerhalb von zwei Jahren die Kirche bis zum Dach vollenden, so daß der Gottesdienst hier Unterbringung erhalte". In jedem Jahr sollte eine Hälfte der Kirche abgerissen und neu aufgeführt werden. Mit „Gottes und der Pfarrgemeinde Hilfe", die unter anderem bis April 1756 hundert große Bäume, über hundert Klafter Steine, ebenso viel Statin Kalk und bei tausend Truhen Sand bereitgestellt hatte, gelang das Werk. Hueber baute die Kirche, an deren Stelle schon um die Mitte des 11. Jahrhunderts ein kleines Kirchlein gestanden war, dem um die Mitte des 14. Jahrhunderts ein gotischer Chor angefügt wurde und die wahrscheinlich im 15. Jahrhundert auf drei gotische Schiffe erweitert worden ist.

Es ist nur zu verständlich, daß diese Gewaltanstrengung um die Aufbringung der Geldmittel die Bevölkerung und die Wohltäter so auslaugte, daß es über zehn Jahre, nämlich bis 1769, währte, bis man sich an die Ausstattung der Kirche wagen konnte. Und wie schon beim bisherigen großzügigen Bau ließ man sich auf keine halben Sachen ein. Die großen Meister der Zeit wurden geholt und alle neuen Möglichkeiten des Baues und der Ausstattung einer Kirche eingesetzt.

Der durch seine Harmonie bestechende mächtige Kirchenraum besteht aus drei quergestellten Langjochen. Das mittlere von ihnen ist am größten, hat seitliche Apsiden und schließt nach oben mit einer flachen Kuppel ab. Die übrigen Joche sind schmäler. Sie haben flachelliptische Altarnischen. Ihre breiten Pfeiler tragen Platzlgewölbe. Der Chor ist einjochig und der Hochaltar in seiner ebenfalls flachgestalteten Apside der Höhepunkt in einem vielstimmigen, in Farbe und Form gesetzten Orchesterwerk. Der Betrachter wird das besonders intensiv empfinden, wenn er sich in die Mitte unter die gemalte Orgelempore stellt und seinen Blick nach vorne richtet.

Doch nun zur prachtvollen Innenausstattung. Den schon genannten Hochaltar schuf 1771 Veit Königer, und Kunstliebhaber sind sich darüber einig, daß er an den berühmten Altar Fischer von Erlachs in Mariazell erinnert. Im Zentrum des Altars steht aber, umgeben von den Figuren Königers, ein viel älteres Kunstwerk, nämlich das Gnadenbild — eine gotische Pietà des Meisters von Maria Neustift bei Pettau. Zu ihren Seiten in prachtvollen barocken Darstellungen Johannes und Magdalena, Josef und Nikodemus und andere Heilige. Darüber Gottvater, von Engeln umgeben.

Außer dem Hochaltar wird der Betrachter gerne die Mühe auf sich nehmen, die sechs Seitenaltäre anzuschauen, die allesamt vom Grazer Bildhauer Jakob Peyer geschaffen wurden, von dem auch die eindrucksvolle Kanzel stammt, die etwa 1775 entstanden sein dürfte. Die Bilder in der Kirche stammen zu einem großen Teil von Joseph Adam von Mölck. Es ist unmöglich, die Vielfalt der dargestellten Motive aufzuzählen, da wäre ein eigenes Werk notwendig.

Altäre, Kanzel, die hervorragenden Beichtstühle und das Chorgestühl aus der Zeit sind in grandioser Weise eingebettet in die umfassende Gesamtgestaltung des Gotteshauses von Mölck, der mit seinen meisterhaften Fresken Gewölbe, Säulen und den Gesamtraum ausgestaltet hat. In den Gewölben, vom Eingang beginnend, Darstellungen der fünf großen Marienfeste, und zwar Verkündigung, Geburt (zu beiden Seiten des Hochaltars), über der elliptischen Flachkuppel die Darstellung Jesu im Tempel (weitere Szenen die Geburt Christi und die Anbetung der Könige) und schließlich Mariä Empfängnis und der auf den Erlöser wartende Menschenstrom (seitlich der Jesusknabe im Tempel und die Beschneidung Christi), im Chor die Himmelfahrt Mariens. In der ganzen Kirche verstreut, ebenso wie in den Seitenkapellen, mannigfaltige Heiligendarstellungen.

Verweilt man noch in der Kirche, sollte man unbedingt die Zeit erübrigen, die schönen vom alten Bau übernommenen Grabsteine zu betrachten. Eine Besonderheit ist der Epitaph für Otto III. von Ratmannsdorf aus 1430, der aus rotem Marmor besteht und eine seltene Darstellung Christi in der Kelter im oberen Teil zeigt. Sehr schön ist der Grabstein des 1607 verstorbenen Freiherrn von Thannhausen, auf dem die Kreuzigung und seine Familie dargestellt sind, sowie der Wappenstein von Hans von Stubenberg aus 1565.

Bewundernswert ist auch das Äußere der Kirche, die man über eine doppelwendige Freitreppe erreicht, ebenfalls schon von

Grüßt weit ins Land: die Pfarr- und Wallfahrtskirche

Hueber errichtet. Auf den Zugangspfeilern die Figuren der Heiligen Florian und Donatus stammen von Philipp J. Straub. Von ihm auch die Statue des hl. Nepomuk beim östlichen Seitenaufgang. Hat man das obere Ende der Stiege erreicht, steht man vor der hochaufragenden Zweiturmfassade. Das Hauptportal im Mittelteil der Kirche ist mit Atlantengestalten geschmückt, und darüber schwebt die „himmelfahrende Maria", die ebenso wie die Engel zu ihren beiden Seiten von Philipp J. Straub stammt. Im Obergeschoß in einer Nische ist eine Statue der Himmelskönigin von Johann Zeilinger dem Älteren aus dem Jahre 1725 zu bewundern. Die beiden Türme der Kirche, früher zwiebelbehelmt, tragen seit dem Brand im Jahre 1792 einfache Zeltdächer.

ST. JOHANN BEI HERBERSTEIN

Weniger bekannt als Schloß Herberstein dürfte seine Pfarrkirche sein, die sich am Ausgang der Herbersteinklamm, am Ende eines auslaufenden Felssporns, über dem Feistritztal erhebt. Das eher kleine Gotteshaus wirkt im Inneren, trotz der Überfülle an Kunstwerken, sehr einheitlich und nicht überladen.

Zahlreiche sehr qualitätvolle Römersteine an der Außenwand der Kirche weisen darauf hin, daß der Ort bereits im Altertum besiedelt war. Die römischen Überreste dürften Liutold, den Inhaber der Herrschaft Gutenberg, veranlaßt haben, hier eine Kirche zu errichten. Um 1150 ist sie entstanden und wurde dem Täufer geweiht. Später besaß sie Leutold von Wildon als Eigenkirche, dann kam sein Patronatsrecht an das Erzstift Salzburg, welches die Pfarre an Hermann, einen Rechtsgelehrten aus dem Geschlecht der Stubenberger, verlieh. Nach ihm saß hier der Deutsche Ritterorden, und 1652 kam St. Johann in den Besitz der Herberstein. Graf Maximilian I. ließ den heutigen Bau errichten, wobei altes Mauerwerk mitverwendet wurde. Ein kleines Kloster kam hinzu, das Augustinermönchen übergeben wurde. Zur Kirchweihe 1672 hielt Abraham a Sancta Clara die Festpredigt, mit einem „Lob auf die Steiermark". Unter Joseph II. wieder Pfarrkirche geworden, übernahmen 1820, nach Aufhebung des Klosters, Weltpriester die Seelsorge, die nun seit 1953 von Kapuzinern ausgeübt wird.

Anton Solar, Baumeister des Grazer Zeughauses, erstellte die Pläne für den Neubau, ein junger Geselle namens Michael Arhan, führte ihn aus. Der Auftrag war sein Meisterstück, um in die Maurerzunft Aufnahme zu finden. Wie ein Stich von Vischer uns zeigt, war ihm das Werk mit reich gegliederter Außenfassade vorzüglich gelungen. Die heutige Ansicht der Fassade wirkt trotz ihrer Höhe gedrungen und ist späteren Änderungen zuzuschreiben. Eine niedrige Eingangshalle öffnet den Raum in ein Langhaus, das durch Seitenkapellen erweitert, sich auf den Chorabschluß konzentriert.

Wand und Gewölbeflächen sieht man reich gegliedert, ihr Stuck wurde sparsam eingesetzt, so daß seine Akzente dort um so wirkungsvoller erscheinen, wo er wichtige Momente, wie etwa das Leben des Täufers, in den Chorbogenfeldern umrahmt. Große Halbkreisfenster zwischen den ionischen Pilastern, die das umlaufende Gebälk tragen, lassen genügend Licht eindringen, um die Harmonie des Raumes und seiner vorzüglich renovierten Ausstattung zu beleuchten. Um so bedauerlicher ist, daß man in den schmalen Chor einen unpassenden Volksaltar und dazu noch einen Ambo gezwängt hat.

Eingang und Abschluß des Raumes werden von zwei architektonischen Aufführungen hervorgehoben, durch die Doppelempore über der Eingangshalle und den prachtvollen Hochaltar im Chor. Dieser stammt, wie fast alle Ausstattungswerke, aus dem Spätbarock und bildet in seiner frohen Farbigkeit und plastischen Bewegtheit einen lebendigen Kontrast zum maßvoll klaren Raum des Frühbarock. Marx Schokotnigg schuf um 1720 den monumentalen Säulenaufbau, ließ ihn mit wuchtig in den Raum vorstoßendem Gebälk versehen und mit einer schwungvollen Himmelsglorie bekrönen. Zwischen den Säulen bewegen sich vier Heiligenfiguren, darunter ist Maximilian, der zweite Kirchenpatron, zu sehen. Das

St. Johann von Süden her

Altarbild kann man interessant nennen, weil es die Szene der Taufe Christi in das Feistritztal verlegt und im Hintergrund Schloß Herberstein zeigt. Wertvollstes Objekt am Altar ist sein Tabernakel, kunstvoll mit Intarsien, gravierten Edelmetallen und Elfenbein umkleidet. Das eingelegte Wappen läßt ihn als Stiftung der Herberstein erkennen. An den beiden Kredenzaltären mit origineller Scheinarchitektur stehen Plastiken, die von der Hand Marx Schokotniggs stammen dürften. Auch die beiden Altäre der Seitenkapelle sind von hoher Qualität, die Figuren des Kreuzaltares schuf Josef Schokotnigg. Beide Altarbilder verdanken wir dem Pöllauer Matthias von Görz.

An der Südseite des Langhauses hat man 1655 die Loretokapelle angebaut, in der sich eine „Schwarze Madonna" und die Herzgruft der Herberstein befinden. Daran anschließend war einst eine Annenkapelle, bei deren Abbruch 1908 Reste der alten Kirche zum Vorschein kamen, darunter Teile des romanischen Portales und zahlreiche mitvermauerte Römersteine, zum Teil figural gestaltet. Im Rückblick in das Kirchenschiff wird man die zierlich ausgeführte, mit Figuren und Attributen geschmückte Kanzel bewundern, dann aber vom mächtigen Aufbau der Orgelempore gefesselt sein. Durch einen marmorierten Fenstererker, der wie ein Schwalbennest in der Mitte des zweiten Geschosses an der Emporenwand klebt, sieht man in den ehemaligen Betchor der Barfüßermönche. Man wird neugierig, diesen Raum aufzusuchen und ist dann dort überrascht, welche Einheitlichkeit und Schönheit das kleine Gemach zeigt. Über dem mit Intarsien versehenen Gestühl sind Bilder mit Heiligen aus dem Augustinerorden angebracht, prächtiger Stuck am Spiegelgewölbe umrahmt die bedeutenden Fresken des Vorauer Stiftsmalers Cyriak Hackhofer von 1730.

Die reich ausgestattete Sakristei

Eine Besichtigung der Sakristei ist lohnenswert und kann man an der Klosterpforte erbitten. Hier hat Hackhofer eines seiner letzten Werke gestaltet. Leider kommen die Fresken am Gewölbe des niedrigen Raumes nicht so günstig zur Geltung. An der Außenwand des Chores ist der Zugang in die ehemalige Mönchsgruft. Ein kleines Portal, aus der Burg Neuberg hierher übertragen, führt nun hinunter in die Familiengruft der Grafen Herberstein. Im einstigen Klostergebäude hat man 1982 ein Erholungs- und Bildungshaus der Katholischen Frauenbewegung errichtet. St. Johann war früher einmal wehrhaft befestigt, an der Südseite der Kirche stehen noch Umfassungsmauern, die tief den Hügel hinabreichen.

ANGER

Im oberen Feistritztal erhob sich auf einem Ausläufer des hohen Zetz die Doppelburg Wachsenegg, um 1680 von Vischer als imposanter Bau, überragt von einem mächtigen Wohnturm, dargestellt. Über dem langsam abfallenden Bergrücken läßt der Topograph die Turmspitze der Pfarrkirche von Anger hervorlugen. Das Gotteshaus ist noch etwas älter als die stolze Feste. Schon im 12. Jahrhundert bestand ein kleiner, dem hl. Andreas geweihter romanischer Bau. Er wurde bald Eigenkirche der Herrschaft Wachsenegg, ein Meierhof kam hinzu, den man als Adelssitz ausbaute und an den sich der im 14. Jahrhundert gegründete Markt anschloß. Sein Ortsname geht auf die ansässigen Ritter zurück, die sich nach dem Anger, den die Feistritzschlinge hier bildet, „Zum Anger" nannten. Die Burg auf dem Zetzberg ist schon lange Ruine, aber ihre ehemalige Eigenkirche, umgebaut und längst Pfarrzentrum geworden, beherrscht mit ihrem mächtigen Turm noch heute den malerisch sich an den Bergfuß schmiegenden Markt.

Ein kleiner Vorgarten führt zum Kirchenportal, an dessen rechter Flanke sich der quadratische Ostturm erhebt. Sein Unterbau stammt noch vom romanischen Kirchlein. Im 14. Jahrhundert wurde ihm eine Glockenstube aufgesetzt, die man in der Barockzeit um ein achteckiges Geschoß erhöhte und mit einem Zwiebelhelm bekrönte. Die Baugestaltung der Kirche ist durch die Einbindung des barocken Neubaues für den Erstbesuch derart unübersichtlich, daß anzuraten ist, historisch vorzugehen und sich zunächst dem Inneren des Turmraumes zuzuwenden. Hier, am Ursprung des Gotteshauses, steht man im Chorquadrat des geosteten Erstbaues, dem in der Gotik ein Rippengewölbe eingespannt wurde. An den Wänden sind ringsum Fresken zu sehen, an der Nordwand eine gotische Sakramentsnische. Über der Altarwand wurde Christus in der Mandorla als Weltenrichter abgebildet, darunter Maria und der Täufer als Fürsprecher. An der linken Wand hat man Gottvater mit musizierenden Engeln gemalt, darunter eine Allegorie der gestürzten Synagoge, dann eine Eva mit Totenkopf und dem Baum der Erkenntnis. Die zwölf Apostel sieht man an der rechten Wand dargestellt und darüber ein vorzügliches Kreuzigungsfresko von 1440.

Einen Übergang von der Gotik zum barocken Langhaus der heutigen Kirche vermittelt ein besonders interessantes Epitaph aus der Renaissancezeit. Es ist vor dem Turmraum an der Wand angebracht, leider sehr schlecht beleuchtet. Ein Schuster namens Lorenz Bigler hat das Werk in Auftrag gegeben, 1553 wurde es auf Holz gemalt und zeigt den Verstorbenen mit seinen drei Frauen und den 24 Kindern, alle vor dem Auferstandenen kniend. Während die Christusdarstellung noch Nachwirkungen der Donauschule aufweist, verrät die Hinzufügung der Schusterfamilie einen neuen Typus der Darstellung, vom Cranachkreis inspiriert und bereits der Reformationskunst zugehörig. Diese so bemerkenswerte Tafel wurde auch vom Maler signiert. Er trug den klangvollen Namen Cyperus Pömbstl.

Eine ganz andersartige Welt tut sich auf,

Hochaltar mit Gemälde von Mölck

wenn man das barocke Langhaus betritt. Es wurde völlig neu und im rechten Winkel zur alten Kirche aufgebaut. Das mittelalterliche Langhaus mußte dabei geopfert werden. Es entstand eine geräumige, sehr helle Wandpfeilerkirche, von Seitenkapellen und Emporen begleitet. Im einjochigen Chorraum mit Halbkreisschluß sind beiderseitig Sakristeianbauten sowie schöne Oratorien angebracht.

Gleich beide Bildhauer Schokotnigg haben an der prächtigen Ausstattung der Angerer Kirche mitgewirkt. Die Figuren am farbenfrohen und auffallend räumlich gestalteten Hochaltar, 1738 wurde er geweiht, sind dem Vater Marx zuzuschreiben. Den plastischen Schmuck der schönen Kanzel, ungefähr um die gleiche Zeit entstanden, schuf Schokotniggs Sohn Josef. Schon in die Rokokozeit weist der Tabernakel. Über ihm hat Joseph Adam Mölck ein großes Andreasbild gemalt, signiert und mit 1770 datiert. Die vier Kapellenaltäre, mit Laub- und Bandldekor versehen, wurden schon etwa vierzig Jahre früher aufgestellt. In der Grazer Werkstätte des Philipp Jakob Straub entstanden neun sehr eindrucksvoll geschnitzte Pfeilerfiguren. Besonders gelungen erscheint die Darstellung des hl. Karl Borromäus, den man an seiner charakteristischen langen und krummen Nase gut erkennen kann.

Wenn man die Pfarrkirche verläßt und noch einen Rundgang um den Bau unternimmt, wird man an seiner Südseite einen römischen Inschriftstein eingemauert finden, dann einen geschlossenen Gang über zwei Schwibbögen. Der Gang verbindet die Kirche mit einem stattlichen Bau, worin im Mittelalter der Verwaltungssitz eines Dienstmannengeschlechtes der Stubenberger untergebracht war. Nach diesen Dienstmannen hat man das Gebäude „Steinpeißhaus“ benannt.

Karl Borromäus von Ph. J. Straub

HARTBERG

Ob man von der Bundesstraße, Hartberg durchquerend, zur Pfarrkirche mit ihrem romanischen Karner und leuchtenden Barockturm hinaufschaut oder den Weg in das Herz der Stadt nimmt und auf dem Platz vor der Kirche stehenbleibt, von jeder Seite beeindruckt die bewegte Form des Gotteshauses. Vor allem die reich gestaltete Zwiebelhaube des weithin sichtbaren Turmes, erbaut um die Mitte des 18. Jahrhunderts von Baumeister Thomas Reiff, ist nicht zu übersehen. Zu Füßen dieses Meisterwerks entstand ein klarer Kirchenraum mit zwei breiten und einem schmalen Joch, wobei durch die Verlängerung der Seitenschiffe mit Emporen (1745 bis 1760) eine einheitliche Westfassade entstand mit Pilastergliederung und reicher Verzierung. Der gotische Innenraum mit spätgotischem Sternrippengewölbe zeichnet sich durch die harmonische Einfügung der zurückhaltend angebrachten barocken Einrichtung aus.

Die Hartberger Kirche blickt auf eine bewegte Geschichte zurück. Wenn es nach den Bestrebungen des Pfarrers Ulrich, (1163 bis 1201), der im Karner verewigt ist, und seines Onkels, des Archidiakons Reibert von Fischer, gegangen wäre, so wäre Hartberg Bistum und Ulrich erster Bischof geworden. Der Salzburger Erzbischof Adalbert verhinderte dies allerdings, und die urkundlich 1157 erstmals genannte romanische Basilika blieb Pfarrei, wobei Ulrich allerdings rangerster Kleriker im Lande war und zum Beispiel Herzog Leopold V. vom päpstlichen Bann lösen durfte. Wie man beim Einbau einer Heizung in die Kirche im Jahre 1973 bei Grabungsarbeiten feststellte, steht das Gotteshaus über einem römischen Haus aus dem Jahre 200 n. Chr. Die erste etwa 1130 errichtete Kirche war, wie bereits angedeutet, eine romanische Chorbasilika ohne Apsis mit einer Holzdecke und einem Turm über dem heutigen Chorquadrat. Pfarrer Ulrich ließ in der zweiten Hälfte des 12. Jahrhunderts die Kirche zu einer dreischiffigen Pfeilerbasilika ausbauen, und 1467 wurde das gotische Sternrippengewölbe eingefügt. Interessanterweise zeigt die Darstellung von Vischer aus dem Jahr 1680 noch beide romanischen Türme. Nachdem das Gotteshaus 1715 einem Brand zum Opfer gefallen war, erhielt es schon 1745 die heutige barocke Form mit Emporen, Kuppel und dem Westturm, der in barocker Pracht ausgestaltet wurde. An das Chorquadrat wurden damals links die Marienkapelle und rechts die Sakristei angebaut. Der Ostturm wurde abgetragen. Die Innenausstattung der Pfarrkirche, die dem hl. Martin geweiht ist, hat neben den Vorzügen des harmonischen Ineinanderfließens der verschiedenen Stile manchen Höhepunkt. Romanische Säulenreste sind an den hinteren Pfeilern der Kirche zu erkennen. Aus der Zeit der Gotik stammen die Pietà aus 1420 in der Marienkapelle und das steinerne Taufbecken sowie die Sternrippengewölbe im Mittelschiff. Die gesamte andere Innenausstattung kommt aus dem Spätbarock. Besonders schön ist der Tabernakel am Hochaltar aus dem Jahr 1766, dessen Altarblatt eine Darstellung des hl. Martin durch den Vorauer Stiftsmaler J. C. Hackhofer ist. Der Chor und die Seitenschiffe sind von Joseph Adam von Mölck mit Heiligendarstellungen ausgeschmückt. Vom Grazer Bildhauer Matthias Leitner stammt die 1733 geschaffene prächtige Kanzel mit einer Darstellung des „Guten Hirten" und der vier Evangelisten. Die Orgel aus dem Jahr 1762 ist ein Werk des Grazer Meisters Ferdinand Schranz. Im Chor und in der Vorhalle sind auch einige interessante Grabdenkmäler zu sehen, und an den Außenwänden der Kirche wurden Grabsteine aus dem 17. und 18. Jahrhundert sowie zwei figurale Römersteine aus dem 2. Jahrhundert nach Christus eingemauert. Mit Bedauern muß man feststellen, daß der Volksaltar weder im Material noch in seiner Gestaltung der Einrichtung der Kirche gerecht wird.

Der romanische Karner ist eines der bedeutendsten spätromanischen Bauwerke des Landes. Er war in seinem Obergeschoß nie ein Beinhaus. Schon knapp nach seiner Errichtung, nämlich 1167, wurde er zu einer Taufkapelle für den damals für Hartberg vorgesehenen Bischof ausgestattet. Auch der reiche Freskenschmuck weist darauf hin. Dem notwendigen Einbau einer Wendeltreppe fiel ein Teil dieser Fresken zum Opfer, und schließlich wurde das gesamte Bauwerk im 18. Jahrhundert stark vernachlässigt. Unter Joseph II. war sogar seine Entfernung zugunsten einer Erweiterung des damaligen Schulhauses (heute Mesnerhaus) vorgesehen. Privatinitiative rettete den Bau, den Peter Rosegger „als einen der merkwürdigsten des ganzen Landes" bezeichnete, vor dem Untergang. Der Wiener Restaurator Theophil Melichar erhielt 1893 den Auftrag, die alten Fresken freizulegen und zu ergänzen beziehungsweise zu erneuern. Zum ursprünglichen über achthundert Jahre alten Freskenschmuck gehört im Hauptraum das Reich der Sünde mit den sieben Hauptsünden als Weltbeherrschern. Darüber liegt das Reich des Lichtes: Christus mit den Aposteln. In der Apsis dominiert die Madonna mit dem Kind, und die sieben Gaben des Heiligen Geistes sind als Gegenstück zu den sieben Hauptsünden zu verstehen. Links im Raum ist im übrigen der Erbauer des Karners, Pfarrer Ulrich, abgebildet. Beachtliche Teile der Fresken mußten von Melichar ergänzt werden, teils mit anderen als den ursprünglichen Symbolen.

Schöne Einheit von Karner und Kirchturm

PÖLLAUBERG

Hoch über dem Safental liegt auf einer Kuppe des Masenbergausläufers eine der bedeutendsten Sakralbauten der Hochgotik in der Steiermark, die Marienkirche Pöllauberg. Es lohnt sich, zu ihr nach alter Wallfahrtsweise die einstündige Fußwanderung auf sich zu nehmen, statt den asphaltierten Fahrweg zu benützen. Denn so erlebt man eindrucksvoller, wie das Gotteshaus, manchmal vom Wald verdeckt oder hinter einem Hügel verschwindend, sich immer wieder von neuem und allmählich wachsend zeigt. Dazu kann man im Rückblick die sich erweiternde Fernsicht genießen. Schließlich erscheint schon nah, über einer steil ansteigenden Wiese, das mitreißende Aufwärtsstreben der machtvollen Kirchenfassade. Sie wird vom barocken Turmbau bekrönt, der nach einem Blitzschlag den gotischen ersetzte.

Nun wird man erfahren wollen, weshalb diese Kirche in so exponierter Lage errichtet wurde. Als Wahl für den Ort ist die Entdeckung einer Quelle auf dem damals dichtbewaldeten Hügel überliefert. Eine erblindete Gräfin aus Mähren soll hier geheilt worden sein und als Dank dafür habe sie eine Marienkapelle errichten lassen. Sicher ist, daß hier um 1200 ein kleines Heiligtum entstand und die Wallfahrten dorthin immer mehr zunahmen, vor allem an den Samstagen, weshalb man den Hügel „Sabbatberg“ nannte. So wurde ein größerer Bau notwendig, und um ihn aufführen zu können, fand die Pöllauer Gemeinde in Katharina von Stubenberg eine großherzige Stifterin. Unterhalb der Ursprungskapelle entstand um 1375 der Neubau, an dessen Innenausstattung man noch bis gegen 1400 gearbeitet hat.

An der hohen Fassade ist in der Mitte das prachtvolle Gewändeportal eingelassen, von Fialen flankiert und von zwei Reihen Blendarkaden mit durchbrochenem Wimperg bekrönt. Die Vorhalle liegt etwas tiefer als das Kirchenschiff, auf dessen Niveau man über Stufen unter die Eingangsempore gelangt. Im Inneren überrascht, daß in der Mitte starke Bündelpfeiler stehen, die sich ohne Kapitelle in den Kreuzrippen am Gewölbe auffächern und den Raum in eine zweischiffige Halle teilen. Diese architektonische Form mußte wegen des engen Bauplatzes gewählt werden. Es ist staunenswert, wie glanzvoll dem Architekten dann im Chorbereich der Übergang von der Zweischiffigkeit in einen dreischiffigen Umgang gelungen ist, so daß ein Wald von Bündelpfeilern den Altar umgibt. Hier wird man allerdings auch erkennen, daß der viel zu wuchtig geratene Altaraufbau die feingliedrige Architektur der Gotik geradezu

Die mächtige Kirchenfassade, daneben die Ursprungskapelle

erschlägt. Doch wird man zugeben, daß die imposante Retabel, von Remigius Horner entworfen, für sich genommen ein Meisterwerk darstellt. Der Künstler sorgte auch dafür, daß man den Aufbau durchsichtig für das Eindringen des Außenlichts gestaltet hat und daß der Blick auf das schöne Chorgewölbe nicht verstellt ist. Künstlerisch sehr gelungen sind die großen Heiligenfiguren, 1714 von Marx Schokotnigg für den Altar geschaffen und von seinem Sohn Josef ergänzt. Sie bilden zusammen mit den Engeln und Engelputten eine würdige Umrahmung für das Gnadenbild Mariens von 1480, welches im Spätbarock umkleidet wurde. Von der gotischen Ausstattung sind schöne Schlußsteine und figurierte Konsolen zu sehen, ganz besonders aber beeindrucken die originellen Sitznischen im Chorumgang. Hier sind über Steinbänken in drei Schichten gegliederte Spitzbogen an den Wänden aufgebaut, mit zierlichen Diensten und Maßwerkbögen als plastisch gestaltete Baldachine. Ihre Konsolen zeigen Evangelistensymbole, Maskenköpfe und Blattwerkschmuck. Von hoher Qualität ist auch die Sakramentsnische mit einem Gittertürchen. Die Arbeiten der im Umgang tätigen Werkstätte lassen Verbindungen zu dem Parler-Kreis und der Wiener Bauhütte als möglich erscheinen.

Im Langhaus dominieren Werke aus der Barockzeit. An erster Stelle ist die prächtige Kanzel zu nennen, für die Remigius Horner um 1730 den Entwurf lieferte und Josef Schokotnigg ihre ausgezeichneten Plastiken schnitzte. Von den sechs Seitenaltären sind zwei besonders sehenswert. Der eine, den man der Büßerin Magdalena weihte, enthält ein Gemälde von Bartolomeo Altomonte und schöne Akanthusschnitzerei. Am Altar des hl. Patrizius ist ein interessantes Votivbild angebracht. Es zeigt den Pöllauberg 1713, einige Jahre zuvor inkorporierte Pfarre des Stiftes Pöllau geworden.

Daneben ist die Stadt Hartberg abgebildet, eine Ansicht von 1684. Die Votivgabe entstand als Dank für die Verschonung vor der Pest. Ende des 17. Jahrhunderts hat man die zweite Musikempore in das Eingangsjoch vorgebaut, reich stuckiert und mit Freskenfeldern von Antonio Maderni geschmückt. Die Orgel mit reichgeschnitztem Gehäuse entstand 1684. Ihre Pfeifen sollte man sich von der Nähe ansehen, denn sie sind sehr originell, prismatisch und geflammt ausgestaltet.

Nördlich der Wallfahrtskirche steht noch die bereits erwähnte Ursprungskapelle, die barock umgebaut und dann der hl. Anna geweiht wurde. Bei ihrer Restaurierung kamen romanische Baureste zutage.

Das Gnadenbild am Hochaltar

BIRKFELD

Remigius Horner hat seine Pöllauer Stiftskirche an etlichen Orten der Steiermark, vereinfacht und in bescheidenerem Umfang, nachgebaut. Eines dieser Werke ist die Pfarrkirche von Birkfeld, die zwischen 1709 und 1715, also kurz nach der Vollendung von Pöllau, errichtet wurde.
Horner begann als einfacher Tischlergeselle, aber bald wurde seine Begabung für das Baufach entdeckt, und er konnte mit dem Zunehmen der Aufträge seine künstlerischen Fähigkeiten entfalten. Dabei brachte er es zu einem beachtlichen Wohlstand, heiratete 1701 die „tugendsambe Jungfrau Rosina", eine Pöllauer Bürgerstochter, die ihm acht Nachkommen gebar. Zunächst war Remigius noch „Palier", als aber seine Tochter heiratet, wird ihr Vater schon als Baumeister angeführt. Horner ist ein Beispiel dafür, daß sich auch im feudalen Zeitalter echte Talente, manchmal nach harter Bewährungszeit, durchsetzen und gesellschaftlich aufsteigen konnten. So war Horner kein Unbekannter mehr, als ihm der Neubau in Birkfeld übertragen wurde. Dort hatte man im 17. Jahrhundert die alte Kirche zunächst erweitert, dann aber beschlossen — offenbar war sie immer noch zu klein — den bisherigen Bau gänzlich abzureißen. Dieser, schon 1295 urkundlich erwähnt, gehört zu dem Markt, den Hartnid von Ort, der auf Burg Wachsenegg bei Anger saß, gegen 1230 anlegen ließ. Im schwer zugänglichen Gebiet des oberen Feistritztales, das hier eine schmale Furche im allmählich ansteigenden Bergland bildet, erwies sich die Ortsgründung als Rodungszentrum und als Mautstelle auf dem Handelsweg zwischen dem Unterland und dem Mürztal als so wichtig, daß man bald den Markt erweitern mußte. An seinem östlichen Ende, weithin sichtbar auf einem Hügel über dem Hauptplatz, entstand die erste Pfarrkirche. Ihr mächtiger quadratischer Turm, der heute in einem achteckigen Glockengeschoß mit abschließendem Laternenhelm mündet, wurde zum Kennzeichen der Ortsansicht. In seinem Unterbau sind geringfügige Reste der mittelalterlichen Kirche weiterverwendet worden. Außerdem waren rings um die Kirche Befestigungsmauern angelegt, die inzwischen längst ihren Wehrcharakter eingebüßt haben.
Die Kosten für den Neubau hat die Pfarrgemeinde zum Großteil selber bestritten und dafür zwölftausend Gulden aufgebracht. Zwei lebensgroße, etwas zu grell übermalte Holzstatuen der Titelheiligen Petrus und Paulus flankieren das Hauptportal an der schmalen Westfassade. Wenn man das Kircheninnere betritt, ist man zunächst etwas überrascht. Es ist alles blitzsauber, aber ein eindrucksvolles Raumerlebnis vermag sich nicht einzustellen. Wahrscheinlich würde es dem Besucher in Pöllau ebenso ergehen, wenn dort die Wand- und Gewölbeflächen kalkweiß gestrichen und nicht durch das Zusammenspiel von Form und Farbe, Bauteilen und Fresken, die Weite des Raumes aufgelockert und zugleich zusammengebunden wären. Den Baumeister trifft da keine Schuld, in Birkfeld fehlen eben Stukkaturen und Fresken, so wirkt der weite Innenraum etwas kühl. Dieser Eindruck wird durch die sehr bunten Altäre nicht behoben, weil sie ein Einzeldasein führen, zu wenig miteinander verbunden sind.
Wie in Pöllau hat Remigius Horner auch in Birkfeld eine Verbindung von Langhaus und einer Anlage mit weitem Vierungsraum — hier ohne Kuppel — mit ausstrahlenden Halbkreisapsiden aufführen lassen, wobei die mittlere Konche als Fortsetzung des Langhauses breiter und um ein Joch verlängert ist. Das Fehlen der Fresken hat auch einen Vorteil. Der Besucher wird gleich auf die prächtigen, farbenfrohen und vorzüglich restaurierten Altäre aufmerksam.
Ihre bildhauerischen Arbeiten sind besonders hervorzuheben. Den mächtigen Hochaltar entwarf Baumeister Horner, 1730 wurde er aufgestellt; seine Heiligenfiguren schnitzte der Grazer Josef Schokotnigg. Rechts ist der Dominikaner Petrus Martyr zu sehen, mit der Beilklinge, die ihm Katharer 1252 in die Schädeldecke schlugen. Daneben steht der Apostel Paulus, mit seinem Marterinstrument beschäftigt. Auf der linken Seite wird das Altarbild — eine Arbeit aus dem 19. Jahrhundert — vom Märtyrer Donatus und dem Kirchenvater Johannes Chrysostomus flankiert. Auch für die

J. Schokotniggs Orgelprospekt

kleinen Säulenaltäre vor dem Chor schuf Schokotnigg die Bildwerke, und Horner erstellte wahrscheinlich den Aufbauentwurf. Der rechte ist Johann Nepomuk geweiht, der linke dem hl. Michael. Ein besonderes Meisterwerk entstand für die rechte Seitenapsis, der wundervolle Rosenkranzaltar, den wir dem Grazer Künstler Philipp Jakob Straub verdanken und der 1768 ausgeführt wurde. Sein Gegenstück in der linken Apsis entstand zwar erst im 19. Jahrhundert, doch gelang es der letzten Renovierung, ihn sehr stilvoll an die hier aufgestellte Josefsfigur von Schokotnigg anzugleichen. Vom selben Künstler sind auch die schwungvoll bewegten Plastiken an der Kanzel, am Korb die Evangelisten und am Schalldach die Figuren der vier Kardinaltugenden. Hier dürfte sich ebenfalls Horner als Entwerfer betätigt haben.

Beim Blick zurück in das Langhaus ist man etwas verwundert, daß hier nun neue, stillos angefertigte Kirchenbänke aufgestellt sind. Einst gab es ein schönes Gestühl aus der Bauzeit, das man 1975 entfernt hat. Es ist bedauerlich, daß es nicht gelang, die Wangen, reich mit Akanthusschnitzereien geziert, wie anderenorts mit den neuen Bänken zu verbinden und so für die Kirche zu retten. Erfreulich hingegen ist der Blick zur Eingangsempore und auf die Barockorgel, deren Gehäuse und Figurenschmuck von dem in dieser Kirche so ausgiebig vertretenen Bildhauer Schokotnigg ausgeführt wurden. Seinen Werken in solcher Fülle und so vorbildlich restauriert zu begegnen, noch dazu in einem Raum, den einer unserer bedeutenden heimischen Baumeister schuf, macht den Besuch der Pfarrkirche von Birkfeld besonders lohnenswert. Dabei dürften auch der so reizvolle Markt und die romantische Umgebung zu einem längeren Verweilen animieren.

Der Hochaltar von Remigius Horner

MARIAZELL

Eingebettet in die vielgestaltige Bergwelt des Grenzgebietes zwischen der Steiermark und Niederösterreich liegt Mariazell, das größte Marienheiligtum Österreichs. Seit Jahrhunderten wird die große Basilika mit der „Magna Mater Austriae" alljährlich von abertausenden Pilgern aus aller Welt, vor allem auch aus Ostblockstaaten aufgesucht. Der Anblick der mächtigen Kirche mit der eigenwilligen Aneinanderfügung eines gotischen Turms in der Mitte und zweier kleinerer „barocker Brüder" an der Hauptfront, ist spätestens seit dem Besuch von Papst Johannes Paul II. im Jahr 1983 durch das Fernsehen rund um den Erdball bekannt geworden.

Nähert sich der Pilger oder interessierte Besucher der Basilika, so kommt er vorbei an Andenkenständen über eine breite Treppe zum Haupteingang, einem gotischen Tor mit einem meisterhaft gestalteten Tympanon, das ihn in zwei Welten führt. Im oberen Teil des spitzbogigen Portals ist ein Sandsteinrelief angebracht, das die Kreuzigung Christi darstellt. Im unteren ist eine aus Marmor gearbeitete bewegte Darstellung einer der Gründungslegenden von Mariazell zu bewundern. Es sollen sich nämlich Markgraf Heinrich I. von Mähren und seine Gemahlin auf Anraten des heiligen Königs Wenzel von Böhmen, die alle drei auf diesem Relief zu sehen sind, an die Gottesmutter gewandt haben, um Heilung von ihrem qualvollen Gichtleiden zu erbitten. Als die Heilung eintrat, sollen sie die Kirche in Mariazell gestiftet haben. Eine andere Version besagt, daß im Jahr 1157 ein Mönch mit einer bescheidenen aus Holz geschnitzten Madonna in der Gegend auf dem Weg war und plötzlich durch einen Fels am Weitergehen gehindert worden sei. Er habe durch sein Gebet zur himmlischen Mutter den gewaltigen Felsen sprengen können und, nachdem er sein Ziel erreicht hatte, die Holzmadonna auf einen Baumstrunk gestellt, der sich im übrigen noch heute im Inneren des Gotteshauses in den Gnadenaltar eingefügt befindet.

Hat der Ankommende die Kirche, seit 1907 Basilika, betreten, wird er zunächst von der silbergleißenden Pracht des Gnadenaltars in den Bann gezogen. In seinem Zentrum steht die einfache Holzmadonna mit dem Kind, stets gekleidet in ein reich besticktes Prunkgewand und gekrönt. Rund um die Madonna silberne Wolken des Altaraufsatzes. Im Zentrum ein sehr formenreich gestalteter Tabernakel mit einem auf zwölf Säulen schwebenden Baldachin und einer Anzahl von Heiligen. Entworfen wurde er von Josef Emanuel Fischer von Erlach. Vor der Gnadenkapelle zwei lebensgroße Engel aus dem Jahre 1794, geschaffen von Franz A. Zauner. Das Silbergitter vor dem Gnadenaltar aus dem Jahre 1756 ist ein Geschenk Maria Theresias.

Bis 1683 baute Domenico Sciassia das Gotteshaus durchgehend um. Im Zuge dieses Umbaues erfolgte 1654 der Abbruch des gotischen Chors. Nach einem Brand im Jahr 1827 und später immer wieder — zuletzt 1980 — wurde die Basilika renoviert. Sie hat ein barockes dreischiffiges und fünfjochiges Langhaus, das seitlich von einer Reihe von bemerkenswerten Kapellen mit darüberliegenden Emporen begleitet wird. So unmöglich es ist, alle diese schön ausgestalteten Sakralräume mit ihren kunstvollen Schmiedeeisengittern als Abschluß zum Kirchenschiff hin der Reihe nach aufzuzählen, muß doch auf die

Die „Magna Mater Austriae"

letzte an der linken Seite hingewiesen werden, weil in ihr der ungarische Kardinal Mindszenty, der lange in der amerikanischen Botschaft in Budapest im Exil leben mußte, seine letzte Ruhestätte gefunden hat.
Hinter der Gnadenkapelle öffnet sich dem überraschten Betrachter in einem wunderbar erweiterten Kirchenraum unter einer mächtigen Kuppel eine neue optische Welt. In der Kuppel befinden sich Malereien, die nach dem Brand 1827 im Jahre 1829 geschaffen wurden und die vier Patrone der österreichisch-ungarischen Erbländer, Leopold, Josef, Johannes Nepomuk und Stefan, darstellen. Im Schiff stehen Statuen der vier Evangelisten. In den Kartuschen Darstellungen der Erdteile Asien, Afrika, Amerika und Europa, symbolisiert durch Frauengestalten. Ganz oben in der Laterne auf blauem Grund der Name Jesu.
Direkt unter der Kuppel steht die Frauensäule, eine zwei Meter hohe Madonna im Strahlenkranz aus der Zeit um etwa 1520, die früher vor der Kirche stand. Das vielleicht größte Meisterwerk in der ganzen Kirche ist der von Bernhard Fischer von Erlach um 1700 geschaffene Hauptaltar, in dessen Zentrum sich die Weltkugel, von einer Schlange umwunden, befindet und von dessen meisterhaft geschlossener Barockgestaltung ein neues zusätzliches „Mariazell-Erleben" ausgeht. Der Altar ist eine der bedeutendsten Schöpfungen jener Zeit. Seitlich von ihm im Kuppelraum befinden sich Sakristeien und Votivkapellen und über diesen die beiden Schatzkammern mit zahlreichen wertvollen Dankgeschenken an die Mariazeller Gnadenmutter. Besonders schön der Schatzkammeraltar in Zeltform, dessen Altarbild Ludwig I. von Ungarn stiftete. Dieser Altar ist der Ersatz für den 1794 eingeschmolzenen Silberaltar und enthält ein Antependium mit dem Stammbaum Maria Theresias. In den Nischen der Halle stehen Stuckfiguren der vier lateinischen Kirchenväter.
Neben den bereits erwähnten Seitenaltären, von denen wahrscheinlich einige von Domenico Sciassia stammen, ist in der Kirche die monumentale Marmorkanzel, von Andreas Grabmayer von 1689 bis 1691 geschaffen, zu erwähnen, insbesondere aber auch die prachtvoll gestaltete geschwungene Orgelempore aus dem Jahr 1680, die mit einer der mächtigsten Barockorgeln des Landes einen kongenialen Abschluß des Langhauses darstellt. Die Kirche, im übrigen die längste des Landes, mit ihrem Stuckdekor, ihren Fresken und ihrem reichen Schmuck, alles von unzähligen Menschen durch Generationen zur Ehre der Magna Mater geschaffen, läßt niemanden unbeeindruckt.
Der Kirchhof ist von einer Mauer mit vier Eingängen umgeben, die von barocken Heiligenstatuen auf Pfeilern flankiert sind. Oberhalb der breiten Treppe, die am Anfang genannt wurde und die zum Haupttor führt, eine besonders schöne barocke Verkündigungsgruppe. Der interessanteste Bau im Bereich der Kirche ist die St.-Michaelis-Kapelle, ein spätgotischer Karner aus dem 15. Jahrhundert mit einem Beinhaus im Untergeschoß und einem Obergeschoß mit Sternrippengewölbe und einem Rundfenster mit Maßwerk. 1827 wurden Dach und Türmchen zerstört. Seit 1949 ist das Obergeschoß, in dem ständig eine Unzahl von brennenden Kerzen für eine ganz besondere Atmosphäre sorgen, zu einer Krieger-Gedächtnisstätte mit Wandmalereien von Fritz Silberbauer ausgestaltet worden.

Eigenwilliges Ambiente von Gnadenkirche und Umgebung

AFLENZ

Der beliebte Kurort, an einem leicht ansteigenden Hang am Fuß des Hochschwabmassivs gelegen, wird 1025 erstmals erwähnt, seine Pfarrkirche schon wenig später, nämlich 1066. Es ist zu vermuten, daß sie, so wie der Ort, auf eine Eppensteiner Gründung zurückgeht. Ort und Gotteshaus schenkte Herzog Heinrich III. dem Stift St. Lambrecht, das bis 1958 in Aflenz die Pfarrechte ausübte. Mitte des 12. Jahrhunderts ist hier eine „cella“ von fünf Mönchen nachweisbar, von der um 1157 die Mariazeller Gründung ausgegangen ist. Auf Bitte des Abtes Schachner, der im nahen Thörl Burg Schachenstein errichten ließ, erfolgt 1458 die Markterhebung des Ortes. Schon einige Jahre zuvor war ein Umbau der romanischen Kirche geplant, der dann 1451 mit dem Turmbau, wie die Jahreszahl an einem Eckquader ausweist, begonnen wurde. Dieser Umbau steht im Zusammenhang mit dem häufiger werdenden Einfall der Türken, der eine Sicherung des Wallfahrtsweges nach Mariazell notwendig machte. Vischers Stich von 1681 zeigt noch eine Ummauerung des Kirchhofes, die inzwischen spurlos verschwunden ist. Sie war mit Schießscharten versehen und hatte ein rundbogiges Tor. An der südöstlichen Ecke ist der noch bestehende Karner abgebildet, der zeitweise als Wehrturm diente. Mit den Wehranlagen schritt auch der Kirchenbau voran, 1471 entstand von Peter Pögl der Chor, dann kam das einschiffige Langhaus hinzu und 1520 war die Gesamtanlage vollendet. Den Abschluß des mächtigen Turmes schuf ein Meister Wolfgang. Er beherrscht den östlichen Ortsausgang, an dessen ansteigender Straße die Kirche steht, und ist einer der seltenen Wehrkirchtürme der Steiermark. Sein Aufbau wurde in die Fassade des Langhauses an der Südecke so eingefügt, daß er mit vier Seiten fast ganz aus ihr vorspringt. Schießscharten und Erker zeigen seinen wehrhaften Charakter. Interessant ist, daß die Turmräume der ersten beiden Obergeschosse untereinander nicht in Verbindung stehen. Sie sind von der Empore aus erreichbar, beziehungsweise über eine Treppe, die sich kunstvoll um eine freistehende Spindel windet. Bis zur Glockenstube, der man 1510 noch ein weiteres Wehrgeschoß mit spitzem Dachhelm und Erkern aufsetzte, ist der Turm wie ein Bergfried ausgebaut. Im ersten Stockwerk sind in Nischen gemauerte Sitzbänke angebracht, an zwei Wandseiten läuft eine hölzerne Galerie mit einer Blocktreppe. Vermutlich war der Raum für Versammlungszwecke bestimmt, vielleicht einer religiösen Gemeinschaft, etwa einer Zeche. Das nächste Stockwerk ist über die Wendeltreppe an der inneren Langhauswand zu erreichen. Der dritte Stock wurde mit geräumigen Schießkammern eingerichtet, die Glockenstube darüber hat man jedoch nicht mehr wehrhaft ausgebaut.

Kirche von Osten mit Karner

Zwei Portale führen in das Kircheninnere. Davon ist das Südportal rechts vom Turm ganz besonders sehenswert, und wer das großartige Portal der Gösser Stiftskirche kennt, wird hier eine auffallende Ähnlichkeit entdecken. Sein mehrfach verstäbter Rahmen weist eigenartigen Dekor auf, und seine Spiralkaneluren setzen sich im Inneren der Kirche bei den gedrehten Rippen an den Rundbogen der Empore fort. Als störende Zutat am Tor hat man 1906 das Reliefporträt des Restaurators

eingefügt. Wer durch das Westportal in die Kirche gelangen will, wird dort enttäuscht, denn das Maßwerk im Tympanon ist neugotisch, und die Petrusstatue am Kielbogen ist eine Kopie, ihr gotisches Original befindet sich in St. Lambrecht.
Auch im Inneren der Aflenzer Kirche ist man zunächst nicht ganz zufrieden. Dieser erste pfeilerlose gotische Bau in der Steiermark — mit seinem besonders langen Kirchenschiff — wurde in seiner Wirkung, durch Hebung des Fußbodens, merklich beeinträchtigt. Das geschah in der Barockzeit. Auch im Chor hat man den Eindruck, daß er schwerlastend und zu niedrig ist, und diese Wirkung wird durch die Aufstellung eines neuen Volksaltars noch verstärkt. Der Blick auf die kunstvoll gestaltete Decke zeigt hingegen wieder etwas Erfreuliches. Zwar kann man der Meinung sein, daß am Gewölbe verschlungene und „üppige Kreuzrippen vollständig überwuchern" (Eduard Andorfer), daß sie nur eine dekorative, nicht mehr strukturelle Funktion erfüllen. Aber, warum sollte man diesen Dekor nicht auch bewundern? Übrigens stammen seine schönen figural geformten Schlußsteine noch vom älteren Bau.
Äußerst sehenswert ist die prächtige Orgelempore, deren Mittelachse erkerartig nach vor kragt. Sie ruht auf zwei Rundsäulen, deren Kapitelle mit ausdrucksvoll gestalteten dämonischen Köpfen besetzt sind. In den Bogenlaibungen sind gedrehte Stäbe eingelassen, und die Brüstung zeigt Vierpaßfelder. Von der gotischen Innenausstattung ist manches abgewandert, so kam der Abendmahlsaltar in die Peterskirche bei St. Lambrecht. Umgekehrt gelangten spätgotische Reliefs, das Pfingstereignis und eine Maria Heimsuchung darstellend, dazu noch Reliefiguren von Heiligen erst 1910 durch Schenkungen hierher. Bemerkenswert sind auch die steinernen Reliefbüsten der Apostel, die man um 1515 an den Weihekreuzen angebracht hat. Das lebensgroße, um 1520 geschaffene Kruzifix, mit voll geblähtem Lendentuch und einem neu ergänzten Haupt war vielleicht einst am gotischen Lettner angebracht. An der rechten Langhauswand gibt es außerdem eine Sitzfigur des hl. Nikolaus zu sehen, die um 1440 entstanden sein dürfte.

Figurale Säulenkapitelle

Unter der im Barock erfolgten Ausstattung ist in erster Linie das Hochaltarbild von Joseph Adam Mölck beachtenswert. Ihm gelang eine gute Darstellung der Schlüsselübergabe Petri (1774). Bedauerlich, daß die beiden Seitenaltarbilder von Mölck spurlos verschwunden sind. Man hat sie durch neubarocke Statuen ersetzt. Und wer die Romanik liebt, findet in der Kirche von Aflenz ein hervorragend geschnitztes Kruzifix, das noch aus dem 12. Jahrhundert stammt. Am Gekreuzigten ist zu bemerken, daß sein linker Fuß über den rechten in gleicher Richtung gesetzt ist und so den Eindruck des Schreitens vermittelt.
Nahe der Pfarrkirche steht der auf rundem romanischem Unterbau achteckförmig errichtete Karner. Er wurde mit Maßwerkfenstern und einem Rundbogenportal versehen und trägt eine barocke Kuppelhaube, die auf reizvolle Weise von einer Laterne bekrönt wird. Im Inneren steht ein barocker Michaelsaltar, aber besonders besichtigenswert sind die Dienstansätze zum Sternrippengewölbe, die für die Entstehung des Marktes Zeugnis ablegen: Es sind die Wappen von St. Lambrecht und seiner Äbte Johann Sachs, gestorben 1518, und Valentin Pierer, der 1541 verstarb.

OSWALDI-KIRCHE IN EISENERZ

Über genau hundertfünfzig Stufen erreicht man die bedeutendste Kirchenburg der Steiermark, nämlich die Pfarrkirche von St. Oswald in Eisenerz. Vieles wurde in dieser „Trutzburg des Christentums" im Laufe der Jahrhunderte geändert, manches aus Notwendigkeit, manches aus Unverständnis. Geblieben sind ihre Mächtigkeit, die ahnen läßt, daß der Feind kaum eine Chance hatte, sie zu erobern, und im Inneren des Gotteshauses mehr als genug Sehenswertes.

Man hat an der Kirche in ihrer heutigen Form — schon 1282 muß es nach einer Urkunde hier eine kleine Sakralstätte gegeben haben — nicht weniger als zweiundsechzig Jahre gebaut. Im Jahr 1472 wurde der Chor vollendet, der Bau des Schiffs begonnen und ein Dreifaltigkeitsaltar gestiftet. Genau vierundzwanzig Jahre später erfolgte die Errichtung des Turms, das durch einen Brand beschädigte Langhaus wurde durch Meister Erhart fortgesetzt und die Südkapelle fertiggestellt. 1503 begann Meister Peter, der Sohn Erharts, die Einwölbung des Langhauses und vollendete sie 1509, ebenso wie das Westportal. 1512 wurde die noch nicht ganz fertiggestellte Kirche, das Hauptwerk der Admonter Bauhütte, unter Friedrich III., geweiht und ein Jahr später mit dem Bau des Prunkstücks dieser Kirchenburg, nämlich der Westempore, begonnen, die 1517 vollendet werden konnte. Nord- und Südtor waren 1534 fertig, und in der Zwischenzeit hatte man mit der Errichtung der Befestigungsanlagen und des Tabors begonnen. In diesem Jahr konnte die „mächtigste Kirchenburg der Steiermark" fertiggestellt werden.

Der Bau ist in seiner architektonischen Gestaltung und in vielen künstlerischen Details bis heute erhalten geblieben. Die Inneneinrichtung wurde allerdings manchmal „dem Zeitgeist" angepaßt, nicht immer zum Vorteil ihrer Qualität. Geblieben sind aber als Herzstücke die Westempore aus Kunststein, „ein Glanzstück spätgotischer Steinmetzkunst", gestaltet von einem Meister Christoph, und die übereinander liegenden Seitenemporen. Meisterhaft und weithin bekannt auch die Darstellung Adams und Evas als Bergleute im Bogenfeld des Nordportals. Ein ganz besonderes Kleinod ist auch die Holzfigur des „Bergmännchens" über der zweiten Empore, die mit der Turmuhr die Stunden schlägt.

Das Gotteshaus ist eine einschiffige spätgotische Kirche mit vierjochigem Langhaus mit Netzrippengewölbe aus Terrakotta, während der um vier Stufen erhöhte Chor ein Sternrippengewölbe auf Wanddiensten zeigt. Die alte Sakristei stammt aus dem Ende des 15. Jahrhunderts und die neue ist ein moderner Bau, der die seinerzeit abgebrochene Barocksakristei ersetzt. Die Gemälde der Fenster aus der Zeit um 1900 stammen allesamt aus der Tiroler Glasmalereiwerkstätte. Sie zeigen in der Apsis verschiedene Heilige. Im sogenannten „Kaiserfenster" ist in der Mitte Rudolf von Habsburg und unter ihm kniend Kaiser Franz Joseph I. dargestellt. Im Chor auch Abbildungen „Herz Jesu" und „Herz Mariä", Christus als Guter Hirte und als Sämann. Im Schiff die vierzehn Nothelfer und zwei Oswaldiszenen.

Die in der Kirche erhaltenen Fresken, ein Marientod, eine hl. Magdalena und ein hl. Andreas, stammen aus der Zeit um 1520. Wertvolle Stücke der spätmittelalterlichen Ausstattung, so Flügelaltarteile mit Szenen aus dem Leben des hl. Oswald, kann man leider nur mehr im Museum mittelalterlicher österreichischer Kunst im Unteren Belvedere in Wien bewundern. Die einmal vorhanden gewesene barocke Ausstattung wurde im ersten Jahrzehnt unseres Jahrhunderts entfernt. Geblieben sind von ihr nur das ehemalige Hochaltargemälde von Johann Carl Reslfeld aus der Zeit um 1700, darstellend die Himmelfahrt Mariens und den hl. Oswald, das heute einen Seitenaltar schmückt. Das Oberbild des Altars von derselben Hand, eine Darstellung der Heiligen Dreifaltigkeit, hängt über dem Seiteneingang der Kirche. Interessant ein Kreuzigungsbild über dem Nordteil des Orgelchors, das zwei Einschüsse aufweist. Eine Inschrift weist darauf hin, daß dieses Bild an eine Legende aus dem Jahre 1601 erinnert. Damals habe bei einer Jagd in Radmer ein Jäger, vom Teufel angestiftet, auf dieses an einer Säule befestigte Bild geschossen. Er sei daraufhin blind geworden und eines elenden Todes gestorben.

Der Hochaltar aus weißem Marmor im Stil der Neugotik zeigt den hl. Oswald unter einem Baldachin. Eine ebenfalls neugotische Arbeit ist die schmiedeeiserne Kanzel. Der Kreuzaltar stammt noch aus der Zeit um 1630 und wird von einem Kruzifix aus dem Jahre 1760 geschmückt. Von Hans Neuböck ist der Annaaltar mit einer Anna selbdritt gestaltet worden. Vom selben Künstler stammen die zwölf Apostel im Chorschiff. Der interessante Luster in der Kirchenschiffmitte mit der hl. Barbara unter einem Baldachin und lichterhaltenden Knappen stammt aus der zweiten Hälfte des 18. Jahrhunderts.

Der wuchtige Turm der Festungskirche wandelte dreimal den „Helm". Nach einem Brand im Jahr 1594 erhielt er einen gotischen, der bis ins 18. Jahrhundert bestand. Im Jahre 1786 wurde dieser durch einen barocken Zwiebelturm ersetzt, und

Die mächtigste Kirchenburg des Landes

Ende des vorigen Jahrhunderts, offensichtlich im Zuge der Entbarockisierung, wurde die heutige neugotische Bekrönung geschaffen.
Im Südoststück der Taboranlage steht die spätgotische Johanneskapelle mit einem spitzbogigen Westportal und Netzgewölben. Der Karner im Untergeschoß, der schon 1477 errichtet worden ist, hat ein schönes Kreuzgratgewölbe. An der umfassenden Wehrmauer gibt es interessante Wappensteine zu sehen, so vor allem an der nordöstlichen Mauer einen Stein mit einem Relief der Auferstehung Christi.

KALWANG

Nur wenige von den Autofahrern, die an manchen Tagen zu Tausenden das Liesingtal durchqueren, dürften wissen, daß die Kirche des Marktes Kalwang, deren spitzer Turmhelm von der Bundesstraße aus zu sehen ist, eine wahre Sammelstätte barock-fröhlicher Kunstwerke beherbergt. Auch sonst ist die Kirche besichtigungswert und es lohnt sich, die Fahrt auf diesem unfallgefährdeten Abschnitt der Gastarbeiterroute hier zu unterbrechen.
Über den Ursprung der St.-Oswald-Kirche wird vermutet, daß ein Bischof von Chiemsee den Grundstein legte. Sicher ist, daß ihre Weihe 1286 erfolgte. Sie wurde dem Stift Admont inkorporiert und ist seit 1608 Pfarrkirche. Im 15. Jahrhundert hat man ihren wehrhaften Turm errichtet und die Kirchhofmauern zum Schutz gegen die Türken verstärkt. Nach dem Brand von 1595 mußte der Bau teilweise neu errichtet werden, Mitte des 18. Jahrhunderts hat man auch den alten Chor abgebrochen; an seine Stelle traten zwei neue Joche mit tief herabgezogenem Platzlgewölbe.
Zum ältesten Bestand gehört die sternrippengewölbte Vorhalle im Turm, durch die man die Kirche betritt. Gegenüber dem Eingangstor begegnet man in einer Nische bereits einer vorzüglichen Barockplastik, Christus an der Geißelsäule von Josef Stammel. Ein schmuckloses Gewölbe mit Stichkappentonne überspannt den Langhausraum, der überaus reichhaltig mit Barockfiguren ausgestattet ist. Die Statuen der Heiligen Michael und Johannes Nepomuk sind von unbekannter Hand, hingegen ist sicher, daß die ausdrucksvollen sieben Plastiken an den Pilastern Josef Stammel geschnitzt hat. Unter ihnen ist die sehr expressive Darstellung einer „Armen Seele" zu sehen, von Flammen umzüngelt, die ihre Hände zur auf Wolken thronenden Madonna erhebt.
Der Tabernakel des Hochaltars ist als alttestamentliches Zelt gestaltet. Sein plastischer Schmuck entstand um 1741 in der Werkstätte Meister Stammels. Alles ist daran ein bewegtes Schauspiel, zwei Putten raffen emsig den Vorhang beiseite und geben den Blick auf das Tabernakelkreuz frei. Andere Engelputten jubilieren ringsum, werden dabei von den größeren Engeln im Altaraufsatz unterstützt. Nur die beiden flankierenden Engelfiguren verharren in hingebungsvoller Anbetung. Von den sechs Heiligenskulpturen an beiden Seiten des Altarbildes mit einer Marienkrönung, sind zwei nicht deutbar, weil ihnen die Attribute abhandengekommen sind. Das Oberbild zeigt eine seltene Darstellung der Maria Magdalena; sie wird in ihrer Meditation von einem Engel unterbrochen, der ihr zur Andacht das Kruzifix überreicht.
Noch bedeutender und erhebender ist ein weiteres Kunstwerk dieser Kirche. Es steht in einer Wandnische der rechten Seitenkapelle und ist eine phantasievoll gestaltete Krippendarstellung von der Hand Josef Stammels, 1751 geschnitzt. Sie ist, außer in der Weihnachtszeit, durch Türflügel, die außen eine Verkündigung zeigen, geschlossen. Da man, wenn nicht gerade Gottesdienst ist, für den Besuch der Kirche im nahen Pfarrhof vorsprechen muß, kann man dabei auch die Öffnung der Krippe erbitten. Dargestellt sind die Hauptfeste des Weihnachtskreises, wobei jede Figur bis ins Detail durchgebildet und alles von tiefer Symbolik erfüllt ist. Was der Künstler hier alles dem Beschauer vermitteln wollte, läßt sich in wenigen Sätzen nicht annähernd schildern, so müssen einige Hinweise genügen. Durch Öffnen und Schließen der Flügel werden, wie bei einem gotischen Wandelaltar, verschiedene Phasen der Kindheitsgeschichte Jesu illustriert. Die Akteure der Szenen sind ganz menschlich dargestellt; eine vollgesichtige Maria mit blondem Haar hält das segnende Jesuskind; Josef beugt sich von hinten nach vor, um das Kind entzückt zu bestaunen, dabei umklammert er das Rind vor sich. Die Gesten der Hirten und Könige ergeben ein lustiges, fein durchkomponiertes Spiel aller Bewegungen. Dazu kommt vielerlei Getier, auch ein Esel ist dabei, den man kaum bemerkt,

Krippe von J. Th. Stammel

weil er sich hinter einem der Könige versteckt. Das Grautier gilt als Symbol für das Heidentum, vertreten durch die Dreikönige, das Zugang zum Heil in Christus gefunden hat. Wenn in der Heiligen Nacht in dieser Kapelle das Weihnachtsevangelium den Kalwangern verkündet wird, dann erleben sie, glaubhaft dargestellt, den „Frieden auf Erden" für alle, die guten Willens sind.

Bauherr und Stifter der Kapelle war die Kalwanger Hammerherrenfamilie Thinin, deren Grabsteine an den Wänden zu sehen sind. Den Altar, dessen Gemälde einen Gnadenstuhl zeigt, hat laut Inschrift beim Kapelleneingang die „Maria Barbara Christina Thinin ... Eine absonderliche Liebhaberin des H: Antonii zu dessen Ehren ... von Neuem Verferdtigen laßen". Sie verstarb im „24-isten Jahr ihres blüenden Alters ... Aō 1719". Ein hl. Antonius scheint aber in diesem Raum nicht auf. Am linken Kapelleneingang befindet sich der Grabstein für Carl Pengg, gestorben 1761.

Die Stifter der linken Seitenkapelle, das Ehepaar Springenfels, wurden auch hier beigesetzt. Der Raum ist mit Fresken und reichem Stuckdekor ausgestattet, an der Herrschaftsloge prangen die Wappen der Stifter, die auch an den Sockeln der Säulen zu sehen sind, beiderseits der Kreuzigungsszene von 1697. Sechs Engel mit Leidenswerkzeugen kamen erst später auf den Altar, sie entstanden in der Stammel-Werkstätte. Hervorragend geschnitzt sind auch die den Altar flankierenden Statuen der Barbara und Katharina, Werke des Martin Neuberg, der bis 1714 in Admont tätig war.

Aus der Zeit, da die Kirche wehrhaft bestückt wurde, stammt ein Kunstwerk, das an der Nordwand nahe der Kanzel hängt. Es ist ein Kruzifix um 1500, dessen expressive Darstellungsweise auf den Beschauer erschütternd wirkt. Doch als frohen Ausklang des Besuches der Kalwanger Kirche kann empfohlen werden, einen Blick auf die Sängerempore zu werfen. Diese ist zwar etwas unproportioniert ausgefallen, und an ihrer Brüstung sind zwei Themen aus dem Kreuzweg Christi angebracht, doch versuchte Stammel, der die farbig gefaßten Reliefs schuf, das „Ecce-Homo" und die Kreuztragung zwar sehr lebendig, aber in gemilderter Form darzustellen. Auf die Flügeltüren des barocken Orgelprospektes sind frohmachende Ereignisse des Neuen Testamentes gemalt.

Apostelkopf, ebenfalls von Stammel

DIETMANNSDORF

Den schönen Namen Dietmar, aus dem althochdeutschen „Volk“ und „berühmt“ entstanden, trug auch ein Salzburger Erzbischof, und da Dietmannsdorf bis ins späte 12. Jahrhundert Eigentum des Hochstiftes Salzburg war, ist zu vermuten, daß dieser Ort nach ihm benannt wurde. Das reizvolle, sehr schmuck gehaltene Dorf und seine wundervolle alte Kirche sind in wenigen Minuten von der Umfahrung von Trieben aus erreichbar. Am Fuß der schmalen Bergstraße gelegen, die vom Paltental über die Kaiserau nach Admont führt, war Dietmannsdorf im Mittelalter Ausgangspunkt des Saumweges, über den man das bei Admont gewonnene Salz nach Kärnten beförderte. Bis um 1800 gab es hier vielbesuchte Wildbäder, heute wird der kleine Ort als ideale Sommerfrische empfohlen. Sein Kirchlein aufzusuchen, ist aber allein schon eine Reise wert, gehört es doch zu den wenigen in der Steiermark, das eine ganz ausgeprägte Ursprünglichkeit aus der romanischen Baukunst überliefert. Für seine frühe Entstehungszeit sprechen bauliche Merkmale und seine Nennung in einer Urkunde, die 1171 Alexander III. ausfertigen ließ, jener Papst, der durch sein Papstwahldekret, das im wesentlichen noch heute gilt, berühmt wurde.

Aus der Romanik stammen der Außenbau des Gotteshauses mit seiner halbkreisförmigen Apsis, dann das Langhaus mit schmalen Rundbogenfenstern, vor allem aber das schlichte Portal, dessen Säulen und Kapitelle den Arkaden im Kreuzgang von Seckau ähneln. Als besonders seltenes Relikt aus dieser Zeit sind die spiralförmigen Eisenbeschläge des Eingangstores zu werten. Den Türschlüssel dazu kann man in einem der Nachbarhäuser erhalten. Zunächst sollte man aber das Äußere bewundern, das frisch gedeckte Schindeldach, den Spitzhelmturm und vor allem die Freskenreste an der Südwand, eine Schutzmantelmadonna und einen vier Meter hohen Christophorus darstellend. Dieser Heilige wurde meist an weithin sichtbarer Stelle angebracht, weil nach dem Volksglauben sein Anblick vor Unheil bewahrte.

Im Inneren der Kirche ist man vielleicht zunächst enttäuscht, weil auf den ersten Blick das Barocke dominiert. Zwei wertvolle Flügelaltäre aus der Spätgotik wurden ins Grazer Joanneum verbracht, dafür kam aus diesem Museum eine barocke Leihgabe als Hauptaltar hierher. Diese Barockausstattung ist einfühlsam in den alten Raum integriert und wurde sehr geschmackvoll restauriert. Besonders farbenfroh wirken die breiten Rahmen der drei Altäre, die mit vergoldeten und versilberten, von Granatäpfeln durchsetzten Akanthusranken bestückt sind. Sie umschließen eher mittelmäßig ausgefallene Bilder, obwohl man sie dem Grazer Hofmaler Johann B. Raunacher zuschreibt. Dieser hatte sie vermutlich 1732 geschaffen, also im Jahr, da er für das Sommerrefektorium der Grazer Minoriten ein Riesenbild malte. Offenbar hat dieser Auftrag seine Kräfte allzusehr beansprucht. Alle Altäre sind mit gemalten Antependien versehen, die unter Abt Mainersberg von Admont entstanden. An ihn und sein Stift, dem Dietmannsdorf seit Ende des 12. Jahrhunderts zugehört, erinnert das geschnitzte Wappen an der rechten Langhauswand. Die Jahreszahl 1655 am Triumphbogen bezieht sich auf die innere Umgestaltung des Gotteshauses. Damals hat man kreisrunde Fenster eingebaut, ihre Laibungen und den Triumphbogen dekorativ aber etwas derb bemalt. Auch die kleine buntgefaßte Holzkanzel stammt aus dieser Periode. Im Spätbarock entstanden Reliquienkästchen an den Altären, mit Ornamenten, Blumengebinden und seltenen Stickereien geziert. An der Brüstung der Orgelempore sind jetzt die vierzehn kleinen Kreuzwegbilder angebracht, für die praktische Verwendung, den Gang von Station zu Station, kaum geeignet. Ihre schlicht gemalte Szenenfolge dürfte dennoch auch in dieser Aneinanderreihung jeden Besucher erfreuen.

Nun wird man sich fragen, was ist im Inneren des Kirchleins noch aus seiner Frühzeit verblieben? Da ist zunächst die romanische Balkendecke zu nennen, welche nach Entfernung des viel später eingezogenen Scheingewölbes wieder sichtbar geworden ist. Hinzu kommen die Wandmalereien im Chor und im Langhaus mit Themen und Figuren, die uns auch aus anderen alten Kirchen bekannt sind, so ist in der Apsis Christus als Weltenrichter zu sehen, von Evangelistensymbolen umgeben. Sie und die Apostelfiguren sind noch dem romanischen Bildsystem verhaftet. Fast zweihundert Jahre später entstand eine weitere Freskenausstattung, deren Meister durch einen holzschnittartigen, etwas spröden Stil charakterisiert ist. An der linken Langhauswand sieht man die Marter der Zehntausend und Christus am Ölberg, am Triumphbogen die Geburt des Herrn. Dann erkennt man Abel, von einem Engel geleitet und rechts den Kain, mit Ährengarbe und von einem zottigen Teufel geführt, leider etwas zerstört. Auch die Fresken im Chorbereich haben durch Feuchtigkeit sosehr gelitten, daß nur mehr Fragmente den einstigen Eindruck vermitteln.

Daß es sich lohnt, die Gastarbeiterroute bei Trieben zu verlassen und Dietmannsdorf zu besichtigen, ist auch ihrer so voll-

Von besonderer Schönheit ist die Dachlandschaft der kleinen Kirche

kommen gelungenen Restaurierung zuzuschreiben. Hier haben Künstler und Institutionen auf ideale Weise zusammengewirkt. Steinboden und Kirchengestühl hat man erneuert, eine vorbildliche Beleuchtung installiert. Den Anstoß zu all diesen Bemühungen gab der Triebener Sekretär der Veitscher Magnesitwerke, Rudolf Pungerscheg, dessen Großunternehmen auch als Geldgeber fungierte, somit eine bewundernswerte Kulturtat der Industrie setzte, an der auch viele Dietmannsdorfer aktiv mitwirkten. Dies alles führte zu einem beglückenden Ergebnis, „das der Geschichte und dem Kunstwerk der St.-Johannes-Kirche gerecht wird" (Ulrich Ocherbauer) als kulturelle Bereicherung des Paltentales.

OPPENBERG

Dieser Ortsname ist für weitgereiste Kunstbeflissene schon längst kein Geheimtip mehr, seitdem die Räume des Pfarrhofes nicht nur für Jugendlager offenstehen, sondern auch für internationale Kongresse benützt werden können. Die kleine Streusiedlung liegt auf einer Alm, die über tausend Meter hoch und von dichten Wäldern eingefaßt, sich über zwei steile Täler erhebt. Im einzigen Gasthof des Ortes ist der Schlüssel zu holen, mit dem die eigentliche Attraktion des weiten Pfarrgebietes besichtigt werden kann, seine einsame Bergkirche. Man muß sich Zeit nehmen, sie zu entdecken. Die Straße aus dem Paltental, zwischen Rottenmann und der Burg Strechau in das Gebiet der Wölzer Tauern führend, ist zwar asphaltiert, aber schmal und kurvenreich. Wenn das Ortsschild von Oppenberg auftaucht, man dann sogar den Schlüssel in der Hand hat, beginnt erst die Suche nach der Kirche. Sie wurde ganz abseits des Ortes, am Hang des tiefen Gollinggrabens versteckt, zeigt zuerst nur ihre schindelbedeckte Turmhaube, dann das hohe Schindeldach und schließlich erst das ganze, von Friedhofmauern, Pfarr- und Mesnerhaus umgebene Gotteshaus.

Von der romanischen Kirche des 13. Jahrhunderts sind noch die Mauern des Langhauses und dessen Fenster erhalten, während die in jüngster Zeit aufgedeckten Wandmalereien schon in die Frühgotik weisen. Die Fresken sind vom Zahn der Zeit arg mitgenommen, aber man kann noch ein Blattrankenfries, ein Jüngstes Gericht und einige Heiligenfiguren erkennen. Einem gotischen Umbau im 15. Jahrhundert sind die Chorfenster, die Gewölbe, sowie die Arkaden der Orgelempore zuzuschreiben. Aus dieser Zeit stammt auch der Turm, dessen Untergeschoß die ursprünglich nach zwei Seiten offene Eingangshalle enthält. Von der letzten Innenrenovierung ist zu sagen, daß diese sehr sachkundig, einfühlsam geschah und als Musterbeispiel idealer Restaurierungskunst zu bewundern ist. Zwei Stufen unter dem Triumphbogen führen in den sehr licht gehaltenen Chor, in dessen Nordwand eine schlichte, 1600 datierte Sakramentsnische eingelassen ist. Gegen Ende des 17. Jahrhunderts entstand der Hochaltar, dessen Aufbau sich harmonisch in die gotische Apsis einfügt. Hundert Jahre später hat ihn Johann Fortschegger überarbeitet, von seiner Hand sind die Statuen und eine Altarnische für das Mariengnadenbild. Dieses ist eine vorzügliche Renaissanceplastik und stammt aus dem Stift Rottenmann, dem Oppenberg bis 1514 eingegliedert war. Nach Aufhebung des Klosters wurde die Statue hierher übertragen und barockisiert.

Gnadenbild vom Hochaltar

Den Höhepunkt dieser so reich mit Kunstwerken ausgestatteten Kirche erlebt man in der rechten Seitenkapelle. Hier ist eine Altarschreingruppe aufgestellt, die zu den ganz bedeutenden Meisterwerken der Spätgotik in der Steiermark gehört. Vermutlich handelt es sich um einen ehemaligen Flügelaltar, den das Stift Rottenmann bei dem namhaften Münchner Schnitzer Erasmus Gasser bestellte und der zwischen 1485 und 1490 entstand. Der Künstler hat vor einem Landschaftshintergrund den Dreikönigszug als ungeheuer dramatisches Ereignis dargestellt und mit zahlreichen vollplastischen Figuren versehen, die sich vom rechten Bildrand her in einer leichten Kurve der Heiligen Familie nähern. In der Mitte, zwischen dem Stall und der bis zum Goldhintergrund reichenden felsigen Landschaft, mit einer mittelalterlichen Stadt am Horizont, sind kleine schreitende Figuren verteilt, die sich zwar perspektivisch dem Dreikönigszug nicht anschließen, jedoch harmonisch in den Bildaufbau einfügen und eine glänzende Tiefenwirkung erzielen. Die prächtige Fassung aller Figuren, die bunte und stark akzentuierte Farbgebung auch der Gebäude und des Landschaftshintergrundes, all das gibt dem Bildganzen etwas bewegt Feierliches und zugleich Fröhliches. Besonders augenfällig ist im Vordergrund der Bewegungsrhythmus der Königsfiguren und ihres Gefolges. Wie im Tanz ausschreitend und in der Hüfte sich drehend, mit temperamentvollen Gesten und ausdrucksvoller Mimik, werden die Gestalten erst allmählich ruhiger, je näher sie an das Gotteskind herankommen. Mit Ehrfurchtsgebärden und einem Kniefall des vordersten Königs gelangt der bewegte Zug vor der thronenden Madonna zum Stillstand. Sie fängt als Ruhepol der Szene alle Bewegungswellen auf und lenkt sie auf ihr Kind, das als besonders köstliches Detail vom Künstler dargestellt wurde. Stehend auf dem Schoß der Mutter, wendet es sich dem knienden König zu, mit offenen Händchen, und bemächtigt sich spielend einer Goldmünze aus dem dargereichten, eben geöffneten Pokal. Und der hl. Josef blickt fassungslos aus dem Stall, seine rechte Hand weicht etwas hilflos zurück, während die linke an seinen Kopf greift, wie um sich vor der Blendung des ihm Widerfahrenen zu schützen.

Daß die später erfolgte Barockumrahmung mit den Statuen der Heiligen Dominikus und Katharina von Siena in keinerlei Weise stört, ist dem besonderen Einfühlungsvermögen des unbekannten Künstlers zu verdanken.

Nach solchem Erleben mag es schwer fallen, sich noch den anderen Sakralwerken, die Oppenberg aufzuweisen hat, zuzuwenden. In der linken Seitenkapelle stehen am Barockaltar vorzüglich gearbeitete Figuren der Heiligen Notburga und Isidor, wahrscheinlich in der Werkstätte Balthasar Brandstätters angefertigt. In der Nische an der Wand ist eine Maria mit Kind aus dem 17. Jahrhundert zu sehen und daneben ein lokalhistorisch recht interessantes Votivgemälde. Es zeigt ein bäuerliches Stifterpaar mit der Darstellung von Oppenberg aus dem Jahre 1868 und einen zum Schmunzeln anregenden Text, der von einer wunderbaren Heilung berichtet. Die künstlerisch so ansprechende und zugleich stimmungsvoll-harmonische Kirchenausstattung wird

Der einmalige Dreikönigszug

durch eine schlichte Kanzel aus 1676, von einer Pietà um 1700, einem schönen Taufsteinaufsatz und der einfachen Orgel aus dem Ende des 18. Jahrhunderts vervollständigt. In Oppenberg bleibt kein Wunsch offen, außer vielleicht, auch noch die interessanten Glocken besichtigen zu können. Die größere, von 1504, zeigt Heiligenreliefs aus der Werkstätte des Hans von Judenburg, an der kleineren, die noch aus dem 13. Jahrhundert stammt, ist eine romanische Majuskelschrift zu sehen.

FRAUENBERG BEI ADMONT

Zu den berühmtesten Barockbaumeistern in Österreich zählt der bedeutende Vertreter aus der Comasker Künstlerfamilie Carlo Antonio Carlone. Ist auch die Wallfahrtskirche auf dem Kulmberg bei Admont sein Werk? Rochus Kohlbach vermeldet 1953 hocherfreut, daß er dies nachweisen könne, denn er fand heraus, daß zur Bauzeit Frauenbergs der Meister just „in Geschefften" beim Abt von Admont weilte und das könnte nur wegen des Neubaues gewesen sein. Außerdem erinnere ihr Inneres an seine bedeutenden Architekturen in Oberösterreich. Im Dehio, wo man sich vorsichtiger ausdrückt, heißt es, daß der Barockbau zwischen 1683 und 1687 erfolgte, „wohl durch Carlantonio Carlone, noch in den Formen seines 1680 verstorbenen Vaters Pietro Francesco." Adalbert Krause vermerkt: „Vielleicht stammt der Entwurf (Carlo Antonios) von seinem Vater."

Der Erstbau dieser malerisch gelegenen, hoch über der Enns errichteten Marienkirche entstand in der Gotik. Den Anlaß dazu, so berichtet die Legende, lieferte ein merkwürdiges Ereignis. Im Frühjahr 1404 spülte die hochwasserführende Enns eine geschnitzte Marienstatue ans Ufer, niemand wußte, woher sie stammte. Das Bildnis wurde zunächst nach Admont gebracht, zur Verehrung aufgestellt, kehrte aber zweimal an ihren Fundplatz zurück und wurde schließlich auf dem Kulmberg durch eine nächtliche Lichterscheinung wiedergefunden. Darauf ließ Abt Hartnid hier eine Holzkapelle für die Statue erbauen. Schon zwei Jahrzehnte später hat man sie durch einen größeren Steinbau ersetzt. Von dieser Kirche sind noch der Unterbau des Turmes über der Eingangshalle zwischen Kirche und Pfarrhof erhalten sowie die Seitenwände von zwei westlichen Kirchenjochen. Im Presbyterium ist noch der gotische polygonale Chorabschluß zu sehen.

Im Inneren der Wallfahrtskirche beeindruckt die großartige Wirkung des einschiffigen Langhauses, dessen Fenster in den Stichkappen des Tonnengewölbes viel Licht in den festlich fröhlichen Raum fluten läßt. Kurt Woisetschläger weist nicht nur auf die starke Verwandtschaft mit den Stiftsbauten der beiden Carlone hin, sondern macht auch auf den reichen Stuckschmuck der Gewölbezone aufmerksam, den wahrscheinlich der Bruder des Architekten, Giovanni Battista, schuf. Während in Schlierbach der Stuck auch die Seitenwände bekleidet und überladen wirkt, sieht man in Frauenberg die Stuckdekoration zwar nicht sparsam, aber dem Raumerleben weitaus entgegenkommender eingesetzt. Die Fresken, welche sie umrahmt, malte Antonio Maderni. Geschlossenheit von Bau und Ausstattung machen dieses Marienheiligtum zu den schönsten steirischen Beispielen jener Kunst des ausgehenden 17. Jahrhunderts, „bei welcher der Stuck die dominierende Rolle im Innenraum erlangte" (K. Woisetschläger).

Ziel jedes Wallfahrers ist jener Altar, auf dem die Gnadenstatue steht. In Frauenberg hat man den Hochaltar gegen 1690 errichtet und ihn fast hundert Jahre später umgestaltet, um die gotische Madonna, 1420 entstanden und bislang an einem Nebenaltar, aufzunehmen. Gleichzeitig hat man mehrere Statuen, von Josef

Reicher Stuckdekor über der Orgel

Th. Stammel hervorragend geschnitzt, am Altar angebracht. Auch die hier eingelassenen Reliefs sind von seiner Hand. Dafür wanderten die vier Darstellungen von Frauenheiligen, wahrscheinlich von Michael Zürn d. J. geschnitzt, vom Hochaltar in die Seitenkapellen.

Eine Bereicherung der Innenausstattung stellen die Betemporen mit prächtig geschnitzten Brüstungen dar. Auch die Kanzel aus schwarz gebeiztem Holz, goldverziert und mit kleinen Ölbildern versehen, ist sehenswert.

Die Seitenaltäre in den Kapellenräumen beiderseits des Kirchenschiffes sind im Aufbau ziemlich gleich und zeigen reich intarsierte Marmorantependien. Besonders erwähnt sei der Kreuzaltar, der nach der Übertragung des Gnadenbildes ein Gemälde von Lederwasch erhielt. Seine Tabernakeltür, von Stammel geschnitzt, gibt die Kreuzigung mit zahlreichen Figuren ungemein lebendig wieder. Das Tabernakelinnere birgt ein Heiliges Grab und die beiden berühmten weinenden Engel, ebenfalls von Stammel. Die Bilder an den Altären der Heiligen Benedikt und Antonius malte Franz de Neve. Eine besondere Zierde am Eingang des Kirchenraumes ist die wundervolle Orgelempore, deren Flächen mit Fresken musizierender Engel und Stukkaturen ausgefüllt sind. Im reichgeschmückten Gehäuse ist ein wertvolles Instrument enthalten, das 1780 von Franz X. Chrismann und dann von seinem Schüler erweitert wurde. Zu beachten sind auch die originell geschnitzten Backen der Kirchenbänke.

In der Sakristei sind zahlreiche Votivbilder verwahrt, deren ältestes 1650 entstand. Auf zwei von ihnen, als besonders markante und verschiedenartige Darstellungen, sei als Beispiel hingewiesen. Das eine Bild zeigt den Admonter Stiftsbrand von 1777 und berichtet, daß aus der großen Gefahr das Stift „durch den mächtigen Schuz Mariae im Frauenberg" dem sich der Konvent „verlobet, glücklich ja handgreifflich" gerettet wurde. Das andere Votivbild ist ein Antlitz der Schmerzhaften Mutter, 1892 gemalt, und sein rührender Text endet mit dem Satz: „Maria! Schütze mich und mein Frauerl; Arthur Kurtz."

Unmittelbar an die Kirche schließen Pfarrhof und Prälatur an, deren ältester Teil 1653 erbaut wurde. Seine dreigeschossigen Fronten zeigen imposante Dimensionen, drei Erker und einen sechseckigen Turm. Im Inneren sind prächtige barocke Ausstattungsstücke zu sehen, intarsierte Türen, Holzdecken, Gemälde und Wanddekor. 1968 wurde der Pfarrhof zu einem Bildungshaus umgebaut, einige Jahre zuvor erfolgte der Ausbau des großen Pilgerhauses zu einem Altersheim. Seit mehr als fünfhundertfünfzig Jahren von Benediktinern seelsorglich betreut, kann man Frauenberg als heiligen Berg des steirischen Ennstales bezeichnen, wo sich Natur und Kunst, soziales Wirken und Glaubensvermittlung in seltener Harmonie vereinen.

Fronttürme mit wappengeschmückter Fassade

NIEDERHOFEN

Bayern und Franken brachten das Christentum ins Ennstal, und die ersten Missionare weihten ihre Kirchen entweder dem hl. Petrus, wie in Irdning, oder Maria, wofür die Pfarrkirche von Gröbming ein Beispiel gibt. An Stelle heidnischer Kultstätten, in denen der slawische Lichtgott Svantevit verehrt wurde, hat man Kirchen dem „Sveti Vit" (hl. Veit) geweiht, so in Liezen. Auch aus Salzburg kamen Missionare in die Steiermark, diese wählten häufig den ersten Bischof ihrer Diözese als Patron neu erbauter Kirchen. Eine solche Rupertikirche steht in Niederhofen. Sie ist ein typisch ländliches Gotteshaus, mit zwiebelbekröntem und schindelgedecktem Turm und fällt durch seine etwas erhöhte Lage am Ortsrand jedem Ennstalreisenden auf.

An Stelle eines älteren Baues um die Mitte des 15. Jahrhunderts neu und nach einem einheitlichen Plan errichtet, wurde an der Kirche später nur noch der Turm verändert; man setzte ihm ein Glockengeschoß mit Zwiebelhaube auf. Der Eingang befindet sich hinter der Sakristei an der linken Kirchenwand, von einem Brettervorbau umgeben. Den Schlüssel für das Tor kann man sich bei einem nahe gelegenen Bauernhof holen. Das einheitliche Äußere der Kirche, von einem stimmungsvollen Friedhof umgeben, wird nur durch einen gedeckten Gruftvorbau am Chor etwas beeinträchtigt. Im Inneren gibt es eine architektonische Besonderheit zu sehen: Zwei starke Mittelsäulen teilen das Langhaus in ein Doppelschiff und übernehmen zugleich die Last des Netzrippengewölbes, die nicht, wie sonst üblich, nach außen mit Strebepfeilern abgeleitet wird. Vier in den Raum greifende Wandpfeiler unterstützen die Funktion der Säulen. Die merkwürdig nasenförmigen Rippenansätze an der Seitenwand dienten einst dazu, die spätgotische, nicht mehr bestehende Empore zu tragen. Ein Spitzbogen in der breiten Triumphbogenwand öffnet den Blick in den erhöhten Chor, der zur Gänze mit Fresken geschmückt ist, die um 1500 entstanden sind. Diese farbenfreudigen und gut erhaltenen Malereien wurden allerdings im 19. Jahrhundert zu weitgehend ergänzt und teilweise übermalt. Die äußerst lebendig gestalteten Bilder zeigen bereits den Einfluß der Renaissance und gehören zum Großartigsten, was steirische Malerei am Ende des Mittelalters hervorbrachte. Beim Betrachten der wohldurchdachten Bilderfolge muß man bedenken, daß die Darstellungen für einen Beschauerkreis geschaffen wurden, der des Lesens unkundig war, dem also die Vorgänge, gleich einer Armenbibel, besonders drastisch vor Augen geführt werden mußten.

An der linken Wand, die das Jüngste Gericht zeigt, sind zu sehen: oben Christus in der Mandorla, darunter Maria und Johannes, dann größer gemalte Apostel, dicht gedrängt und doch nicht aneinander klebend. Im rechten unteren Feld befördern Teufel die Verdammten in den weit geöffneten Höllenrachen, ein Gelehrter in schwarzem Talar ist darunter, und ein zänkisches Weib versucht noch mit dem Bösen zu streiten. In der Mitte wiegt Michael die Taten der Verstorbenen, während Petrus an der Paradiespforte die Geretteten empfängt. Ganz rechts an der Wand schreitet ein Dreikönigszug mit Bannerträgern einher, mit phantastischen Kopfbedeckungen und der Mohr mit clownartiger Bekleidung. Im Vordergrund sind spielende Hunde zu sehen. An der rechten Wand ereignet sich eine grausame, im Mittelalter häufig dargestellte Szene: Achatius und seine zehntausend Glaubensgenossen werden vom Berg Ararat in eine Dornenwüste gestürzt. Und der Perserkönig Separ sieht wohlgefällig zu, wie sich die aufgespießten Leiber krümmen. Auf dem Bildstreifen darunter geht es nicht weniger brutal zu, das Martyrium des Bischofs Erasmus wird auf besonders phantasievolle Weise dargestellt, durch zwei Schergen, die dem Heiligen seine Eingeweide herauswinden. Übrigens ist der Ursprung der Erasmuslegende im Mittelmeerraum zu orten, und das Marterinstrument dürfte ursprünglich eine Spindel für den Fischfang gewesen sein. An der Innenseite des Triumphbogens, über der Passion und Auferstehung Christi, gibt es die klugen und die törichten Jungfrauen zu sehen. Sie halten merkwürdige Gefäße, die Lampen sein sollen, in den Händen; sechs sind als brennende Lichter nach oben gestülpt, während die sechs anderen ausgelöscht, nach unten gekehrt sind. Unter den zahlreichen Heiligenfiguren sind auch der hl. Rupert und die „drei heiligen Madeln" dargestellt.

Aus der Gotik ist in Niederhofen sonst nichts mehr vorhanden, denn die wertvollen Skulpturen aus der Werkstatt des Lienhart Astl hat man sicherheitshalber in das Diözesanmuseum nach Graz gebracht. Die drei Barockaltäre weisen einen schlecht gefaßten Zustand auf, hingegen sind ihre Antependien mit schönen Malereien geschmückt. Beachten sollte man auch das naturbelassene Gestühl im Langhaus; es trägt mehrfach die Jahreszahl 1652. Das Gestühl im Chor, mit dem Wappen der Hohenlohe von der nahen Burg Friedstein, stammt jedoch aus dem 19. Jahrhundert. Zur harmonischen Geschlossenheit dieser schönen Filialkirche tragen auch die Kanzel von 1672 und vor allem die Musikempore bei. Diese hat eine gedrechselte Balustrade, die mit Schablonenmalereien geziert ist.

Fresko einer der „törichten Jungfrauen"

GRÖBMING

Die alte Kirchensiedlung ist auf einem Plateau hoch über dem Ennstal gelegen.
Kaum zu glauben, daß dieser romantische Ort vor dreihundert Jahren völlig ausgestorben war. Seine Pestglocke im Kirchturm erinnert noch an das Jahr 1680, da sämtliche Einwohner der schrecklichen Seuche zum Opfer fielen. Als letzte starben Pfarrer und Totengräber, niemand war mehr da, sie zu bestatten. Die Pfarrkirche von Gröbming, mit einigen älteren Statuen und dem berühmten Flügelaltar, blieb als stumme Zeugin dieses Katastrophenjahres. Vom Ortsnamen weiß man, daß er um 1135 „Grebin" lautete, wenig später scheint die Kirche als „Grebenich" auf. Sie würde zu den ältesten Kirchen der Obersteiermark zählen, wäre noch etwas vom romanischen Bau übriggeblieben. Ihre frühe Benennung ist, wie Hans Pirchegger nachweisen konnte, slawischen Ursprungs und bedeutet „Trümmerstätte" (slawisch „groblje"). „Vielleicht sahen die einwandernden Slawen noch Überreste aus der Römerzeit", meint der große Heimatforscher. Dafür könnte sprechen, daß man in der Nähe der Kirche einen römischen Grabstein fand, der jetzt in der Kreuzkapelle der Kirche aufbewahrt wird.
Der spätgotische Neubau, um 1500 vollendet, wurde mit einem Turm versehen, dessen mächtige untere Geschosse in der Barockzeit erhöht und mit einem Zwiebelhelm abgeschlossen wurden. Zwei Portale führen in das Kircheninnere; vom gotischen Hauptportal, dem später ein auf drei Säulen ruhendes Dach vorgebaut wurde, sind noch die Baldachinnischen und gedrehte Basen erhalten. An der rechten Außenwand befindet sich ein gut erhaltenes Spitzbogentor, von kunstvoll verstrebtem Gewände und einem einfachen Tympanon eingefaßt.
Im Inneren der Kirche beherrscht ein gewaltiger Säulenaltar von 1725 den Chorabschluß des hohen Raumes, dessen merkwürdig geknickte Netzrippen das Chorgewölbe überspannen. Dieser Altar ersetzte eine Retabel des Salzburgers Hans Pernegger d. Ä., dessen Plastiken von 1635, eine Himmelfahrtsmadonna sowie Engelfiguren und die Heiligen Wolfgang und Rupert noch erhalten sind. Die Gnadenstatue, Maria mit Kind, stammt aus dem 15. Jahrhundert. Einst war in Gröbming ein Lettner, an dem der Flügelaltar stand, und für welchen Platz er äußerst wirkungsvoll entworfen war. Denn man hat ihn, worauf Hans Riehl aufmerksam machte, wie bei manchen Altären des Riemenschneider, auf das durchstrahlende Außenlicht berechnet. Diese Wirkung ging nach Abbruch des Lettners und der Neuaufstellung an der linken Chorwand verloren, aber man muß froh sein, daß es diesen Altar noch gibt. Er ist der größte und einzig vollständig erhaltene Flügelaltar der Steiermark, entstand um 1520 in der Werkstatt des Lienhart Astl und zählt zu seinen Hauptwerken. In drei Geschossen aufgeteilt, sind im Schrein Christus und seine Apostel dargestellt. Sehr kunstvoll ist darüber das Gesprenge ausgeführt, „mit üppig sprießenden und gleich Schlingpflanzen gebogenen Kreuzblumen sowie schlanken Fialen, in denen als oberster Abschluß die Kreuzigung Christi mit den Adstanten (Begleitfiguren) zu sehen sind" (Riehl). Es fällt hier auf, daß Maria an der linken Seite des Gekreuzigten steht, nicht wie sonst üblich an der bevorzugten rechten Seite. Die doppelten Flügelpaare zeigen an ihrer Innenseite geschnitzte Reliefs, nach Holzschnitten des schwäbischen Meisters Hans Schäufelein angefertigt. Bei dem an Werktagen zu öffnenden Flügelpaar werden gemalte Passionsszenen sichtbar. Es sind Meisterwerke der Donauschule, nach Vorlagen Albrecht Altdorfers entstanden.
Zweifellos stellt der Gröbminger Wandelaltar alles übrige in der Kirche in den Schatten, doch findet man hier noch so manches, das nicht gering zu schätzen ist. Besondere Beachtung verdient das schöne Kirchengestühl, denn einige Bänke stammen aus der Spätgotik, von 1514 datiert, sind ornamentiert und mit Maßwerk geschmückt. Im Chor steht eine überdachte Betbank aus 1676, mit dem Wappen der Thanegg-Moosheim versehen. Sehr gelungen ist auch der Kreuzaltar in der linken Seitenkapelle, der ein barock geschnitztes Antependium zeigt, auf dem als Relief die Auferstehung von den Toten dargestellt ist. Auch die Kanzel im Rokokostil kann sich sehen lassen, vor allem aber die Orgel mit Gehäuse von 1782, die aus Admont, zu dessen Stiftspfarren Gröbming seit 1690 gehört, hierher übertragen wurde. In der Werkstätte Josef Stammels sind die beiden großen Engel des Orgelprospektes entstanden. Zu nennen wären noch die schönen Epitaphbilder, eine kleine Statue der Immaculata neben dem Hochaltar von B. Brandstätter sowie der Marmortaufstein mit Figurenaufsatz.
Wenn zwar heute Gröbming etwas abseits der Ennstaler Bundesstraße liegt, so lohnt sich doch, hier eine Besichtigungspause einzulegen. Dabei könnte sich auch eine literarische Begegnung anbahnen, denn Kirche und Ort spielen immer wieder eine Rolle im großartigen Epos „Das Grimmingtor" von Paula Grogger, die im nahen Öblarn daheim war.

Mittelschrein des Flügelaltars

PFARRKIRCHE PÜRGG UND JOHANNESKAPELLE

Wie ein Kripplein liegt der Ort Pürgg mit seinen verschachtelten Schindeldächern, der darüber hinausragenden Pfarrkirche zum heiligen Georg und der auf einem Hügel wie ein Krönlein wirkenden romanischen Johanneskapelle auf einem kleinen Hochplateau gegenüber dem Grimming. Georg Kodolitsch übertreibt nicht, wenn er Pürgg „das schönste alpine Ortsbild der Steiermark" zuschreibt. Mit den beiden genannten Sakralbauten birgt der Ort zudem Schätze aus der Zeit der Romanik und der frühen Gotik, wie sie in dieser Reinheit anderswo kaum erhalten blieben.

Mächtig ist der wahrscheinlich aus dem 13. Jahrhundert stammende Turm der Pfarrkirche mit steilem Pyramidendach, über den der Blick hinüberschweift auf den Grimming, den lange Zeit für den „mons altissimus Styrie" gehaltenen mächtigen Gebirgsstock, der jäh aus dem Ennstal aufragt. Der romanische Baubestand der Kirche, die einst wichtiges geistiges Zentrum im Besitz der Chorherren von Passau und Straßburg und von 1599 bis 1773 der Jesuiten war, ist besonders von der Südseite gut zu sehen. Die romanische Rundapsis des Nordchores und der Hauptchor mit hohen Strebepfeilern, unter dem man in das alte Beinhaus mit wohlgeordneten Schädel- und Gebeinreihen gehen kann, treten deutlich hervor.

Auch im Kircheninneren ist trotz vielfacher Umbauten der Aufbau der romanischen Basilika aus 1130 noch gut zu erkennen. Trotz der nachträglich eingebauten gotischen Gewölbe erinnern die Pfeilerarkaden der Schiffswände und der Fenster an die Romanik. Aus dieser Zeit stammt auch die alte Eisentür des Westportals. Der Zeit der Gotik zuzurechnen sind die Netzrippengewölbe im Hauptschiff, das Kreuzgewölbe in der Turmhalle und die in der Turmleutkammer im Jahre 1953 freigelegten Wandmalereien, deren obere Folge, von der rechten Ecke der Westwand beginnend, nach links die Legende der hl. Katharina darstellt, während im unteren Bildstreifen von links nach rechts eine bisher nicht erforschte Heiligenlegende zu sehen ist. Diese aus den Jahren um 1300 stammenden Kunstwerke sind allerdings nicht sehr gut erhalten. An der Westwand finden sich noch Einzeldarstellungen von Heiligen.

Es ist unmöglich, die ganze Vielfalt der Ausstattung auch nur andeutungsweise wiederzugeben, weshalb nur auf besonders wichtige Einzelheiten hingewiesen sei. Zum Bemerkenswertesten gehört ohne Zweifel das Porträt des kaiserlichen Kanzlers und Pfarrers zu Pürgg, Konrad Czeidler, dessen Büste zwischen den Wappen der Habsburger und der Steiermark aus einer eigenartigen Altarempore aus dem Jahr 1440 herausragt. Auf dieser Empore sind nach Kodolitsch im barocken Altarverbau auch Einzelteile eines spätgotischen Flügelaltärchens angebracht, mit den Pestpatronen Sebastian und Rochus an der Feiertagsseite und den Kirchenvätern Gregor und Hieronymus an der Rückseite der Flügel. Im Aufsatz das Relief der Beweinung Christi.

Sehr schön ist auch der von Engeln flankierte barocke Tabernakel auf der hochgotischen Rotmarmormensa am Hauptaltar, der gemeinsam mit der Kanzel mit einem Relief des Sämanns im Jahr 1794 von Johann Fortschegger geschaffen wurde. Im rechten Chorfenster die einzigen mittelalterlichen Glasgemälde des Ennstales mit einem klar aufgebauten Darstellungsprogramm. Am Fuß der Fenster liegt Stammvater Jesse, und aus ihm wächst in symmetrisch geordnetem Rankenwerk das Leben Jesu Christi von der Verkündigung bis zur Auferstehung und Himmelfahrt. Im Mittel-

Pürgg mit dem Grimming als Kulisse

schiff finden wir noch eine qualitätvolle Marienklage aus dem Anfang des 15. Jahrhunderts. An den Schiffswänden zwölf Ölbilder der Apostel. Die barocke Orgel überragt Bilder Christi und der Evangelisten an der Emporebrüstung. Im südlichen Seitenschiff ein schöner spätbarocker Gekreuzigter an der Westwand und prächtig gearbeitete Rotmarmorsteine an der Südwand. Es sind die Grabplatten von Konrad Czeidler, Hans von Herberstein und des Herrn von Stainach. Gegenüber ein Altaraufsatz von J. Fortschegger aus dem Ende des 18. Jahrhunderts mit Taufe Christi und Skulpturen von Zacharias und Elisabeth. Die beiden Altäre in den Apsiden der Seitenschiffe sind Werke aus der Jesuitenära, und zwar aus der zweiten Hälfte des 17. Jahrhunderts.

Die Johanneskapelle

Frei auf einem Hügel steht die romanische Johanneskapelle mit einem flach gedeckten Schiff und einem abgedeckten quadratischen Chorschluß. In der mit drei romanischen Fensterpaaren und einem barocken Dachreiter ausgestatteten Kapelle wurden 1870 romanische Fresken entdeckt, freigelegt und im Sinne der Zeit renoviert, das heißt, unter Beibehaltung der Konturen und des Programms monochrom übermalt. Der Zentralgedanke des gesamten Programms ist auf das heilige Meßopfer ausgerichtet. Im Chorraum über einer einfachen Mensa ein romanischer Kruzifixus aus etwa 1250, der aus der Pfarrkirche hierhergebracht wurde. Die überaus lebendig gestalteten Fresken zeigen an der Triumphbogenwand über Stifterfiguren Christus zwischen Kain und Abel, die ihm Opfergaben darbringen. Die Triumpfbogenumrahmung besteht aus Rankenwerk mit seltsamen kufischen Schriftzeichen. Im Chor hinter dem Altar Johannes der Täufer und Johannes der Evangelist und links von ihnen Melchisedech und David sowie rechts die heiligen

Der Mäusekrieg in der Johanneskapelle

Bischöfe Rupert und Virgilius. Über ihnen Engel und weibliche Symbolgestalten wie zum Beispiel Barmherzigkeit, Wahrheit, Gerechtigkeit und Friede. In den Zwickeln die Personifikationen von den Weltreichen. Im Scheitel der Kuppel Evangelistengestalten und das Lamm Gottes.
Im Langhaus an der Südwand Darstellung Mariä Verkündigung sowie des hl. Josef mit dem Engel im Traum, der Geburt Christi, der Anbetung der Hirten und an der Nordwand die Szene der wunderbaren Brotvermehrung.

Am bekanntesten unter diesen „bedeutenden Zeugnissen der salzburgischen Kunstblüte des 12. Jahrhunderts" (Peter Krenn) ist der Mäusekrieg unter der ehemaligen Holzempore. Mit Schildern bewehrte Katzen versuchen, eine Burg zu stürmen, die von Mäusen verteidigt wird. Sinnbildlich wird hier der Kampf zwischen Tugend und Laster dargestellt, wobei man annimmt, daß diese Darstellung auf einer Parodie des Homer'schen Werkes basiert.

BAD AUSSEE

Am Zusammenfluß der Grundlseer und der Altausseer Traun liegt in einem kesselförmigen Tal die alte Salzstätte, welche bereits 1192 als „Ausse" aufscheint. 1290 wurde hier der Verwaltungssitz der landesfürstlichen Saline errichtet, und einige Jahre später hat Herzog Albrecht I. Aussee zum Markt erhoben. Seine Pfarrkirche erhielt 1290 das Patrozinium Pauli Bekehrung und gehörte bis 1786 als einzige steirische Pfarre zum Bistum Passau. Sie wurde auf einer Anhöhe des oberen Marktes erbaut, aus dieser Zeit stammt das im Kern noch romanische Langhaus. Der mächtige fünfgeschossige Turm mit schindelbedecktem Walmdach entstand im 15. Jahrhundert, zu gleicher Zeit hat man ein Seitenschiff angebaut, während im 18. Jahrhundert zwei Nebenkapellen hinzukamen. An der Außenmauer, vor allem im Bereich des überdachten Südportals, sind schöne Grabsteine aus der Gotik und Renaissance zu sehen. Besonders interessant ist das Epitaph mit Kniefiguren der Familie Neumair. Bartholomä war Pfleger der Herrschaft Grienpichl und verstarb 1604. Das Spitzbogenportal, zwischen Turm und Marienkapelle, entstand um 1500 und zeigt eine reiche Profilierung. Wenn man das Gotteshaus durch das Westportal betritt, ist der erste Blick in das Kircheninnere nicht sehr günstig. Man hat nämlich der 1464 entstandenen, gedrungenen Sängerempore 1801 noch eine weit vorgezogene Holzempore angeschlossen, womit die Sicht in den Innenraum beim Eingang stark beeinträchtigt wird. Dann aber umfängt einen im prächtig renovierten Kirchenschiff eine bunte und strahlende Raumausstattung, die durch farbenfrohe Seitenaltäre und Barockplastiken an den gotischen Pfeilern zugleich sehr fröhlich wirkt. Im hohen, netzrippengewölbten Chor, gegen Ende des 15. Jahrhunderts entstanden, ist der etwas nüchtern ausgefallene Hauptaltar von Johann Fortschegger aus dem zweiten Viertel des 18. Jahrhunderts aufgerichtet. Sein Bild, Pauli Bekehrung darstellend, wirkt dunkel und monochrom. Über dem Tabernakel wurde ein Kruzifix aus dem Empire angebracht, das verklärte Ruhe ausstrahlt. An der linken Chorwand befindet sich ein bedeutendes Werk, ein Rest der gotischen Ausstattung. Es ist ein bis zum Gewölbeansatz reichendes Sakramentshäuschen aus rotem Marmor, 1523 datiert. Sein Schrein, mit Maß- und Laubwerk versehen, entwickelt sich aus einem Sockel, der in origineller Weise mit Salzkübeln verziert ist. Im dreistufigen Aufsatz sind übereinander Statuen eingefügt, die den Erlöser, Maria und zuoberst den Schmerzensmann als Halbfigur darstellen. Gegenüber der Kanzel, einem gelungenen Werk von Fortschegger aus 1783, ist neben der alten Sakristei, heute Taufkapelle, der 1498 erfolgte Kapellenanbau. Hier befindet sich das Prunkstück der Pfarrkirche, die berühmte „Ausseer Madonna". Es vermindert keineswegs ihren Ruhm, wenn vermutet wird, daß sie eine Werkstattreplik der nicht minder schönen „Hallstätter Madonna" sei. Über Stufen, am geöffneten schönen Schmiedeeisengitter vorbei, gelangt man in den mit Akanthusstuck und Gewölbefresken geschmückten Raum. Wenig bedeutende Barockplastiken, zu viel Gold und aufwendiges Rokoko-Ornament bilden den Rahmen für die Hauptfigur in der Altarnische. Die „Schöne Madonna" ist aus Steinguß, um 1415 entstanden, und ein Erlebnis. Sie ist noch „schöner" als es ihre Stilzuweisung andeutet. Diese Maria strahlt Erhabenheit und zugleich liebevolle Mütterlichkeit aus, sie lächelt ein wenig, neigt ihr Haupt auch dem Betrachter zu, dem sie ihr Kind entgegenhält, das indessen unbekümmert und munter mit dem Mantelsaum spielt. Grandios ist der gebündelte Faltenwurf ihres Gewandes gestaltet, man entdeckt immer neue Feinheiten an diesem kostbaren Bildwerk und entschließt sich nur zögernd, die Marienkapelle zu verlassen. Abschließend sollte man noch die Turmhalle aufsuchen, die nicht nur wegen ihres Sternrippengewölbes bedeutsam ist. An ihren Wänden, links vom Eingang, wurden zwei markante Epitaphe eingelassen, mit lebensgroßen Relieffiguren. Die linke ist mit wallendem Haar dargestellt, die rechte ist behelmt und eine Gruftplatte für Ritter Herzheimer, um 1510 in der Salzburger Werkstätte des Hans Valkenauer entstanden. Hoffentlich hat der Besucher in der Ausseer Pfarrkirche auch die um 1500 entstandene Kreuzigungsgruppe entdeckt, die vom Südportal in das Kircheninnere verlegt wurde.

Kaiser Friedrich III. scheint mit Aussee sehr verbunden gewesen zu sein. Für die Eingangsempore hat er 1467 zwei Altäre gestiftet und eine Ewige Messe. Dieses Benefizium könnte, meint Karl Amon, auf die St.-Leonhard-Kirche am Kalvarienberg von Aussee übergegangen sein. Auch in der Ausseer Spitalskirche am Meranplatz, die man unbedingt besichtigen sollte, stiftete Kaiser Friedrich 1449 einen Altar. Dieser ist auch deshalb besonders interessant, weil hier das Thema des „Gnadenstuhles" in neuer Weise dargestellt ist, lange vor Dürers berühmtem Allerheiligenbild, bereichert durch die Versammlung der Apostel und über ihnen schwebende, musizierende Engelschöre. Die kleine Kirche enthält noch andere bedeutende Sakralwerke, besonders sehenswert sind ihre Fresken, die den Übergang zur Renaissance, zum Teil schon von der Reformation beeinflußt, dokumentieren.

Die Ausseer Madonna in der Pfarrkirche

KRAKAUHINTERMÜHLEN

Am 14. April 1478 gab Georg Bischof von Chiemsee seinem Wunsch Ausdruck, daß die Kirche der Heiligen Ulrich und Wolfgang, die der Pfarrkirche Ranten rechtlich unterstellt ist, von den Gläubigen verehrt wird. Er verspricht für den Besuch an den Gedenktagen der Heiligen, aber auch für die Ausschmückung der Kirche jeweils einen vierzigtägigen Ablaß der ihnen auferlegten Buße. So steht es in der ersten urkundlichen Erwähnung der Kirche St. Ulrich in Krakauhintermühlen, die man findet, wenn man von Krakaudorf in Richtung Krakauebene fahrend, dem großen Wegweiser zum Etrachsee folgt. Unvermittelt ragt nach einigen Kilometern die schlichte gotische Kirche mit schindelgedecktem Dach und Dachreiter in den Berghimmel. Wer sich im Haus neben der Kirche den mächtigen Schlüssel erbeten hat, steht kurz danach in einem der Kleinodien steirischer Gotik.

Aus dem Innenraum der Kirche, die eine Stiftung der Welzer aus Oberwölz ist, wurde im 18. Jahrhundert, als sie baufällig geworden war, in die neuerrichtete Kirche „St. Ulrich in der Ebene" alles Entbehrliche übertragen. Zu diesem Neubau war es gekommen, weil sich die Krakauer 1787 an den Bischof gewandt hatten, entweder den zweiten nach St. Oswald in Krakaudorf abgestellten Geistlichen nach St. Ulrich zu versetzen, oder dem Bau einer neuen Kirche im hinteren „Grakaugraben" zuzustimmen. Zurück blieben in St. Ulrich in Krakauhintermühlen zum Glück der gotische Flügelaltar aus den Jahren 1510 bis 1521 und die bewundernswerte gotische Holzdecke mit der interessantesten Deckenmalerei unter allen Kirchen im Bezirk Murau. Vielfältig sind die phantasievollen Muster der Holzdecke, die noch in ihrer ursprünglichen Form erhalten ist.

Der schöne Flügelaltar ist in seiner Geschlossenheit etwas Besonderes. Betrachtet man ihn von unten nach oben, muß man schon bewundernd bei der gemalten Predella verweilen, die die Beweinung Christi vor einer Berglandschaft zeigt, die Anklänge an niederländische Darstellungen erkennen läßt. Links im Bild auf einem Betschemel ist der Stifter des Altars, Ulrich von Oberwölz, deutlich zu erkennen und an der Vorderseite des Betpults das Sternwappen der Welzer.

Der Mittelbau des Altars, der, wie bei Flügelaltären üblich, eine Sonntags- und eine Werktagsseite hat, besteht aus einem Schrein mit Standflügeln und mit beweglichen

Die Bergkirche Krakauhintermühlen

chen Flügeln, die geschlossen die Werktagsseite des Altars bilden. Sind sie geöffnet, erkennt man in der Schreinmitte den geschnitzten hl. Ulrich im Bischofsornat mit Buch und Fisch. Auf den Standflügeln sind rechts der hl. Christophorus und links, auf Balken gestützt, der hl. Andreas zu sehen. Die beweglichen Flügel sind rechts mit der Darstellung der hl. Barbara und links mit der hl. Margareta geschmückt. Über den Köpfen der beiden Heiligen ist die Jahreszahl 1521 verewigt. Am Sockel zu Füßen der hl. Barbara findet sich wieder das Wappen der Welzer, und zu Füßen der Katharina sind die Wappen der Reisachs und der Hohenwarts, der Gattinnen der Stifter. Die Werktagsseite des Altars zeigt gemalte Darstellungen des hl. Rochus (rechts) und des hl. Sebastian (links). Im reichgeschnitzten Gesprenge des Altars steht eine wunderschöne Kreuzigungsgruppe.
Wer um den Altar herumgeht, erlebt an seiner Rückseite eine große Überraschung. Der ganze rückwärtige Teil des Schreins und der Standflügel sind nämlich bemalt mit einer phantastischen Darstellung des Jüngsten Gerichts in einer kühnen und phantasievollen Komposition, die in manchen Teilen an das Werk von Hieronymus Bosch erinnert. Das gesamte Programm des Altars beinhaltet, wie Elisabeth Danek in der von ihr exzellent gestalteten Broschüre über die Kirche festhält, die Anliegen und Sorgen der Menschen in den Kriegszeiten des ausgehenden 15. Jahrhunderts. Im Mittelpunkt der hl. Ulrich, der entscheidend dazu beigetragen hat, daß die Ungarn auf dem Lechfeld geschlagen wurden, Barbara, Katharina, Rochus und Sebastian als Pestheilige und Christophorus, der vor einem unvorbereiteten Tod schützt. Hoffnungslosigkeit im irdischen Leben und Vertrauen der Menschen auf Erlösung symbolisiert das Jüngste Gericht an der Rückseite.

Gotische Pracht bis zur Decke

Die beiden Seitenaltäre im Kirchenschiff: rechts Mariä Himmelfahrt und links ein einfacher frühbarocker Altar, ebenfalls mit einer Mariendarstellung. Bedauerlicherweise sind beide Altarblätter entstellend restauriert worden. Gute Arbeiten sind die Statuen des hl. Judas Thaddäus und des hl. Bartholomäus aus dem 18. Jahrhundert auf dem rechten Seitenaltar. Sehr interessant sind auch die Kanzel aus dem Anfang des 18. Jahrhunderts und die Kreuzwegbilder, die aus der Pfarrkirche von Krakaudorf hierhergebracht wurden und von Georg Lederwasch nach den josephinischen Vorschriften übermalt worden sind.

RANTEN

Die Pfarrkirche von Ranten, dem hl. Bartholomäus geweiht, hat eine unglaublich spannende Geschichte, wenn dieses Wort in Zusammenhang mit einem Gotteshaus erlaubt ist. Die Spuren des schon 1155 urkundlich erwähnten Sakralbaues finden wir noch heute im Nebenschiff, wo Teile einer romanischen Kapelle mitverwendet wurden. Ab Ende des 14. Jahrhunderts erfolgte dann der Bau von Sakristei, Chor und Turm. Der Umbau des Kirchenschiffs wurde 1500 in Angriff genommen, zehn Jahre nachdem Kaiser Friedrich III. den Krieg mit dem Ungarnkönig Matthias Corvinus beendet hatte, wobei der Erzbischof von Salzburg, dem Ranten auf dem Umweg über den Bischof von Lavant unterstand, als Verbündeter des Ungarnkönigs agierte. Die kaiserlichen Soldaten richteten damals in der ganzen Gegend viel Unheil und Schaden auch an den kirchlichen Bauten an.

Kaum hatte man sich von diesem Schrecken erholt, begann man mutig mit dem Neubau der Kirche, und 1523 war der Um- und Ausbau zur heutigen Form vollendet. Genau in diesem Jahr gab es ein weithin einschneidendes Ereignis, als der Bischof von Lavant die Pfarre mit Martin Zeiller, einem Lutheraner, betraute. Diesem Umstand verdanken wir die interessanten „protestantischen Fresken" an der südlichen Außenwand der Kirche, die von den Gegenreformatoren glücklicherweise nicht zerstört wurden.

Gleich zu den genannten Außenfresken. Bis auf die Reste eines Freskos am Chorschluß, die bei der Renovierung im Jahr 1984 entdeckt wurden und den Tod Mariens darstellen, befinden sich alle Außenmalereien an der Südwand der Kirche, die wie der Chor durch dreifach abgetreppte Pfeiler unterteilt ist. Die sogenannten protestantischen Fresken überragt eine sehr schöne Darstellung des hl. Christophorus im mittleren Joch, das über der Gestalt mit der gotischen Zahl 1517 datiert ist. Die drei protestantischen Fresken aus der Zeit um etwa 1560 sind wie der Christophorus durch kurze Pultdächer geschützt und haben ein reich mit Inschriften versehenes Programm. In der westlichen Nische ist der Mensch zwischen dem Alten und dem Neuen Testament in bestechender Weise dargestellt, während in der mittleren Nische die Prüfungen Hiobs und in der östlichen das Jüngste Gericht mit einem dominierenden Christus auf dem Regenbogen malerisch festgehalten sind.

Die im Kirchenraum reich vorhandenen Fresken sind noch besser erhalten. An der Chor-Nordwand ein großer Zyklus aus der Passion Christi, der ursprünglich aus vierzehn Bildern in drei Reihen bestand. Vier von ihnen wurden leider durch das Ausbrechen der Kanzeltüre, die über eine Stiege in der Sakristei erreichbar ist, ruiniert. An der Chor-Südwand, die durch Fenster mit neugotischen Malereien aus 1910 unterbrochen ist, eine aus neun Bildern bestehende Freskenfolge der Jakobslegende. Als zehntes Bild ganz oben eine schöne „Krönung Mariens". An der Chor-Südwand auch ein mit 1581 datiertes Doppelwappen Perner-Egartner.

An der Ostwand des Langhauses, das mit schönem Netzrippengewölbe ausgestattet ist, im Scheitel der Triumphbogenwand unter der Jahreszahl 1523 ein Liechtensteinwappen und an der Westwand, zum Teil durch die Orgel verdeckt, ein Wappen Liechrand Grueber mit Strauß und Hufeisen im Schnabel, ebenfalls aus 1523. An der Langhaus-Südwand ist die Landung der Arche Noah dargestellt (Mitte des 18. Jahrhunderts).

Aus dem Quartett der barocken Altäre in der spätgotischen Kirche mit eingezogenem Chor und quadratischem Turm mit schönem gegliedertem Zwiebelhelm, sticht der Hochaltar heraus. Es ist ein dem hl. Bartholomäus geweihter, freistehender, frühbarocker Altar mit relativ einfacher Architektur aus 1641, dessen zentrales Altarbild den hl. Bartholomäus darstellt, der auf zwei Engel schaut, die seine geschundene Haut halten, während ein dritter Engel über seinem Haupt die Märtyrerpalme hält. Der Altar mit einer hochbarocken Sarkophag-Mensa hat zwei Opfergangsportale, über denen je drei kleine Apostelbüsten angebracht sind. Im Hauptgeschoß neben dem Altarbild, von diesem durch Säulen getrennt, lebensgroße Statuen Josef mit Kind (links) und Antonius mit Kind (rechts). Im Altaraufsatz ein Bild der Heiligen Dreifaltigkeit. Daneben Figuren der hl. Katharina (links) und der hl. Barbara (rechts). Als Bekrönung eine stehende Figur des hl. Michael mit Waage und Flammenschwert etwa aus dem Jahr 1763.

Der linke Seiten- oder Kreuzaltar ist hochbarock und kommt wahrscheinlich aus der Werkstätte des Balthasar Brandstätter. An der Wand ein lebensgroßes Kruzifix und neben dem Gekreuzigten ein flammendes Herz. Seitlich davon die Schmerzensmadonna und Johannes der Evangelist.

Der rechte Seiten- oder Mariahilfaltar ist wiederum barock, mit Rückwand und Säulen, einem Gnadenbild Mariahilf im Zentrum unter einem Baldachin. Links und rechts Leuchterengel und außen daneben die Figuren der hl. Magdalena (links) und des hl. Rochus (rechts). Wie die anderen Figuren, sind dies Werke des Bildhauers Johann Palt aus 1780. Darüber ein Bild des hl. Franz Xaver und ein Marienmonogramm. Im Nordschiff ein Herz-Jesu-Altar aus dem Jahr 1911. In spürbar besserer Qualität die Statuen des hl. Johannes d. T. (links) und des hl. Johannes Ev.

Detail aus einem der protestantischen Außenfresken: Hiobs Prüfungen

(rechts) zu beiden Seiten neben den Säulen.
Die schöne Kanzel ist spätbarock, hat am Wulst des Korbes sitzend die Figuren der abendländischen Kirchenväter Gregor, Augustinus, Hieronymus und Ambrosius. An der Brüstung ein Predigtkruzifix, das zum Altar weist. Am Schalldeckel reiche Schmuckelemente mit Heiliggeisttaube. Alle Schnitzarbeiten werden dem Bildhauer Reiter aus Friesach zugeschrieben. Zwei weitere besonders bemerkenswerte Kunstwerke: vor dem Mittelpfeiler der Orgelempore, auf der ein eher verschwommenes Bild „Petrus mit dem Hahn" zu sehen ist, eine Ecce-Homo-Statue von Balthasar Brandstätter, von dem auch die Schmerzensmadonna links vom Kreuzaltar stammt. Im Nebenschiff zu beachten: neun Kreuzwegbilder aus der Werkstatt Lederwasch und Gedenktafel an Erzbischof Macheiner aus Salzburg, der hier getauft wurde.
Im Chor noch zu bewundern das gotische Tor zur Sakristei mit Originalschlössern und die Sakramentsnische mit Gitter aus dem 15. Jahrhundert. Unweit der Kirche ein interessanter achteckiger gotischer Karner im ummauerten Bereich aus 1617.

SCHÖDER

Von der ersten urkundlichen Erwähnung im 11. Jahrhundert an, blieb die Kirche zu Schöder durch Jahrhunderte, als sie schon lange zur heutigen Gestalt um- und ausgebaut und zu einem der großen Marienwallfahrtsorte des Landes geworden war, Filiale von Ranten. Erst 1732 wurde die Einstellung eines ständig in Schöder wirkenden Priesters ermöglicht. Nach der Pfarregulierung durch Joseph II. im Jahr 1785 wurde Schöder selbständiges Vikariat und schließlich 1858 Pfarre. Von da an bis 1958 war es Dekanatspfarre. Und heute haben sich die durch Jahrhunderte währenden eingangs zitierten Umstände genau ins Gegenteil verkehrt: Der Pfarrer von Schöder betreut nämlich Ranten als Provisor mit.

Die hohe, helle Pfarr- und Wallfahrtskirche, mit ihrem spitzen gotischen Turm weithin sichtbar, wurde im Laufe des 15. Jahrhunderts bis zum Beginn des 16. Jahrhunderts in ihre heutige Gestalt gebracht. Um die Mitte des 17. Jahrhunderts begann dann die Umgestaltung der Einrichtung ins Barock. In ihrer Charakteristik ist die Kirche eine spätgotische Anlage mit Hauptschiff und einem niedrigen Seitenschiff, einem leicht eingezogenen Chor und hohem Turm geblieben. Zwischen Langhaus und Chor hat man in der Nordostecke eine schmale rechteckige Sakristei angebaut, vom Chor aus durch eine spitzbogige Eisentür aus der Zeit um 1500 erreichbar. Haupt- und Nebenschiff sowie Chor sind netzrippengewölbt, und das Hauptschiff ist vom Chor durch einen spitzen Fronbogen getrennt. Erhellt wird die Kirche durch Maßwerkfenster im Hauptschiff und im Chor.

Während an der Außenseite der Kirche nur an der Südseite des Turms Spuren eines Christophorusfreskos zu sehen sind, ist im Inneren reicher gotischer Freskenschmuck erhalten. So sind die Wände des Chores mit einem spätgotischen Freskenzyklus bedeckt, der zum Teil in jüngerer Zeit ergänzt wurde. Dieser Zyklus trägt, wie alle Fresken in der Kirche, die Handschrift des „Meisters von Schöder", die sich durch dunkle pastose Töne, eine fast holzschnittartige Gestaltung und durch die eigenwillige Darstellung der menschlichen Gestalten auszeichnet. Alle diese Fresken sind mit 1500 datiert. Der Zyklus im Chor zeigt an der Nordwand Szenen aus der Passion, an der Südwand Heiligendarstellungen und eine große Darstellung des Jüngsten Gerichts, während an der Chor-Nordwand in die Fresken ein Sakramentshäuschen eingefügt ist. Über der Sakristeitür sind die Reste eines Christophorusfreskos sichtbar, wobei vom Heiligen nur noch die Füße und Gewandteile sowie zu seinen Füßen Meeresgetier und Meerespflanzen zu sehen sind. Daneben ein hl. Sebastian mit Fürstenhut und ein hl. Johannes mit Kelch.

Prunkvoller Höhepunkt der Einrichtung der Kirche ist der dreigeschossige barocke Hochaltar, ein Gnadenaltar, der Muttergottes geweiht.

Das Zentrum des Altars, der eines der großen Werke des Barock ist, bildet allerdings eine gotische Madonnenstatue mit dem stehenden Jesuskind auf den Knien. Flankiert wird die Gnadenstatue von zwei Säu-

Weiß leuchtet die Pfarr- und Wallfahrtskirche

lenpaaren, zwischen denen große Heiligenstatuen aus der Judenburger Werkstätte stehen. Auch die anderen Figuren und der mächtige, reichgeschmückte Doppeltabernakel, dessen Größe nicht zuletzt in der Bedeutung der Kirche von Schöder als Wallfahrtskirche begründet ist, stammen von dort. Bis zur josephinischen Reform kamen nämlich an Hauptwallfahrtstagen über eintausend Kommunikanten hierher. Insgesamt ist der Hochaltar mit locker angelegter Säulenstellung auf räumliche Wirkung angelegt, wobei die Farben und das Gold diese Wirkung noch verstärken. Die Gnadenstatue umgibt ein Wolkenkranz mit vier kleinen fliegenden Engeln, die Symbole der lauretanischen Litanei tragen. Darüber schwebt eine Heiliggeisttaube im Strahlenkranz. Im Aufsatzgeschoß eine prachtvolle Figur „Gottvater mit der Weltkugel" und als Abschluß Krone und Kreuz.

Der rechte Seiten- und ehemalige Hochaltar ist dem hl. Florian geweiht, hat einen viergeschossigen Aufbau und stammt aus der Zeit des Frühbarock. Zwischen Säulen das Altarblatt „Glorifikation des hl. Florian" aus 1777. Im Aufsatzgeschoß gute Darstellung der Geburt Christi. Maria hält ein Tuch, in dem das Jesuskind liegt, und darunter ist die Krippe sichtbar. Neben dem Bild auf Postamenten Figuren der Heiligen Petrus und Paulus aus etwa 1500. Im vierten, bekrönenden Geschoß ein Vierpaß mit Heiliggeisttaube.

Eine hervorragende Arbeit aus der Werkstätte des Balthasar Brandstätter aus 1724 ist der linke Seitenaltar, der dem hl. Josef geweiht ist. Er ist ein dreigeschossiger, hochbarocker Retabel mit einer prächtigen Statue des Franz Xaver unter vorhängendem Baldachin. Ihm zur Seite Statuen des hl. Johannes d. T. (links) und der hl. Klara (rechts) und vor den Säulen je ein kleiner Leuchterengel. Im Aufsatz schwungvolle Darstellung des hl. Josef mit Kind. Sehr schön ist auch der Tabernakel mit einer Rundbogentüre.

Die spätbarocke Kanzel hat als interessantestes Detail eine Darstellung des Sämanns. Am Gesimse des Baldachins befinden sich Kartuschen mit den Evangelisten und dem Guten Hirten.

Noch unbedingt zu beachten: neben dem Turmaufgang im Seitenschiff lebensgroßer Schmerzensmann aus der Mitte des 18. Jahrhunderts. Neben dem Floriansaltar ein achteckiges Taufbecken mit Holzdeckel. Über dem Taufbecken an der Seitenschiffwand Kreuzwegbilder. Im ummauerten ehemaligen Friedhofsbereich die aus dem 14. Jahrhundert stammende Kapelle St. Anna (Karner) mit ruiniertem Unterbau und spitzbogigem Eingangsportal.

Der Hauptaltar mit einem Teil der Innenfresken

ST. GEORGEN OB MURAU

Wuchtig und anmutig zugleich ragt der gotische Turm der Pfarrkirche zum heiligen Georg in den Berghimmel. Das Innere der Kirche, in die 1664 ein Barockaltar — wahrscheinlich der Marienaltar — eingebaut wurde und die schließlich im Jahre 1868 einen neugotischen Hochaltar erhielt (1951 wurden wunderschöne Glasgemälde aus dem Jahr 1330 aus der Kirche St. Cäcilia hierher übertragen), ist im Gesamteindruck und im Detail eine Augenweide.

Erst seit 1951 sind diese gotischen Fenster hier

St. Georgen ist eine spätgotische dreischiffige Hallenkirche mit eingezogenem Langchor, der vom Schiff durch einen besonders mächtigen Triumphbogen getrennt ist. Über dem Chor befindet sich ein Spitztonnengewölbe mit Stichkappen, auf das Rippen in Sternform aufgesetzt sind, während das Schiff ein echtes Sternrippengewölbe besitzt. Vom Chor führt eine gotische Tür in die Sakristei, die gleichzeitig das untere Geschoß des Turmes ist. In Schiff und Chor schöne und gut erhaltene Schlußsteine. Im hintersten Joch zieht sich über alle drei Schiffe die Orgelempore, unter der ebenfalls schöne Sterngewölbe zu bewundern sind und unter der in der Südwestecke ein Löwenkopf aus etwa 1200 eingemauert ist.

An den Beginn der Besichtigung des Kircheninneren wird man am besten jene wertvollen Glasgemälde stellen, durch die die Kirche das Licht empfängt. Besonders schön ist das östlichste Fenster an der Südwand des Langhauses, das erst 1951 hierher übertragen wurde und Szenen aus dem Leben Jesu zeigt, wobei die Darstellung der Taufe Christi eine moderne Kopie aus der Zeit der Übertragung ist. Im Chor befinden sich Glasgemälde von A. Ferstl aus München aus 1868.

Unter den Altären nimmt der neugotische Hochaltar nicht den ersten Rang ein. Interessanter ist schon der dem hl. Sebastian geweihte, frühbarocke, dreigeschossige Seitenaltar an der rechten Triumphbogenwand. Im Zentrum das Bild „Martyrium des hl. Sebastian". Das Aufsatzbild stellt das Martyrium des hl. Veit dar, und die Krönung bildet eine Strahlenmonstranz mit „Auge Gottes".

Der linke Seitenaltar ist der hl. Maria geweiht und ebenfalls ein dreigeschossiger barocker Wandaltar, dessen Altarbild die Muttergottes auf Mondsichel und auf Wolken darstellt.

Bevor man sich nun dem seinerzeitigen

Glanzstück der Inneneinrichtung, dem Marien- oder Bergknappenaltar, der derzeit in St. Lorenzen aufgestellt ist, zuwendet, sei noch ein Blick auf den sehr interessanten Taufstein mit steilem pyramidenförmigem, achteckigem Deckel, der oben von einer geschnitzten „Taufe Christi" abgeschlossen wird (etwa Ende 17. Jahrhundert), getan. Die Kreuzwegbilder aus dem Kreis Lederwasch sollte man nicht übersehen.

Beim Bergknappenaltar handelt es sich um einen spätgotischen Flügelaltar, in dessen Mittelschrein die Figuren der Muttergottes, der hl. Katharina (links) und der hl. Barbara (rechts) in schöner Harmonie unter korbbogigen Baldachinen stehen. An der unteren Kante des Schreins ist die Jahreszahl 1524 zu sehen. Auf die Flügel sind innen auf der Festtagsseite die Verkündigung (links oben), die Geburt Christi (links unten), die Anbetung der Magier (rechts oben) und der Tod Mariens (rechts unten) gemalt.

Auf den Flügeln außen die Lobpreisung des Zacharias im Tempel (links oben), die Begegnung vor der goldenen Pforte (links unten), die Geburt Mariens (rechts oben) und eine Schutzmantelmadonna (rechts unten).

An der Rückseite des Schreins eine beeindruckende Darstellung des Jüngsten Gerichts. Die Schnitzarbeiten am Altar von 1524 stammen aus der jüngeren Villacher Schule, während der Maler der Altarflügel unbekannt ist. Der Altar wurde im übrigen erst im Jahr 1943 aus der Filialkirche St. Lorenzen ob Murau hierher übertragen.

Bemerkenswert ist auch der urkundlich erst sehr spät, nämlich 1653, erwähnte romanische Karner, der 1956/57 in eine Kriegergedächtnisstätte umgewandelt wurde, und in dem lange Zeit jene gotische Pietà aus 1500 aufgestellt war, die jetzt wieder in der Pfarrkirche ist.

Das hohe, helle Hauptschiff

PFARRKIRCHE MURAU

Wie zwei Kronen liegen die weit ausladende Burg Obermurau und die gotische Pfarrkirche zum heiligen Matthäus mit ihrem mächtigen Vierungsturm über der Stadt Murau, verbunden durch eine Treppe, die mehr ist als Symbol. Der Stifter der Kirche war Otto II. von Liechtenstein, und seit 1633 haben die Schwarzenbergs, bis in unsere Tage Herren auf Obermurau, das Patronat der Kirche inne. Der Bau des Gotteshauses wurde 1284 begonnen, und 1296 wurde die Kirche geweiht. Für ihre endgültige Fertigstellung stiftete Otto II. in seinem Testament 1311 weitere Beträge. Im Jahr 1322 ist dann schon jener „unßer Frouen Altar" genannt, dessen Mittelteil laut Vertrag mit den Künstlern 1654 als der jüngste Barockaltar errichtet wurde, übernommen werden mußte.

Die Ausstattung der Kirche wurde ständig fortgesetzt, und so ist zum Beispiel 1777 der Bildhauer Johann Reiter aus Friesach beauftragt worden, elf Apostel und ein Jahr später die neue Kanzel zu schaffen. Für 1785 ist beurkundet, daß Johann Lederwasch ein Fahnenblatt malte, und von 1803 bis 1809 faßte derselbe die Kanzel und einige Statuen. In den Jahren 1937 bis 1944 wurden die Fresken freigelegt, von denen noch die Rede sein wird.

Den besten Eindruck von der frühgotischen Kreuzbasilika mit spätromanischen Merkmalen im Grundriß erhält man, wenn man die Kirche durch das Hauptportal an der Westseite betritt. Sofort bemerkt man, daß ein starker Kontrast zwischen dem hohen kreuzrippengewölbten Mittelschiff und Chor sowie den nur halb so hohen Seitenschiffen besteht. Im Chor sind die Rippen im Gewölbe durch drei besonders schöne Schlußsteine mit Reliefs zusammengefaßt, darstellend einen Kopf mit Blattrosette, einen Kruzifixus und einen Engel mit den Jahreszahlen 1296 bis 1947. An den Chor ist auch die alte zweigeschossige Sakristei angebaut, in die eine gotische Eisentür führt, die eine interessante spätgotische Ummalung aufweist.

Das Portal, durch das man die Kirche betreten hat, ist ebenso wie die beiden Seitentore innen mit Segmentbogenschluß gestaltet, und ihnen allen sind kleine Hallen vorgesetzt. Im Inneren der Kirche finden sich einerseits, vor allem bei den Seitenkapellen, interessante Stuckarbeiten und andererseits gute, leider zum Teil vom Zahn der Zeit angegriffene Fresken, von denen nur die wichtigsten erwähnt werden können. Da ist zunächst die Darstellung der drei Heiligen Jakobus, Leonhard und Gregor an der Westwand des südwestlichen Vierungspfeilers aus 1330 bis 1340, dann die Darstellung des Jüngsten Gerichts aus der selben Zeit am zweiten Säulenpfeiler und die besonders interessante Freskoumrahmung des Sakramentshäuschens aus etwa 1440 an der Chor-Nordwand und schließlich das zweiteilige Fresko Grablegung aus 1377 an der Südwand des Mittelschiffs. Auf diesem Fresko sind links kniend die Gestalten der Stifter dargestellt. Sehr wichtig auch die fünfteilige Malerei zu beiden Seiten des Fensters an der Nordwand, die Kardinaltugenden und Szenen aus dem Leben Jesu darstellend. Die Werke stammen von Wenzel Aichler aus Spittal in Kärnten, etwa aus der Zeit um 1570. Auch an der Außenseite der Kirche gibt es an der Westwand das interessante Fresko einer Kreuzigungsgruppe aus dem Anfang des 16. Jahrhunderts.

Bevor man sich den Altären zuwendet, ein

Die Kirche mit Vierungsturm, dahinter Schloß Obermurau

Wort zu den Glasgemälden. Im Osten des Chores zweibahniges Fenster mit Maßwerk und Nonnen mit Glasmalereien aus dem 13. Jahrhundert, und im Westfenster zwei erst 1957 hier eingefügte Wappenscheiben und Heiligendarstellungen, die aus der Filialkirche St. Leonhard hierhergebracht wurden.

Der Hochaltar, dem hl. Matthäus geweiht, ist ein viergeschossiger frühbarocker Wandaltar mit jener spätgotischen Kreuzigungsgruppe im Zentrum, von der eingangs die Rede war. Die Steinmensa aus dem Spätbarock hat eine vorgesetzte Mittelnische, in der Christus auf dem Ölberg liegend dargestellt ist. Dieses Werk stammt von Johann Reiter aus Friesach. Darüber in einer Nische der hl. Matthäus, vor ihm ein kleiner Engel. Links und rechts davon in Nischen die Heiligen Markus und Lukas und auf den Außensockeln die Heiligen Johannes der Täufer (links) und Johannes der Evangelist (rechts). Links und rechts von der Kreuzigungsgruppe der hl. Sebastian und der hl. Florian. Die Bekrönung des Altares bilden in der Mitte König David (vor ihm eine Kartusche mit dem Schwarzenbergwappen) und links der hl. Leonhard sowie rechts der hl. Ägidius. Den Altar schufen Meister aus der Judenburger Werkstatt.

Der rechte Seitenaltar ist ein frühbarocker dreigeschossiger Wandaltar, der dem hl. Johannes dem Täufer geweiht ist und dessen beide Altarbilder „Taufe Christi im Jordan" sowie im Aufsatz „Muttergottes mit zwei Engeln" gute Arbeiten aus dem Prager Kreis aus etwa 1640 sind. Der linke Seitenaltar wird Balthasar Brandstätter zugeschrieben und ist ein großes Werk barocker Schnitzkunst mit einem Altarblatt, das Maria zeigt, die sich über das Jesuskind beugt, und das aus dem 17. Jahrhundert stammt. Der linke Pfeileraltar, um etwa 1700 entstanden, ist den vierzehn Nothelfern geweiht und der

Fresko hl. Maria und hl. Martha im Südschiff

rechte — ein schlichter barocker Wandaltar — dem hl. Jakobus. Der rechte und der linke Kapellenaltar sind zwischen 1631 und 1640 entstanden und typische retabelartige Wandaltäre aus der Zeit.

Die spätbarocke Kanzel schuf um 1778 Johann Reiter aus Friesach. Auf dem Wulst des Korbes sitzen die drei göttlichen Tugenden, und auf einem Postament über dem Schalldeckel steht die Figur des Apostels Paulus. Von Reiter stammen auch die 1777 entstandenen, an den Langhauswänden aufgestellten lebensgroßen Apostelfiguren. Weitere Heiligendarstellungen aus der Judenburger Werkstatt Balthasar Brandstätters aus der Zeit zwischen 1730 und 1742 sind bemerkenswert. Die Kreuzwegbilder im Nazarenerstil wurden etwa 1890 geschaffen.

FILIALKIRCHE ST. ANNA/MURAU

An zwei Stellen der Filialkirche St. Anna bei Murau, auch als Friedhofskirche bezeichnet, wird die Gründerlegende dieses Kleinods der Gotik dargestellt. Einmal am Schlußstein des Gewölbes des steinernen Baldachins in der Nordostecke der Kirche, auf dem Engel Hostien bewachen, und das zweite Mal am gotischen Flügelaltar, wo gleich die ganze Legende in Flachrelief eingeschnitzt ist. Folgendes soll sich zugetragen haben: Diebe hätten konsekrierte Hostien aus der Stadtpfarrkirche Murau gestohlen, die 1378 wiedergefunden wurden, und an der Auffindungsstelle, als „Heilige Statt" bezeichnet, wurde 1404 die Kirche St. Anna gegründet. Im Jahr 1425 wird „St.Anna die Heilige Statt" urkundlich genannt.

Das Gotteshaus, das von außen sehr bescheiden wirkt, ist eine prachtvolle gotische Kirche mit hohem Langhaus und eingezogenem Chor. Auf dem schlichten Dach sitzt ein barocker Dachreiter. St. Anna, vom ummauerten Friedhof umgeben, hat in allen drei Jochen des Schiffes ein einfaches Netzrippengewölbe und ist im Chor kreuzrippengewölbt, wobei hier wie da schöne Schlußsteine mit Reliefs vorhanden sind. Zwei ausgefallene Darstellungen findet man an den Konsolen der Säulen des Hauptschiffes: in der Nordostecke ein sogenanntes „Lasterweibchen" und in der Südostecke einen laufenden Dämon.

Die Friedhofskirche weist besonders reichen Freskenschmuck auf, der aber an der Außenseite stark zerstört ist. Hier findet man nur noch Fragmente einer Ölbergszene, eines überlebensgroßen Christophorus, einer hl. Katharina und eines hl. Bischofs mit Buch, alle aus dem Anfang des 15. Jahrhunderts.

Im Inneren eine schöne und gut erhaltene zweiteilige Darstellung der Krönung Mariens im westlichen Schildbogen der Nordwand. Darunter in einer Reihe elf Heilige. Imposant ist das Wurzel-Jesse-Fresko, das den ganzen Triumphbogen füllt. Am unteren Bildrand liegt Jesse und schläft. Aus seiner Brust steigen reichverschlungen die Wurzeln auf. Im Scheitel ist das Datum 1518 erkennbar. An der Nordostwand des Langhauses im mittleren Joch Darstellungen aus der Passion Christi aus 1470, die leider zum Teil zerstört sind. Außer den Fresken im Chor interessante Glasgemälde mit Heiligendarstellungen und Wappen im unteren Geschoß der zweiteiligen Fenster. Sie stammen wahrscheinlich aus der Judenburger Werkstatt aus dem Jahre 1420.

Großartige Barockkunstwerke sind in den gotischen „Rahmen" gefügt, vor allem in dem der hl. Anna geweihten Hochaltar. Es ist ein dreigeschossiger, hochbarocker Säulenaufbau, der mit seiner Mittelgruppe in die Gotik zurückweist. Im Hauptgeschoß, flankiert von Säulenpaaren, Figuren des hl. Josef (links) und des hl. Joachim (rechts). Im Mittelschrein go-

Gotischer Flügelaltar mit Gründungslegende

tische Anna selbdritt, von Engeln umgeben. Im Mittelfeld des Aufsatzgeschosses, das durch verkröpftes Gebälk vom Hauptgeschoß getrennt ist, eine Marienstatue und zu ihren beiden Seiten Figuren der hl. Barbara (links) und der hl. Katharina (rechts). Als Bekrönung ein ovales Bild der Heiligen Dreifaltigkeit. Der gesamte Altar aus Holz stammt mit Ausnahme der gotischen Mittelgruppe vom Judenburger B. Brandstätter.

Auch der rechte, der Muttergottes geweihte Seitenaltar, ist ein Werk aus der Zeit des Barock. Er hat ein Ölbild im Zentrum, das Maria im Wolkenkranz zeigt, wie sie sich Johannes dem Täufer und einem anderen Apostel zuwendet. Der Abschluß nach oben ist ein Bild Gottvaters und darüber eine Strahlenmonstranz mit Marienmonogramm.

Ein Prunkstück der Gotik ist der Doppelflügelaltar links. Hier ist im Mittelschrein in einem Relief die Auffindung der Hostien dargestellt, die, wie schon gesagt, in der Predella beschrieben ist. Die Flügel zeigen auf der Wochentagsseite den hl. Dionysius (rechts) und den hl. Christophorus (links). Auf der Festtagsseite links die hl. Anna und rechts der hl. Joachim. Im Gesprenge auf einer Konsole die Muttergottes. An der Rückwand des Schreins sind die Frauen am Grabe Jesu dargestellt. Besonders interessant ist dabei, daß diese Szene in einer heimatlichen Landschaft angesiedelt ist und die Frauen zeitgenössische Trachten tragen.

Eher schlicht die frühbarocke Korbkanzel mit einem achteckigen Grundriß. Die Betbänke in der Kirche sind zum Großteil geschnitzt und zeigen stilisierte Adlerköpfe sowie die Monogramme Mariens und Christi. Die Orgel mit einem Werk aus dem 17. Jahrhundert stammt wahrscheinlich aus der Kapelle des Schlosses Murau und wurde 1848 hierhergebracht.

Barocker Hauptaltar mit gotischer Anna selbdritt

FILIALKIRCHE ST. LEONHARD/MURAU

Wie ein Gruß zum Himmel steht auf einem Bergrücken südlich der Stadt Murau die Filialkirche zum heiligen Leonhard, das Leonardikircherl, wie es im Volksmund genannt wird. Wann die Kirche genau erbaut wurde, steht nicht fest. Sicher ist nur, daß sie in einem Visitationsprotokoll aus dem Jahr 1544 als St. Leonhards Filialkirche genannt ist. Man weiß auch, daß in der Zeit ab 1725 einige Änderungen an ihr vorgenommen wurden, und 1790 sind in einem Inventar ein Hochaltar und eine Statue des hl. Leonhard, ein Georgsaltar sowie eine schwarze geschnitzte Kanzel, eine alte Orgel und sieben Statuen von — man höre und staune — schlechter Bildhauerarbeit erwähnt.

Heute ist der steil in den Himmel ragende Kirchenbau, mit einem Satteldach ausgestattet, auf dem ein schlanker Dachreiter mit Zwiebelhaube sitzt, zum Lieblichsten zu rechnen, was man um die Stadt Murau erblicken kann.

Das Innere der Leonardikirche ist ein Rechteckraum mit zwei Jochen, einem leicht eingezogenen Chor und einer nördlich des Chores angebauten Sakristei. Alle Räume sind mit Netzrippengewölben überdeckt, und das Schiff ist mit dem Chor durch einen spitzen Triumphbogen verbunden. Vom Chor führt eine gotische Eisentür in die Sakristei, und die Netzrippengewölbe im Chor sind mit interessanten Schlußsteinen versehen, von denen einer das Porträt des hl. Leonhard trägt.

In diesem Sakralraum mit seinem schlichten hellen Schiff mit Spitztonne sind vor allem der qualitätvolle Hochaltar, die Kanzel und eine sehr eigenwillige Orgelempore besonders erwähnenswert. Der Hochaltar ist ein viergeschossiger Wandaltar mit einer kleinen durchbrochenen Mittelnische. Die Mensa aus dem 15. Jahrhundert ist aus Sandstein gearbeitet. Aus fünf Nischen besteht das Hauptgeschoß, wobei in der rundbogigen Öffnung im Mittelteil die Figur des hl. Leonhard, von Wolken und einem Strahlenkranz umgeben, steht. Links von ihm der hl. Florian und rechts der hl. Sebastian in zwei schmalen Nischen. Außen links der hl. Georg und rechts der hl. Eustachius. Alle diese Figuren stammen aus der Zeit der Spätgotik und wurden in den frühbarocken Altar, der um die Mitte des 17. Jahrhunderts in der Neumarkter Werkstatt entstanden ist, eingefügt. Im Obergeschoß des schwarz-blau-gold gefaßten Altars in der Mittelnische die Muttergottes auf einer Mondsichel und links beziehungsweise rechts von ihr eine Reihe von Heiligen. Darüber der hl. Jakob (rechts) und der hl. Philipp (links). Das Obergeschoß ist mit verkröpftem Gebälk abgeschlossen, und darüber steht auf einem Postament der hl. Josef mit dem Jesuskind.

Die Kanzel stammt aus dem Frühbarock, ist schwarz und mit goldenen Ornamenten verziert. Schalldeckel und Korb haben den gleichen sechseckigen Grundriß, und auf dem Schalldeckel steht eine kleine Statue des hl. Leonhard.

Eine Besonderheit stellt die Orgelempore dar, die dreiachsig gemauert ist und eine Maßwerkbrüstung hat. Über dieser Steinempore befindet sich eine zweite aus Holz, auf deren Brüstungsfeldern Wappenschilde aufgemalt sind, von den Namen der Inhaber umrahmt. In der Mitte das Wappen der Schwarzenberg, das wahrscheinlich erst um 1670 hierherge-

Blick auf die Kanzel und die interessante Empore

Hoch über Murau: das „Leonardikircherl"

kommen ist, während die anderen Wappen aus 1620 stammen und Anna Neumann und fünf ihrer Ehegatten zugeeignet sind.
In der Kirche gibt es auch zwei Seitenaltäre, von denen der linke dem hl. Florian und der rechte dem hl. Georg geweiht ist. Der rechte ist ein frühbarocker Wandaltar mit einer Steinmensa aus dem 15. Jahrhundert und der linke eine neugotische Tischlerarbeit mit altem Bild, wobei die Mensa jener des gegenüberliegenden Seitenaltars sehr ähnlich ist. Neben einigen guten Statuen, einem kastenartigen Opferstock aus dem 16. Jahrhundert in der Mitte des Chores und guten Betbänken aus dem Anfang des 18. Jahrhunderts, sind wertvolle Kunstwerke, wie zum Beispiel eine hl. Barbara aus dem Jahre 1480 und eine hl. Afra ebenfalls aus 1480, in die alte Galerie des Joanneums in Graz „abgewandert".
Hinter der Kirche, über eine Treppe erreichbar, steht eine Heiliggrabkapelle aus dem Jahr 1680, in der sich ein lebensgroßer Leichnam Christi aus Holz befindet, der aus dem 18. Jahrhundert stammt.

MAGDALENENKIRCHE IN JUDENBURG

Mag auch die dem hl. Nikolaus geweihte Stadtpfarrkirche mit ihren zahlreichen Schätzen, wie der berühmten „Judenburger Madonna“ und ihrem die ganze Stadt beherrschenden Campanile, der 1449 begonnen und nach Bränden immer wieder aufgebaut wurde, die mächtigere der Judenburger Kirchen sein, die künstlerisch interessantere ist die Magdalenenkirche. Sie liegt in der Unterstadt nahe der Mur und ist 1148 erstmals genannt. Ursprünglich Bürgerspitalskirche und heute zweite Pfarrkirche von Judenburg, wurde sie in einer Zeit in die heutige Form gebracht, in der reich gewordene Judenburger Bürger ihre wirtschaftliche Zukunft im Bergbau sahen und sich Anteile an den Silbergruben von Oberzeiring und Schladming, aber auch an den Goldgruben von Rauris und Gastein sicherten. Gegen Ende des 14. Jahrhunderts, als man den Chor der Magdalenenkirche errichtete, hat Judenburg im Interesse des Fernhandels eine eigene Goldmünze geprägt. Die Kunst erlebte durch den Reichtum und den Kunstsinn der wohlhabenden Bürger eine Hochblüte. Der weithin bekannte Hans von Judenburg konnte eine reiche künstlerische Tätigkeit entfalten. In diese Zeit fällt auch das Entstehen der hervorragenden gotischen Glasfenster der Magdalenenkirche.

Aber der Reihe nach: Zuerst beeindruckt die klare Konzeption der zweischiffigen Langhaushalle mit Kreuzgratgewölbe, das sich im schmäleren um zwei Stufen höher angelegten Chor fortsetzt, der ebenfalls kreuzrippig gewölbt ist. Im Chor prachtvolle Maßwerkfenster mit profilierten Steingewänden, von denen noch die Rede sein wird, und zwischen ihnen Figurennischen. In der Nordwand des Chorschlusses eine gotische Sakramentsnische mit Kielbogen.

Die grandiosen, vollkommen erhaltenen gotischen Glasgemälde beeindrucken tief. Im Jahre 1950, nachdem sie den Zweiten Weltkrieg heil überstanden hatten, wurden sie ausgezeichnet restauriert. Die Glasgemälde stellen Szenenfolgen aus dem Alten und dem Neuen Testament dar, Szenen aus dem Marienleben und Apostel- sowie Heiligengestalten. Die Fenster wurden allesamt gegen Ende des 14. Jahrhunderts wahrscheinlich von der Judenburger Werkstatt gestaltet. Die Fenster im Chor und im östlichen Langhaus erzählen in reichen Darstellungen und kontrastreichen Farben, während das westliche Schiffenster eine eher schemenhafte Linienführung in satten Farben aufweist und bereits aus dem beginnenden 15. Jahrhundert stammt.

Neben diesen bedeutenden Zeugnissen gotischer Glasmalerei birgt die Kirche St. Magdalena auch mehrere gotische Wandmalereien. An der Südwand des Kirchenschiffs sieht man ein Fresko aus dem Jahre 1415, das den hl. Augustinus mit anderen Heiligen darstellt und das aus der

St.Magdalena aus einer interessanten Perspektive

ehemaligen Jesuiten- beziehungsweise Augustinerkirche hierher übertragen wurde. Im Chor hervorragend erhaltene und restaurierte Darstellungen der Kreuzigung Christi, darüber vom Tod Mariens, der Krönung Mariens und schöne Apostelkreuze mit Brustbildern. Über einer Sakramentsnische ein „Schmerzensmann" aus dem letzten Drittel des 14. Jahrhunderts.
Um bei den Fresken zu bleiben: Bedauerlich ist, daß die Darstellungen in der Apsis bei schlechtem Licht beziehungsweise in der Dämmerung kaum zu sehen sind. Sie würden eine Anstrahlung durch stärkere Scheinwerfer durchaus verdienen. Traurig sieht es um das Christophorusfresko an der südlichen Außenwand der Kirche aus, das aus der Mitte des 15. Jahrhunderts stammt und trotz Restaurierung im Jahre 1938 fast ganz zerstört ist. Die Magdalenenkirche birgt aber noch weitere Prunkstücke steirischer Sakralkunst. Besonders prächtig ist der Hochaltar aus dem dritten Viertel des 17. Jahrhunderts mit einem beachtlichen Hauptbild „Heiliger Wandel". Im Aufsatz Statue der hl. Magdalena, der Kirchenpatronin aus dem Jahr 1753, eines der Meisterwerke von Balthasar Brandstätter. Etwa aus der gleichen Zeit stammen die beiden hervorragend gestalteten Seitenaltäre. Der linke hat ein Altarblatt der „Krönung Mariens mit Heiligen", über dem links und rechts zwei Engel wachen. Der rechte Seitenaltar gehört zu den großen Meisterwerken des Barock und hat im Zentrum eine Immaculatastatue von Balthasar Brandstätter sowie Statuen des hl. Laurentius und des hl. Leonhard aus dem 17. Jahrhundert. An der Wand vor den beiden Seitenaltären ein hervorragendes Kreuz mit Corpus ebenfalls aus dem 17. Jahrhundert.
Bemerkenswert ist, daß es in der Magdalenenkirche keine Kanzel gibt. Nirgends ist ein Hinweis darauf zu finden, obwohl es nach der Meinung vieler Kunsthistoriker eigentlich einmal dieses wichtige Einrichtungsstück einer Kirche gegeben haben müßte. Noch zu erwähnen das einfache Kirchengestühl und der Volksaltar, der schlicht und dem Stil der Kirche angepaßt gestaltet wurde. Im zur Kirche gehörenden Pfarrhof sind ein schönes spätgotisches Tafelbild „Maria mit Kind und Heiligen" aus 1520 und eine Statue „Maria mit Kind" aus dem Ende des 15. Jahrhunderts erhalten. Diese Darstellung schreibt man dem Einfluß der Donauschule zu.

Die großartigen Glasgemälde

MARIA BUCH

Wie viele steirische Wallfahrtskirchen hat auch das nahe bei Judenburg gelegene Maria Buch eine Gründungslegende. Sie ist erst spät aufgetaucht, sollte die Entstehung des Ortsnamens erklären und erzählt eine zunächst peinliche Geschichte. Eleonore von Portugal, die Gemahlin Kaiser Friedrichs III., hatte auf der Jagd ihr Gebetbuch verloren. In diesem Buch war ein Brieflein verwahrt, das ihr beim Gottesdienst in der Burgkapelle zu Judenburg ein ritterlicher Verehrer zugesteckt hatte. Aus Angst, dieses kompromittierende Gebetbuch könnte in fremde Hände geraten, gelobte Eleonore, eine Marienkapelle zu errichten, wenn sie das Buch wiederfände. Ihr Gelöbnis konnte sie bald erfüllen, denn ihr Jagdhund zeigte durch lautes Bellen an, wo das verlorene Buch lag. An der Geschichte mit dem Buch ist allerdings historisch, daß 1452 das Kaiserpaar in Judenburg weilte, und es wird vermutet, daß Eleonore den Kirchenbau anregte und dazu finanziell beisteuerte. Der Ortsname, 924 als „Puoche" urkundlich erwähnt, bedeutet wahrscheinlich „Bühel". 1074 erscheint ein „Maria am Büchel" unter den Schenkungen an Admont, und es dürfte sich dabei um den Erstbau am Fuß des Liechtensteinberges handeln. Den Beginn des gotischen Neubaues vermutet man um 1455. Schon von weitem sieht man den sechsundsechzig Meter hohen Turm der Wallfahrtskirche, der in halber Höhe von einem Viereck in ein Achteck übergeht und mit einem Kranz von Wimpergen, Giebeln und Kreuzblumen den alten Turmteil abschließt. Seine bekrönende Steinpyramide ersetzte später eine Barockhaube, die durch Brand zerstört wurde. 1876 hat man dann den Turm neugotisch erhöht und mit einem Spitzhelm abgeschlossen. Sein mächtiger Quaderbau besteht, wie auch die Innenarchitektur der Kirche, aus „Mariabucher" Marmor, der oberhalb des Ortes gewonnen wurde.

Wenn man das Innere der Kirche betritt, beeindruckt zuerst die Weite des Raumes, dessen große Fenster viel Licht einfluten lassen. So sind auf den ersten Blick auch Einzelheiten in der dreischiffigen Halle und im etwas niedrigeren Chor auszumachen, darunter auch einiges, was man lieber anders wahrnehmen möchte. Es fallen die Kirchenbänke gleich unangenehm auf, weil ihr barock bearbeitetes Holz dick mit Braun und Gelb übermalt wurde. Fassungslos steht man dann vor dem hölzernen Volksaltar im Chor, dem sich ein ebenso häßliches Lesepult hinzugesellt. Man wagt zu hoffen, daß dies alles, wie auch die Sesselgarnitur vor dem barocken Kommuniongitter, nur ein finanziell bedingtes Provisorium sei. Der sonst gut renovierte Innenraum erhält durch rote Netzrippen am Langhausgewölbe, wie aus Ziegeln geformt, ein fröhlich buntes Gepräge. Aus der Gotik stammen außerdem die Kirchenportale, die rechteckige Sakramentsnische im Chor und Wandmalereien im linken Seitenschiff.

Die ganze Höhe des Chorabschlusses nimmt ein in Schwarz-Gold gehaltener Hochaltar ein, mit rebenumrankten Säu-

Maßwerk im Tympanon des Eingangsportals

len und Heiligenstatuen aus der Judenburger Werkstätte des Michael Hönel versehen. Über dem versilberten Tabernakel steht in einer ebenfalls versilberten Baldachinnische der kostbarste Schatz der Kirche, eine lebensgroße Statue der Gnadenmutter auf der Mondsichel. Sie entstand, als die Kirche noch im Bau war, um 1480. Maria bietet ihr Kind, das auf ihrer rechten Hand sitzt, in einer fast unnatürlichen Gebärde der Welt an, schenkt es der Menschheit. Es handelt sich um eine in Österreich einmalige Darstellungsweise. Im obersten Rang der Retabel steht die Figur des Erlösers, darunter eine Tafel mit Jahreszahl 1651 und dem Gebetstext: „O du allerlibster und sissester Herr Jesu Christe, erbarm dich unser." Den Abschluß des Hochaltares, originell gestaltet, bildet eine Verkündigungsszene, mit der Heiliggeisttaube als Bekrönung.
Die drei schmalen und hohen Seitenaltäre im Langhaus, um 1700 entstanden, sind einfacher ausgeführt. Unter ihnen ist der Sebastiansaltar besonders hervorzuheben, seine Plastiken sind vorzügliche Arbeiten des Judenburgers Franz Camerlander. Eine Plastik des hl. Ignatius von 1884 am Josefsaltar erinnert an die Zeit der Jesuiten, die bis 1773 Maria Buch betreuten. An der rechten Wand hängt, sehr realistisch gestaltet, ein überlebensgroßes Kruzifix aus der Spätgotik, dessen echte Haare erst in der Barockzeit hinzukamen. Links und rechts vom Hochaltar kann man aus dieser Zeit etwas Besonderes sehen, die sechs großen, mit Figuren und Ornamenten bunt geschmückten Opferkerzen. Eine Legende verlegt ihre Entstehung in das Jahr 1480, da Maria Buch von den Türken heimgesucht wurde. Einer der Türken soll sich frommgestellt und dem Mesner eine dicke Kerze übergeben haben, sei gestolpert und hingefallen, wobei die Kerze zerbrach und ihr Inhalt, ein nicht zu frommem Zweck bestimmtes Pulver, zutage kam. Als Dank für die Errettung sollen die Ortsbewohner diese Kerzen geopfert haben. Es stimmt wohl, daß man vor der Wien-Belagerung durch Kara Mustapha in Maria Buch verängstigt war und beschloß, Kerzen zu opfern, aber das war zwei Jahrhunderte später. Die „Türkenkerzen" wurden erst 1682 gegossen. In der Biedermeierzeit kam noch der Wachsblumendekor hinzu.

Die Gnadenstatue im hochbarocken Hauptaltar

Von den zahlreichen Engelfiguren, die den Innenraum beleben, sind die beiden im Chor besonders anmutig ausgefallen. Balthasar Brandstätter aus Judenburg hat sie geschnitzt.
Die silberfarbenen Engel an den Seitenwänden zeigen jeweils ein geöffnetes Buch. Darauf stehen die lateinischen Anfangsworte der Marianischen Antiphonen, die fünfmal im Jahr wechselnd, das liturgische Abendgebet beschließen. Ein sechster Engel hat den Wallfahrtsgruß an die Gottesmutter aufgeschlagen: „Ave Maria Buch".

ST. MAREIN BEI KNITTELFELD

Wer dieses Werk der Kirchenbaukunst von „außerordentlicher innerer und äußerer Würde" zwar in erhöhter und einigermaßen weithin sichtbarer Lage, und doch fernab jeder größeren Siedlung erblickt, muß ganz einfach überrascht sein. Das Staunen wird aber noch wachsen, wenn der Betrachter über die einfache hölzerne Stiege in den ummauerten Kirchhof tritt und der unglaublichen Vielfalt aus gegliederter Außenfassade, Köpfen, Tieren und Menschen am Gesimse unter dem steil zum Himmel strebenden Dach erstmals gegenübersteht. Der Betrachter erfährt, daß er vor der „Mutter Seckaus" steht.

„St. Marein im Paradeis", wie die Kirche auch genannt wird, ist schon 1075 urkundlich erwähnt, und es gibt Kunsthistoriker, die es nicht für ausgeschlossen halten, daß der heute noch vorhandene romanische Turm schon damals stand. 1140 gründete Adalram von Waldek hier ein Augustiner-Chorherrenstift, von dem aus die Mönche bereits zwei Jahre später nach Seckau zogen, wahrscheinlich weil sie im dort vorhandenen Sandstein das geeignete Baumaterial für eine Basilika und einen Klosterbau fanden. Die Kirche von St. Marein scheint 1437 wieder in einer Urkunde auf. Als Bauherr sind Propst Ennstaler und als Baumeister Niklas Velbacher genannt und in der Vorhalle zur Kirche in Form von Büsten verewigt. Im Jahr 1480 wurde die Kirche von den Türken verwüstet und die Gnadenmadonna zerhackt. Das gotische Meisterwerk, das an ihre Stelle trat, wurde im Jahre 1968 gestohlen, ebenso wie das Relief „Maria mit Kind" aus dem wunderschönen gotischen Flügelaltar.

Man kommt aus dem Staunen nicht heraus. Schon die Vorhalle der Kirche ist ein Meisterwerk der Baukunst aus der Mitte des 15. Jahrhunderts. In diesem Raum, von dem aus man durch ein Portal mit einem Rund- und einem Spitzbogen in die frühere Annakapelle und jetzige Sakristei gelangt, ist im unteren Bereich die Welt, in der wir leben, und im oberen Bereich die überirdische Welt in Symbolen aus der Vorstellungswelt jener Zeit dargestellt.

Gelangt man durch das gotische Doppelportal in den Kirchenraum, überwältigt einen die Symphonie aus Licht, Farbe und Formen, die sich hier aus Werken der Romanik, der Gotik und des Barock zusammenfügt. Man ist beeindruckt von den hohen gotischen Schiffen und dem Chor mit den Kreuzrippengewölben, wobei jenes über dem Chor mit qualitätvollen Fresken aus dem Jahr 1463 ausgeschmückt ist. Besonders bekannt ist die Darstellung des sogenannten Hammerherrn oberhalb der nordseitigen Empore über dem Sakristeieingang.

Wendet man sich den Altären zu, wird man dem linken Seitenaltar, einem rein gotischen Doppelflügelaltar, wahrscheinlich den Vorzug vor dem dreigeschossigen Hauptaltar geben müssen. Der Flügelaltar, 1524 für die Filialkirche St. Martha ge-

Zarter Freskenschmuck zwischen den Rippen der Decke im Chor

stiftet, kam 1898 in die Pfarrkirche. Sein Aufbau zeigt die Tradition der gotischen Schule. Im Zentrum Maria mit dem Jesuskind, wie schon erwähnt, nach dem Diebstahl im Jahre 1968 in einer Nachbildung. Rechts von der Gottesmutter steht der hl. Stephanus und links der Drachentöter Georg. Im mittleren Türmchen eine Krönung des Auferstandenen. In Gold gefaßte Schreinfiguren, für die eine farbenprächtige Ergänzung in der Predella und auf den gemalten Seitenflügeln vorhanden ist. Rechts wird die Geburt Christi und links die Anbetung der Weisen dargestellt. Auf der Rückseite des Flügelaltars eine Anna selbdritt und eine Darstellung der hl. Dorothea. Auf der Predella sind übrigens auch der Stifter des Altars, Gregor Schärdinger, und der damalige Pfarrer von St. Marein, „Christannus Spuel", zu sehen. Im Hintergrund die Pfarrkirche. Als Schnitzmeister dieses großartigen Altars vermutet man den aus Bozen stammenden Leonhard Arnberger, der später, in der Zeit von 1541 bis 1560, dem Kloster Seckau als Propst vorstand und den Beinamen „Plastes" trug.

Der barocke Hochaltar, der den gotischen Chorschluß verdeckt, ist gut in den Raum hineinkomponiert. Es ist ein dreigeschossiger Marienaltar. Maria wird hier flankiert von Statuen der hl. Klara und des hl. Dominikus (rechts). Auf der Seite der hl. Klara sieht man links außen die Mutter Anna, die das kleine Mädchen Maria an der Hand hält, und auf der Gegenseite den hl. Josef mit dem Jesusknaben. Im zweiten Geschoß des Altars in der Mitte Gottvater in Wolken, umgeben von Engeln mit Spruchbändern, die in einem Chronogramm die Jahreszahl 1703 ergeben, wahrscheinlich das Jahr der Aufstellung des Altars. Das dritte Stockwerk zeigt die Heiliggeisttaube, rechts den hl. Leonhard und links den hl. Sebastian.

Bemerkenswert ist auch der Andreasaltar

Ein besonders schwungvoller Doppelflügelaltar links in der Kirche

aus dem Jahr 1711 mit einem Altarblatt, das den Heiligen mit einem Andreaskreuz darstellt. Der Altar, eine Leihgabe aus der Friedhofskirche von Oberzeiring, wurde 1962 hier am Schrägabschluß des Südschiffes aufgestellt.

Im Kirchenschiff beziehungsweise im Langchor gibt es noch schöne gotische Statuen der hl. Maria Magdalena und auf einer Konsole im Südschiff einen barocken hl. Florian, sowie vor dem Flügelaltar einen besonders schönen hl. Antonius mit dem Jesusknaben. Beachtenswert auch die schwarz-goldene Kanzel mit den Monogrammen von Jesus und Maria. Als Rückseite der Kanzel ein Bild des hl. Paulus mit Schwert, umgeben von reichem Blattwerk. Der Schalldeckel der Kanzel trägt nach unten die Heiliggeisttaube.

Da die Kirche wegen Diebstahlgefahr (trotz einer modernen Alarmanlage) außer zu Gottesdienstzeiten zumeist zugesperrt ist, muß man sich den Schlüssel bei der freundlichen Mesnerin im Nebengebäude des Pfarrhofes holen.

MARIA AM WAASEN, LEOBEN

Die am rechten Murufer gelegene Leobener Vorstadt Waasen war einst mit weitaus mehr schönen Häusern versehen und dazu gab es, wie alte Ansichten illustrieren, viele Grünflächen mit üppigen Baumgruppen. Die Vorstadtkirche Maria am Waasen stand noch auf einer ringsum freien Fläche, nur von großen Friedhofmauern eingegrenzt. Es ist schade, daß die im Inneren so sehenswerte Pfarrkirche ein so düster wirkendes Äußeres an der Westfassade aufweist, einer Kreation vor unserer Jahrhundertwende zuzuschreiben, der man auch den damals neu errichteten, gotisierenden Spitzhelmturm verdankt. Dieser ersetzte, ausgelöst durch ein Mißgeschick, eine Reihe von Vorgängertürmen. Als nämlich 1898 eine der Glocken einen Sprung bekam, befand die untersuchende Baukommission den alten Dachreiter über der Fassade für baufällig und ordnete den Abbruch an. Dabei geschah allerdings auch Erfreuliches, denn man fand dabei gotische Freskenreste, die abgenommen wurden und in das Leobener Museum wanderten.

Die Geschichte der Waasenkirche ist kurz erzählt. Sie ist etwas unklar an ihrem Beginn, hingegen ist ein Rechtsstreit um den Besitz der Waasenkirche urkundlich belegt. Als Gründungsjahr gilt 1160, da wird ein Priester an der Kirche in einer Urkunde erwähnt. Daß der Gründer, Konrad von Peilstein, seine Eigenkirche dem nahen Stift Göss schenkte, war die Ursache für den späteren Zwist. Sein Sohn gleichen Namens widerrief nämlich die Schenkung mit der Begründung, sein Vater sei damals schwachsinnig gewesen. Er übergab 1185 die Waasenkirche dem Stift Admont, was die Gösser nicht freute und einen langen Rechtsstreit zwischen den beiden Stiften zur Folge hatte. Schließlich, 1210, verzichtete Admont zugunsten von Göss auf die Kirche, die bis zur Aufhebung des Stiftes ihr inkorporiert blieb, dann Pfarre wurde, zuerst des Leobener, dann des steirischen Bistums.

Das Kirchenschiff des heutigen Baues entstand gegen 1483, wie Bauinschriften am Langhausgewölbe und ein Schlußstein ausweisen. Der höher aufgeführte Chor war aber bereits um 1400 errichtet, denn er zeigt noch ein Kreuzrippengewölbe, und seine Glasgemälde sind zwischen 1410 und 1420 zu datieren. Diese wertvollen Malereien, nur noch der Rest einer ursprünglich reichen Ausstattung, „gehören zu den bedeutendsten Beständen dieser Kunstgattung in der Steiermark" (K. Woisetschläger). Die Genealogen und Heraldiker werden bei der Besichtigung dieser Scheiben vor allem die Stifterbilder und ihre Wappen interessieren. Es sind längst ausgestorbene steirische Rittergeschlechter dargestellt, die in der heutigen Aufstellung zwischen den biblischen Szenen und den vielen Heiligenfiguren eingelassen sind. Unter den besonders interessanten Scheiben ist zunächst jene auf der linken Chorseite zu nennen, die das Geschlecht der Tumerstorfer zeigt. Deren gerüstete Männer tragen einen Zopf, als Mitglieder des ritterlichen Zopfordens; über diese Merkwürdigkeit wird bei der Besprechung von St. Erhard in der Breitenau genauer berichtet. Am rechten Chorfenster ist sein Stifter Paul Chren zu sehen, in Nachbarschaft zu den Propheten Daniel und Habakuk, die als Bergwerkspatrone gelten. Der Ritter muß also eine Beziehung zum Bergbau gehabt haben, und tatsächlich fand man heraus, daß Chren Anfang des 15. Jahrhunderts Pächter des Gasteiner Goldbergwerks gewesen ist. Die stilistischen Merkmale dieser Malereien zeigen deutlich eine Abhängigkeit von der Wiener Werkstätte am Ende des 14. Jahrhunderts. Im Schein der Morgensonne kommen ihre kraftvollen

Bischof und Abt aus den sehenswerten Glasgemälden

Darstellungen und vor allem ihre Farbenpracht besonders strahlend zur Geltung. Im Vergleich dazu wirken die Glasgemälde des 19. Jahrhunderts, die auch in der Kirche zu sehen sind, wie farblos, uninspiriert und fad.
Der vom Maurermeister Jacob Aigner gestiftete und den barocken ersetzende Hochaltar von 1845 ist nicht uninteressant. Sein Schöpfer hat im neugotischen Aufbau auch Teile des Vorgängeraltars geschickt mitverwendet, vor allem das Altarbild von 1687. Es ist eine Kopie des berühmten Mariahilfbildes im Innsbrucker Dom von Lukas Cranach dem Älteren, deren Nachbildungen in vielen steirischen Kirchen zu finden sind. Ursprünglich zierte das Waasener Gnadenbild den Altar der Häuselbergkapelle, die unter Joseph II. niedergerissen wurde. Eine lange Inschrift am unteren Bildrand berichtet von der Stiftung der ehemaligen Kapelle durch den Bierbrauer Alexander Pann. Auch die Barockkanzel kam erst später hierher und ist eine der wenigen Relikte aus der alten Pfarrkirche von Göss, die man 1797 bis auf den Turm abgebrochen hat. Davon profitierte die Waasenkirche, denn diese Kanzel ist eine bedeutende Leistung des jungen Leobener Bildhauers Krennauer, der „an Vorbilder des damals fortschrittlichen Vorauer Kanzelkreises“ (K. Woisetschläger) anknüpfte. Zwei neugotische Seitenaltäre fanden 1872 in der Kirche Aufstellung. Aus der Barockzeit sind die Heiligenskulpturen an den Wänden und das Pestvotivbild von 1716, auf dem die Waasenvorstadt und rechts von der Murbrücke ein Teil Leobens zu sehen sind. Noch ein weiteres Gnadenbild fand in der Waasenkirche Aufnahme, 1952 als Widmung des Patronatsherrn Franz Mayr Freiherr von Melnhof, zur Erinnerung an seine Frau. Es ist eine Barockkopie des Marienbildes von Zbraslav in Böhmen, dessen Original um 1360 gemalt wurde.

Blick aus dem Hauptschiff in den Chor

Von der Wiesenfläche hinter der Kirche hat man einen schönen Blick auf den gotischen Chor, und weil man sich auf dem Areal des 1886 aufgelassenen Friedhofes befindet, sind hier auch interessante Grabsteine zu sehen. In die Kirchennordwand ist der älteste Grabstein eingelassen, für Pfarrer Caspar Dirmair, gestorben 1507. An der Sakristei ist der Grabstein für den Frühnazarener Peter Tunner und an der alten Friedhofmauer, von der barocken Marienkapelle ausgehend, reihen sich lokalhistorisch interessante Gedenkstätten. Darunter befindet sich das Eisengußmal für den Schwager Erzherzog Johanns, den k. u. k. Postmeister Josef Plochl. Unter drei leeren Nischen kann man die Weihetafel von 1692 für Leobens Kapuzinerkloster sehen, das 1809 aufgehoben wurde. Und am südlichsten Teil der alten Mauer kommt man zu schon stark abgewitterten hölzernen Grabtafeln, die noch in die Hochblüte der Barockzeit zurückreichen.

BRUCK AN DER MUR, MINORITENKIRCHE

Am Zusammenfluß von Mürz und Mur liegt Bruck, 1277 zur Stadt erhoben, zu deren Propsteikirche das ehemalige Gotteshaus der Minoriten als Filiale gehört. Es liegt am Ostrand der Altstadt und trägt das romantisch klingende Patrozinium „Maria im Walde". Die „Minderen Brüder" bekamen diesen Ort an der Stadtmauer zugewiesen, um hier für die Befestigung und Verteidigung von Bruck zu sorgen. Udalrich Graf von Montfort hat das Kloster 1272 gestiftet, um 1295 war seine Kirche vollendet. Ihr Langhaus ist außen ungegliedert, der schmale Chor hingegen weist kräftige Strebepfeiler auf. Er erhob sich mit seinem steilen Satteldach einst über dem Ufer der Mürz, heute wird sein unterer Teil durch den Straßenbau unbarmherzig verdeckt.

Auch die Eingangsfassade ist schlicht gehalten, nur ihr hochgotisches Portal zeigt künstlerische Bearbeitung, ist mit einem feingliedrig profilierten Gewände versehen, sowie mit wechselnden Birn- und Rundstäben, deren Sockel und spulenartige Kapitelle sich zu horizontalen Bändern zusammenfügen. Im Tympanon sieht man ein Schnitzrelief von 1660, das die Heilige Familie mit dem Johannesknaben darstellt. Ein zweites Portal aus der Gotik besitzt zarte Rundstäbe und befindet sich zwischen dem ehemaligen Kreuzgang und dem Chor.

Es ist erfreulich, daß im Inneren der Kirche noch eine solche Fülle an Kunstwerken erhalten blieb. In den Chorabschluß eingefügt, erhebt sich ein monumentaler Hochaltar von etwa 1770, der eine sehr schöne Madonna, um 1440 geschaffen und später mit einem Strahlenkranz umgeben, enthält. Von den flankierenden Figuren, die Minoritenheilige darstellen, ist allerdings eine verlorengegangen. Vergeblich sucht man im Kirchenraum nach einem Grabmal für Hugo von Montfort. Der Dichter aus Vorarlberg, der es in der Steiermark bis zum Landeshauptmann brachte, starb 1423 auf seiner Burg Pfannberg. Es ist erwiesen, daß man ihn in der Minoritenkirche beigesetzt hat. In einer der drei Grüfte unter den Altären dürften seine Gebeine ruhen. Dem Wappen von Montfort begegnet man mehrfach in der Kirche, so ist an der rechten Chorwand, neben Fragmenten einer Engelfigur, ein Schild aus dem 14. Jahrhundert zu sehen, das die Prozessionsfahne — heute Wappen Vorarlbergs — zeigt. Für Wolfgang Montfort wurde ein Epitaph mit Wappenrelief und der Jahreszahl 1593 errichtet. Sehr bemerkenswert ist die Sitznische aus der Frühgotik, in die Chor-Nordwand eingelassen. Sie wird mit einem Dreipaßbogen abgeschlossen. Außerdem hat man 1917 und dann wieder 1951 Reste gotischer Wandmalereien freigelegt, von denen an der linken Chorwand eine Maria Verkündigung im giebelbekrönten Gehäuse zu erkennen ist.

Auch im einschiffigen Langhaus befinden sich Fragmente von Fresken, um 1400 entstanden. Fast zwanzig Meter lang war einst der Bilderstreifen, von dem man noch mehrere Phasen eines Dreikönigszuges sieht. An der gegenüberliegenden Wand sind Sankt Achatius und die Marter der Zehntausend dargestellt, daneben kleinere Bildfelder mit Heiligen, sowie das Fragment einer Heimsuchung Mariä. Ursprünglich war das Langhaus mit einer flachen Decke, vermutlich aus Holz, versehen und wurde erst im 17. Jahrhundert eingewölbt. An einem der barocken Seitenaltäre zeigt das Altarbild den schwebenden hl. Josef von Copertino über dem Kreuz.

In der zweiten Hälfte des 17. Jahrhunderts entstand der Kapellenanbau an der linken Langhauswand. Er zeigt an den Gewölbegraten zarte Stuckbänder und das sicher wertvollste unter den Ölgemälden dieser Kirche, einen „Antonius vor der Madonna", von Hans Adam Weissenkircher 1690 gemalt und signiert. Beachtenswert sind auch die Wangen der Kirchenbänke und das im Spätbarock entstandene Chorgestühl. Beim Verlassen der Minoritenkirche wird man erst gewahr, wie wunderbar die konkav einschwingende Orgelempore gestaltet ist. Über ihr erhebt sich das mit Flügeltüren versehene Gehäuse der von J. G. Mitterer anfangs des 18. Jahrhunderts gebauten Orgel.

Im ehemaligen Minoritenkloster, nunmehr Amtshaus, sind noch Reste des alten Kreuzganges zu sehen und darin spätgotische Wandmalereien. „Maria im Walde" wurde in jüngster Zeit innen und außen vorzüglich restauriert. Den Schlüssel erhält man im Stadtpfarramt.

Abschließend sei noch auf eine Besonderheit am Brucker Stadtrand aufmerksam gemacht. Nicht weit von der Minoritenkirche steht an der Ausfahrt nach Graz, von Autostraßen eingekreist, ein ehemaliges kleines Gotteshaus. Der Bau zeigt einen ungewöhnlichen Grundriß und war im 15. Jahrhundert neben einem Spital für Pestkranke entstanden. Seine Ecken des Obergeschosses enthielten drei Kapellen, deren kunstvoll gestaltete Gewölberippen noch zu sehen sind. Außerdem blieben die Stifternamen an den Wänden erhalten, darunter jener des Pankraz Kornmeß, dem Bruck das berühmte gotische Haus verdankt. Auf der ganzen Welt

Weißgefaßte Barockfiguren umgeben die gotische Madonna am Hochaltar

sind neben dieser profanierten Heiliggeistkirche aus so früher Zeit nur eine Kirche bei Kiew und eine in Syrien mit streng dreieckigem Grundriß bekannt. Es ist zu hoffen, daß diese architektonische Kostbarkeit, jetzt verwahrlost, saniert und einer ihr würdigen Verwendung zugeführt werden kann.

ADRIACH

Wer den Kirchhof der St.-Georgs-Kirche von Adriach betritt und den hellen Kirchenbau, seine Ummauerung und den mächtigen alten Pfarrhof betrachtet, hat sofort den Eindruck von Wehrhaftigkeit. Und er irrt nicht. Die Kirche war nämlich ursprünglich seit ihrer Erbauung um 1050 Mittelpunkt einer Kirchsiedlung, deren Bewohner hier Schutz suchen konnten. Wer das eindrucksvolle Ambiente auf sich wirken läßt und hinüberschaut auf die Ruine Alt Pfannberg jenseits der Mur, deren Herren lange und eng mit dem Geschick dieser Kirche verbunden waren, wird gut daran tun, zuerst an drei einfache Bauern zu denken, ohne die das prachtvolle Gotteshaus nicht mehr dastünde. Als die Kirche mit allen Gebäuden 1787 zur öffentlichen Versteigerung ausgeschrieben wurde, fanden sich nämlich Franz Oberer, vulgo Rieglmoar, in Laufnitzdorf, Peter Größler, vulgo Traninger, und Jakob Jantscher, vulgo Sattelthaler, beide in der Gams, die das Geld aufbrachten, um die St.-Georgs-Kirche vor der Profanierung zu bewahren. Später vermachten sie die Kirche der Gemeinde Adriach unter der Bedingung, daß diese für ihre Erhaltung sorge.

Glanzvoll restauriert ist das Gotteshaus

Von dieser Entwicklung hätte sich Kaiserin Maria Theresia fast dreißig Jahre vor diesem Ereignis kaum etwas träumen lassen, als sie im Jahre 1757 als Dank für die Genesung ihrer Tochter Maria Anna hierher eine Wallfahrt unternahm. Ihr Dankopfer war ein prachtvoller Meßornat, der heute noch erhalten ist.

Ein Abschnitt der Geschichte von Adriach darf nicht vergessen werden, nämlich die Zeit der Reformation und der Gegenreformation. Im Jahr 1572, als die meisten landesfürstlichen Städte und Märkte schon dem neuen Glauben anhingen, hielt die Adriacher und Frohnleitner Bevölkerung noch am katholischen Glauben fest. Die adeligen Familien auf den benachbarten Schlössern waren allerdings schon längst eifrige Kämpfer für das Luthertum. Es steht jedenfalls fest, daß zum Beispiel die Pfannberger Güter eingezogen und die Zahlungen für den Frohnleitner Frühmessekaplan nicht mehr weiter geleistet wurden.

Doch nun zur Kirche selber: Ist dem Besucher mit Hilfe der freundlichen Familie Grabenhofer, die in Adriach Nr. 19 lebt und den Schlüssel zur Kirche verwaltet, der Zutritt gelungen, muß er zuerst mit einem Eingangsbereich Bekanntschaft machen, der nicht zur Kircheneinrichtung paßt. Die ab 1978 hier als Restauratoren der Kirche mittätigen Architekten dürfen es sich zwar hoch anrechnen lassen, daß sie auch für eine wissenschaftliche Forschungstätigkeit mitverantwortlich zeichnen, um die baulichen Zusammenhänge früherer Zeiten festzustellen und daß unter Anwendung modernster Technologien die romanische Unterkirche freigelegt und wieder begehbar gemacht wurde. Andererseits müssen sie den Einwand gelten lassen, daß die Stiegenkonstruktion, die in die Kirche und zum Orgelchor führt, nicht mit der Kirchenausstattung harmoniert.

Aber die übermächtige Pracht des Gotteshauses läßt diesen ersten „Stolperstein" vergessen, hat man seinen Fuß einmal ins Kirchenschiff gesetzt. Die Betrachtung des Innenraums, eines dreijochigen Langhauses, von dem man die gotischen Kreuzrippen ebenso entfernt hat wie vom Chor, beginnt man am besten beim Hochaltar, neben dem sich hervorragend erhaltene gotische Maßwerkfenster befinden. Alles andere wurde barockisiert. Der Hochaltar nimmt den ganzen Chorschluß ein und ist eine der bedeutendsten Arbeiten von Veit Königer, der ihn von 1773 bis 1775 schuf. Besonders interessant sind die weiß gefaßten Statuen von Petrus und Paulus und von Gottvater über dem Altarblatt. Der prunkvolle Tabernakel aus der selben Zeit und das große Hochaltarbild, den hl. Georg darstellend, sind ebenso wie der reiche Freskenschmuck in der Kirche von Joseph Adam Mölck. Im Chor befindet sich unter anderem eine Darstellung der Himmelfahrt Mariens aus der Mitte des 18. Jahrhunderts, deren Schöpfer unbekannt ist. Die Darstellung des hl. Antonius, vor der Muttergottes kniend, wurde 1629 von Meister Matthias Echter geschaffen und stammt wahrscheinlich aus der Meisterschule von Bruck an der Mur. Das Deckenfresko im Chor zeigt zwei Szenen aus dem Leben des hl. Georg und zwei Tugenden, während das Fresko an der Decke des Langhauses die Darstellung Jesu im Tempel zum Thema hat. In den Ecken die vier Evangelisten. Die freien Wand- und Deckenflächen hat man mit schönen Dekorationsmalereien versehen. Von bemerkenswerter Schönheit ist die dem Matthäus Krennauer zugeschriebene Kanzel im vorderen Teil des Langhauses, der gegenüber eine Darstellung des Johannes Nepomuk aus dem Jahre 1770 angebracht ist. Wie diese Meisterwerke stammen die beiden Seitenaltäre aus der selben Zeit, wobei am linken ein gutes Passauer Mariahilfbild und am rechten ein ausgezeichnetes Bild „Christus am Kreuz" von Mölck hervorzuheben sind.

In den Seitenteilen der Kirche drei qualitätvolle Kapellen. Eines der bedeutendsten Kunstwerke der Kirche befindet sich in der Annakapelle gleich links vom Eingang, deren Einrichtung aus der zweiten Hälfte des 18. Jahrhunderts stammt. Es ist dies eine Anna-selbdritt-Gruppe aus dem Jahre 1525 von bestechender Einfachheit. Der Altar in der Josefskapelle, dem steirischen Meister Matthias Kern zugeschrieben, ist zwischen 1650 und 1680 entstanden. Besonders zu beachten sind auch ein Ölbild „Begehung der Arche Noah" aus einer Schule des 16. Jahrhunderts sowie ein Marienbild aus dem 18. Jahrhundert und das Werk „Anbetung der Hirten" von Mölck, das aus einer Filialkirche Adriachs hierhergebracht wurde.

Ein Prunkstück der Kirche ist die Aloisiuskapelle, von der man sagt, sie habe die schönste Stuckdecke der Steiermark überhaupt. Das große Altarbild und die Deckenbilder in dieser Kapelle sind abermals von Mölck.

Besonders hingewiesen sei auf den Grabstein der Brüder Leonhard und Tibald von Harrach, die in voller Ritterrüstung im Chor verewigt sind.

Weiters zu beachten der Grabstein für Pfarrer Wenzel Zyka, der 1854 gestorben, viel für die Kirche von Adriach geleistet hat und entscheidende Restaurierungen durchführen ließ.

Die Kirche wird überragt vom mächtigen viergeschossigen gotischen Turm mit hohem Keildach, Spitzbogenfenstern, steinernen Kaffgesimsen und schönen Steinmetzzeichen. Im Turm befinden sich eine große Glocke aus dem Jahre 1474 und eine kleine, genannt die „Elfer", aus etwa 1370.

Teil des kostbaren Maria-Theresien-Ornats, heute in einem Banktresor

MARIA STRASSENGEL

„Es ist zehn Jahre her, daß der Verein der Freunde von Maria Straßengel im europäischen Jahr des Denkmalschutzes von einer Gruppe von Idealisten um Thomas Stepan gegründet wurde. Seither ist es gelungen, den Baubestand der Wallfahrtskirche zu sichern und die Innenrestaurierung zu vollenden . . . ohne die ideelle und finanzielle Mithilfe der Mitglieder und Gönner wäre es nicht möglich gewesen, diese große Aufgabe so weit voranzutreiben." Diesen Worten von Landeshauptmann Dr. Josef Krainer, dem Obmann des Vereines, kann inzwischen hinzugefügt werden, daß nunmehr auch die Außenrenovierung erfolgreich abgeschlossen ist. Ein wahres Kleinod wurde dem Land wie neu geschenkt. Schon die Lage von Straßengel ist einzigartig. Über dem Gratweiner Becken, das durch so manche Neubauten und durch die vielen Fabrikschlote von Gratkorn keinen reizvollen Anblick mehr bietet, erhebt sich auf dem vorspringenden und zum Teil bewaldeten Frauenkogel die Wallfahrtskirche, alles Häßliche weit unter sich lassend. Auch nach Einbruch der Dunkelheit bleibt ihre angestrahlte Silhouette weithin sichtbar.

Romantisch klingt ihre Namensgebung, man denkt an eine Straße, die Engel umsäumen. Doch ist die Bezeichnung sehr prosaischen Ursprungs und läßt auf eine wehrhafte slawische Besiedelung des Bergrückens schließen. Die älteste Nennung, in einer Urkunde verwahrt, bestätigt, daß König Ludwig der Deutsche 860 dem Salzburger Erzbischof mehrere Güter in dieser Gegend schenkte, darunter zwei „ad Strazinolun". Damals stand hier vielleicht noch der Wachtturm, auf den sich das latinisierte „strazinola" bezieht (slawisch „straža" = Wache). Der alte Name ist auch heute noch sinnvoll, denn hier gibt es wirklich Wertvolles zu behüten. Aus einer weiteren Urkunde ist zu erfahren, daß 1147 der Traungauer Otakar III., Sohn des Gründers von Rein, das Gebiet dem Zisterzienserstift schenkte. Eine Kapelle zu Straßengel wird 1208 genannt; für die Anfänge der Wallfahrten dorthin ist eine Legende vom Reiner Chronisten überliefert, wonach Otakar III. 1157 dem Stift ein Marienbild schenkte, das er aus Palästina als griechische Kopie des Originals, vom „Evangelisten Lucas gemalt", mitbrachte. Ein weiterer Kultgegenstand, das legendäre Wurzelkreuz, steigerte noch den Zustrom der Wallfahrer. Ursprünglich dürfte eine Holzkapelle als Herberge für das Gnadenbild gedient haben, aus dem später ein größerer Steinbau wurde, den man vermutlich 1366 vollendet hat. Von den Ständen und Bewohnern der Steiermark wurden hierfür die Geldmittel zusammengesteuert, einen wesentlichen Beitrag für die „Vrowen chapelle ze Strazingel" leistete das Brüderpaar Zeyricker aus Wien. Auch Herzog Rudolf IV. beteiligte sich finanziell, und später hat Kaiser Friedrich III. viel für Straßengel getan. Um ein Haar wäre die Kirche der josephinischen Reform zum Opfer gefallen, sie war schon gesperrt und exsekriert. Aber die umliegenden Gemeinden richteten eine Petition an den Kaiser und so wurde sie nicht demoliert.

Kunstvoll durchbrochen, die Turmspitze

Die jüngste Restaurierung läßt am Äußeren die historisch gewachsene Architektur wirkungsvoll hervortreten, der gotische Bau ist in Naturstein belassen, die späteren Zubauten sind in Gelb-Braun gehalten. Hauptakzent der Kirchensilhouette ist der hohe Turm, über dem Chor aufsteigend. Achteckig und aus Kalktuffstein gefügt, endet dieses baukünstlerische Meisterwerk in einem durchbrochenen Steinhelm. Seine vier Turmgeschosse sind symbolisch so verteilt, daß die massiven Wände den irdischen Bereich und der durchbrochene Helm die Himmelssphäre darstellen. Bei den Konsolenköpfen im ersten Geschoß handelt es sich um die Ecclesia (Kirche), als junge Frau verkörpert, während die runzelige Alte als Synagoge Darstellung fand. Im zweiten Geschoß weisen die Köpfe individuelle Züge auf, über dem Traungauwappen — dem steirischen Panther — sind vermutlich Otakar III. und seine Gemahlin Kunigunde porträtiert, darunter Abt Gerlach. Im Feld daneben sind das österreichische Bindeschild angebracht und darüber wohl die Porträts von Rudolf IV. und Katharina von Böhmen, die eine Haube ziert. Der fischartige Wasserspeier am Übergang zum Turmhelm könnte eine Anspielung auf das Wappentier der Johanna von Pfirt, Rudolfs Mutter, sein. Köpfe der nächsten Turmwände sind als Mönche, Werkleute und Vertreter der Stände zu deuten. Im dritten Turmgeschoß, mit Spitzbogenfenstern allseitig geöffnet, sind lebensgroße Figuren von Maria und den sieben Engeln der Apokalypse enthalten; vier von ihnen, durch Kopien hier ersetzt, können in der Friedrichskapelle aus aller Nähe bewundert werden. Der mit Maßwerk durchbrochene Helm zeigt allerlei Getier und Wasserspeier, die Unheil abwehrende Funktionen symbolisieren. Vorbildhaft für den Straßengler Turm, dessen Meister nicht bekannt ist, können sicher Turmlösungen der Wiener Bauhütte gelten.

An der Westfront befindet sich ein verschlossener Eingang; sein Spitzbogenportal zählt mit dem ähnlich gestalteten Tympanonrelief am Südportal zu den bedeutendsten Leistungen der Reliefkunst des 14. Jahrhunderts in Österreich. Diese Darstellungsszene der Verkündigung an Maria zu betrachten, sollte man sich Zeit nehmen. Mit übergroßen Flügeln, wie noch vom Flugwind gebläht, erscheint Erzengel Gabriel in der Bildfläche. Vor ihm kniet Maria auf einem Betpult mit aufgeschlagenem Psalter, einem Kästchen mit sieben Büchern, daneben eine Lilienvase. Sie empfängt das von Gottvater herabstürzende Jesuskind durch den Heiligen Geist, der eben ihre Krone berührt.

Das für den Eingang geöffnete Südportal ist etwas anders gestaltet. Sein äußerer Bo-

Grandiose gotische Glasgemälde im Chor

genlauf endet in einer Kreuzblume, die eine vollplastische Darstellung des Pelikans enthält, der mit seinem Herzblut seine toten Jungen zum Leben erweckt. Dieses Symbol des Opfertodes Christi ist als ergreifende Wirklichkeit im Tympanon zu sehen, das eine Kreuzabnahme schildert.

Im Inneren von Straßengel wird man zunächst von der dreischiffigen Halle, deren Mittelschiff nur leicht erhöht ist, gefesselt. Überaus reich sind die Säulenkapitelle und Konsolen mit plastischen Darstellungen und Symbolen geschmückt, die Vergleiche mit den Kreuzgangkonsolen in der ehemaligen Zisterze von Neuberg nahelegen. Von der Einrichtung des gotischen Baues blieben, abgesehen vom nunmehr verwahrten Wurzelkreuz, noch die Glasgemälde im Chor erhalten. Die hundertsiebenundvierzig Scheiben aus dem 14. Jahrhundert sind in den drei Chorabschlüssen zu sehen, ergänzt durch Glasmalereien von 1885. Weitere Scheiben befinden sich in London, Kiew und New York. Es sind Szenen aus der Heiligen Schrift, marianische Themen und auch außerbiblische Berichte dargestellt, wie die Begegnung der Mutter Anna mit Joachim an der Goldenen Pforte. Den Stifter der Verglasung, Ortolf von Teufenbach, sieht man im Mittelchor in voller Rüstung kniend.

Ein barockes Kleinod: das Tympanon über dem Westtor

In den beiden Nebenchören sind Altargemälde aus 1781, vom Kremser Schmidt gemalt, die Heiligen Sebastian und Johannes Nepomuk darstellend. Leider hat man sie, völlig unpassend, mit neugotischen Retabeln versehen. Auch der Aufbau des Hauptaltares ist neugotisch, aus einem kühl wirkenden weiß-grauen Marmor gefertigt. Die an einem Mittelschiffspfeiler angebrachte Kanzel von 1779/81 zeigt auf ihrem Schalldach eine Darstellung des Wurzelkreuzes, von zwei Engeln gehalten, als Hinweis auf eine der beiden Gründungslegenden. Anzumerken wäre noch, daß die 1978 gestohlene „Madonna im Ährenkleid" am Hochaltar, jetzt als Kopie ersetzt, vor 1440 gemalt wurde.

Aus der Barockzeit stammt die links das Seitenschiff öffnende Nebenkapelle mit einer Anna selbdritt. Die daran anschließende rechteckige Anlage mit barocker Pietà ist der Unterbau des Glockenturmes, den Abt Molitor 1455 errichten ließ. Eine Spindeltreppe führt über die Orgelempore zur gotischen Friedrichskapelle. In ihr sind Apostelkreuze, eine Sakramentsnische, ein spätgotisches Glasgemälde und Rankenmalereien zu sehen, außerdem an einem der Schlußsteine der Reichsadler Friedrichs III.

Nahe der Wallfahrtskirche, die noch Reste der einst ausgedehnten Wehranlagen umgeben, stehen der Pfarrhof und das „Neugebäude", im Baukern noch spätgotisch, während die Taverne 1582 entstand. Maria Straßengel ist auch heute, wie durch Jahrhunderte, ein viel besuchtes Wallfahrerziel, vor allem an jedem Dreizehnten des Monats; zudem ist sie eine beliebte Hochzeitskirche.

Erläuterungen von Fachausdrücken

ABGETREPPTES PORTAL: Stufenförmig in die Mauerstärke eingelassenes Portal.
ABGETREPPTER STREBEPFEILER: Stufenförmig verstärkter Pfeiler.
ABTEI: Ordensniederlassung, dessen Vorsteher Abt (hbr. „abbas" = Vater) genannt wird.
AKANTHUS: Distelart mit gefiederten Blättern, als stilisierter Schmuck.
AMBO: Lese- und Singpult, in frühchristlicher Zeit vor den Schranken und zweifach errichtet. Später vor dem Lettner. Vorläufer der Kanzel.
ANNA SELBDRITT: Darstellung der Mutter Anna mit Maria und dem Jesuskind, seit dem 13. Jh., wobei in der Gotik Anna meist größer als die beiden anderen dargestellt ist.
ANTEPENDIUM: Verzierte Umkleidung des Altartisches.
APOKALYPSE: a) Religiöse Literaturgattung, die den Weltlauf deutet und den Weltuntergang vorhersagt.
b) Bezeichnung für das letzte Buch des Neuen Testamentes, die Geheime Offenbarung des Johannes.
APSIS, APSIDE: Den Altarraum abschließende Nische, über bogenförmigem Grundriß.
ARCHITRAV: Waagrechter Hauptbalken über Säulen, Pfeilern oder Pilastern.
ARCHIVOLTE: Stirn und Laibung am Bogen; auch der Bogenlauf, zwei Gewändeglieder verbindend.
ATTIKA: Niederer Dachaufbau über dem Hauptgesims, giebel- oder mauerförmig.
ATTRIBUT: Charakteristischer Gegenstand oder ein Wesen, das einer Heiligenfigur als Kennzeichen zugeteilt (lat. attribuere) wird.

BALUSTER: Dickbäuchige Säulchen oder Vierkantpfosten.
BALUSTRADE: Baluster-Reihe mit Handlauf zwischen Postamenten (= Sockel, Unterbau).
BANDELWERK: Ornament aus geschwungenen Bändern.
BANDRIPPE: Als rechteckiges Band geformte Rippe am Gewölbe.
BASIS: Säulenfuß oder kleiner Unterbau einer Plastik.
BISTUM: Amtsbereich eines Bischofs (vom griech. „epi-skopos" = Aufseher); auch DIÖZESE (griech. „dioikein" = verwalten) genannt.
BLENDBOGEN, -ARKADE: „Blinder", nicht durchbrochener Bogen, der Wand nur „vorgeblendet".
BRÜSTUNG: Brusthohe Mauer.

CHOR: Vorderer Altarraum, auch PRESBYTERIUM genannt, einst als Gegenüber zum LAIEN-CHOR (Langhaus) als den Priestern vorbehaltener Raum bestimmt; Platz, der dem „choros" (= griech. kultischer Tanz mit Gesang) der Kleriker und Mönche zugewiesen ist.
CHRONOGRAMM: In eine Inschrift verwobene Jahreszahl, die sich durch Zusammenzählung besonders hervorgehobener, als römische Ziffern verwendeter Buchstaben ergibt.

DIENST: Schlankes, vor Pfeilern (Lisenen oder Wände) gestelltes Halbsäulchen, das Rippe oder Gurt des Gewölbes stützt.
DREIKONCHEN-CHOR: Kleeblattförmiger, vom Vierungsraum ausgehender Chor (concha = Muschel).
DREIPASS: Aus Zirkelschlägen (= Pässen) konstruierte dreiteilige Maßwerkform.
DOM: Bezeichnung für Bischofskirche (Kathedrale), in Österreich seit Ausgang des Mittelalters gebräuchlich; ursprünglich nur für bischöfliche Hauskapellen verwendet; bezeichnet in Deutschland manchmal auch andere bedeutende Kirchen.

EINGEZOGENER CHOR: Gegenüber dem Langhaus weniger breiter Chor.
EMPORE: Galerie- oder tribünenartiger Aufbau an einer Kirchenwand (Sänger-, Orgelempore).
EPITAPH: Gedächtnismal für Verstorbene(n), selten als Grabstein, meist als aufrechtstehende und plastisch modellierte Platte.
ERZSTIFT: Häufig verwendete Bezeichnung für das Erzbistum und Reichsfürstentum Salzburg („Erz" = Erster, Oberster, mhd. Lehnwort aus griech.-lat. „arché-archi-arci").

FASSUNG: Farbige Bemalung oder Vergoldung von Bildwerken.
FIALE: Gotisches Türmchen als Pfeileraufsatz an Portalen, Pfeilern u. a.
FISCHBLASEN: Im gotischen Maßwerk verwendete kurvige Zierformen an Fenstern und Portallaibungen.
FLÜGELRETABEL: Mittlerer Teil eines Flügelaltares, mit Schrein und Seitenflügeln.
FLÜGEL-(WANDEL-)ALTAR: Altaraufbau in der Gotik, bestehend aus Predella, Gesprenge und Seitenflügeln, die sich bewegen lassen und Darstellungen mehrseitig zeigen können.
FRONBOGEN, TRIUMPHBOGEN: Langhaus und Chor trennender, gemauerter Bogen.

GADEN: Obergeschoß eines mehrgeschossigen Wandaufbaus, auch mit Fensterreihe (= Lichtgaden).
GESPRENGE: Hoch „springende" Bekrönung des Flügelaltares, u. a. mit Astwerk und aus zierlichen Fialen gebildet.
GESIMS: Profilierte und waagrecht verlaufende Streifen vor der Wand; als Kaffgesims unterhalb der Fenster; das Gurtgesims trennt Geschosse und Wandzonen.
GEWÄNDE: Seitliche Begrenzung eines Portals oder Fensters, im Unterschied zur Laibung, schräg in die Mauerfläche eingeschnitten, in der Romanik und Gotik vielfach ornamental oder mit Figuren geziert.
GEWÖLBE: TONNEN-: Ungegliederter zylindrischer Wölbungsausschnitt.
KREUZGRAT-: Zwei Tonnengewölbe, die einander kreuzförmig durchdringen.
KREUZRIPPEN-: Gotische Gewölbeform, deren Schnittlinien von Steinrippen kreuzförmig getragen sind.
STERNRIPPEN-: Spätgotische Gewölbeform mit sternförmig verzweigten Rippen, deren Jochscheitel ausstrahlende Zentren bilden.
NETZRIPPEN-: In der Spätgotik, Zerlegung jeder Gewölbeabschnitte durch Steinrippen in mehrere Facetten, ohne die Jochscheitel als Zentren zu markieren.
GIEBEL: Senkrechter Dachabschluß.
GLORIOLE: Ein den Kopf umgebender Lichtkranz, auch Nimbus oder Heiligenschein genannt.
GNADENSTUHL: Benennung nach Hebr. 9,5; Darstellung der Dreifaltigkeit, bei welcher Gottvater das Kruzifix hält, darüber die Heiliggeisttaube (ab 12. Jh.).
GRISAILLE: Malerei in Grautonfarben.
GURT: Bogen, der zwei Gewölbejoche voneinander trennt.

HALLENKIRCHE: In der Gotik das Mittelschiff mit gleich hohen Nebenschiffen.

STAFFELHALLE: Mittelschiff ist höher als die Seitenschiffe.
HEIMSUCHUNG DER MARIA: Darstellung der Begegnung Marias mit Elisabeth (Luk. 1,39-56).

INKORPORIERTE PFARRE: Die einem Kloster eingegliederte Pfarre (siehe Stiftspfarre).
INKUNABELN: Früheste, bis einschließlich 1500 hergestellte Erzeugnisse der Buchdruckerkunst; auch Wiegendruck genannt (lat. „incunabula" = Wiege).
INTARSIEN: Einlegearbeiten in Holz, Elfenbein, Perlmutter, Metall u. a.

JOCH: Einheitlicher Raum unter einem Gewölbeabschnitt, innerhalb einer Folge solcher Einheiten.
JÜNGSTES GERICHT: Nach dem Neuen Testament das große Gericht am Ende der Welt; Darstellung Christi als Weltenrichter mit vielen Figuren, Symbolen, und oft dramatisch erweitert.

KANONISIERUNG: Heiligsprechung, Aufnahme in den Kanon (Verzeichnis) der Heiligen.
KAPITELSAAL: Versammlungsort für die Klosterinsassen, in dem u. a. ein Kapitel aus der Ordensregel vorgelesen wird; Bezeichnung dürfte von „caput" (= Hauptteil) stammen, wie auch „Kapitular".
KÄMPFER: Über dem Kopf eines Pfeilers oder einer Säule vorspringende Gesimsplatte; auch das Zwischenglied, das Kapitell und Bogenansatz verbindet.
KENOTAPH: Hochgrab aus Stein oder Marmor, ohne die Gebeine des Verstorbenen, der an anderer Stelle bestattet wurde.
KIELBOGEN: Kielförmig hochgezogener Spitzbogen in der Spätgotik („Eselsrücken").
KNORPELWERK: Aus Knorpelformen stilisiertes plastisches Ornament.
KONSOLE: Aus der Mauer vorspringender Tragstein, u. a. für Balken und Figuren.
KONVENT: Bezeichnung für die Klostergemeinschaft.
KRABBE: Stilisiertes Blattmotiv aus Stein (auch „Kriechblume" genannt).
KREUZBLUME: Stilisiertes Blattgebilde als Bekrönung gotischer Fialen und Bogen.
KREUZGANG: Verschlossener Gang (lat. claustrum), dient u. a. für die Versammlung der Mönche zur Prozession in die Kirche (unter Vorantragung eines Kreuzes).

LAIBUNG (Leibung): Seitlich glatte Rahmung von Portalen und Fenstern.
LETTNER: Scheidewand zwischen Chor (der Priester) und Langhaus (der Laien) mit Kreuzigungsgruppe, oft auch mit Sängertribüne.
LISENE: Senkrechter, flach aus der Mauer heraustretender Wandstreifen zur Gliederung der Wandfläche, ohne Fuß- und Kopfstück; vereinfachter Pilaster.
LATERNE: Von Fenstern durchbrochene Bekrönung der Kuppelbauten.
LÜNETTE: Halbkreisförmiges Bogenfeld über Fenster oder Tür, oft mit Relief oder Malerei versehen.

MASSWERK: Mit Zirkel „gemessenes" Bauelement in Spitzbogenfeldern.
MENSA: Altartisch, unterschiedlich geformt, u. a. als Tisch, Block und Sarkophag.
MONDSICHELMADONNA:
a) Maria mit den Zügen des apokalyptischen Weibes, auf dem Mond stehend (Offb. 12,1), zunächst Vollmond, seit Beginn des 15. Jahrhunderts als Mondsichel dargestellt, manchmal mit Gesicht.
b) Mondsichel allein war Symbol für Kirche und Maria, später für das Weltliche, Vergängliche, z. B. auf der ehem. Turmspitze des Stephansdomes.
MONOCHROM: Einfärbig gemalte Freske oder Wandbild.
MÜNSTER: Klosterkirche; Lehnwort aus dem griech.-lat. „monasterium" für Einsiedelei, v. a. für Stiftskirchen, Domstifte und Bischofskirchen übernommen.

ORATORIUM: Kleiner Betraum (Kapelle); Betempore an der Kirchenwand.

PATROZINIUM: a) Heiligenfest des Kirchenpatrons;
b) Benennung und Weihe eines Gotteshauses nach einem Heiligen oder Glaubensgeheimnis.
PFEILER: Rechteckige freistehende Stütze.
RUNDPFEILER: Schmale Säule.
PILASTER: Aus der Wand heraustretender Pfeiler zur Verstärkung und Gliederung der Wand (s. Lisene).
PLATZLGEWÖLBE: Elliptische, gleichmäßig gerundete Gewölbeform ohne Grate.
PRÄLAT: a) In Österreich ab 15. Jahrhundert Bezeichnung für Stiftsvorsteher, die als Mitglieder des Prälatenstandes im Landtag Sitz und Stimme hatten;
b) Päpstliche Auszeichnung für Kleriker.
PRÄLATUR: a) Wohntrakt oder eigenes Gebäude für den Stiftsvorsteher.
b) Kirchenrechtlich: Eine dem Hl. Stuhl direkt unterstellte religiöse Gemeinschaft.
PRIOR: Vertreter des Abtes oder Propstes; bei den Bettelorden Bezeichnung des Vorstehers (Guardian bei den franziskanischen Orden).
PORTIKUS: Von Säulen getragener Vorbau einer Fassade.
PROPST: a) Bezeichnung für den Vorsteher (lat. praepositus) eines Augustiner-Chorherrenstiftes;
b) Führendes Amt bei Dom- bzw. Kollegiatsstiften.
PROFANIEREN: Entweihen (exsekrieren) einer Sakralstätte.
PREDELLA: Altartischaufsatz als Sockel für den (gotischen) Schrein.

QUERBAU: Außenbau, der quer zum Langhaus errichtet ist.
QUERHAUS: Innenhaus, das quer zum Langhaus liegt.
QUERSCHIFF: Zum Lang- oder Mittelschiff quer liegend errichtet.

REFEKTORIUM: Speiseraum in einem Kloster.
REPLIK: Eine vom Künstler selbst wiederholte Kopie seines Werkes.
RETABEL: Altaraufsatz und Altarrückwand über der Mensa.
ROCAILLE: Asymmetrisches Ornament in der Rokokozeit.
ROSETTE: Kreisförmig gestaltetes Ornament, besonders bei Rundfenstern verwendet.
RUNDBOGENFRIES: Eine Reihe aneinandergesetzter Rundbogen.
RUNDPLASTIK: Von allen Seiten künstlerisch gestaltete Figur (s. Vollplastik).
RUNDSTAB: Ziersäule; je nach Querschnitt Viertel-, Halb-, oder Dreiviertelstab.
RUSTIKA: Quadermauerwerk mit scharfen Kanten.

SARKOPHAG: Großer, künstlerisch gestalteter Sarg aus Marmor oder Stein (siehe auch Kenotaph, Epitaph, Tumba).
SCHILDBOGEN: Bogen an der Durchdringungsstelle von Gewölbe und Wand.
SCHLUSSSTEIN: Zierstein am Schnittpunkt der Rippen im Gewölbescheitel.
SGRAFFITO: Kratzputztechnik mit Zeichnung über farbig getönter Wand.
STICHKAPPE: In das Hauptgewölbe einschneidendes kleines Seitengewölbe, meist Seg-

ment eines Tonnengewölbes, auch um Fenster einfügen zu können.

STIFT: a) In Süddeutschland, Ostschweiz und Österreich „eine geistliche Korporation, deren Vorsteher Mitglieder der Prälatenkurie der Landstände waren. Voraussetzung dafür war die Dotierung des Stiftes mit einer Grundherrschaft."
b) Im übertragenen Sinn auch Bezeichnung für Stiftsgebäude und Kirche.
c) Kirchenrechtlich: Bestiftetes Kollegium kanonisch (= nach einer Regel) lebender Kleriker, denen der Chordienst einer Kirche oblag.

STIFTSKIRCHE: a) Hauptkirche eines Ordensstiftes;
b) auch „Dom" oder Kollegiatskirche genannt (von: dom, tum = gesetzlich geregelte Gemeinschaft),

STIFTSPFARRE: Einem Stift inkorporierte (eingegliederte) und von diesem zu betreuende Pfarre.

STREBEPFEILER: Stützpfeiler an der Außenwand von Chor und Langhaus.

TAMBOUR: Trommel, auf dem die Kuppel aufruht.

TUMBA: Hochgrab oder Sarkophag mit Grabplatte, meist mit Liegefigur(en).

TYMPANON: Bogenfeld über romanischen und gotischen Portalen, vielfach ornamental oder figural ausgeschmückt.

VANITASSYMBOL: Symbolische Darstellung eines Lasters, v. a. der Eitelkeit.

VESPERBILD oder PIETÀ: Darstellung der Marienklage, Maria mit dem Leichnam Christi auf dem Schoß, seit Ende 13. Jahrhundert, („Vesper" = Gebetszeit am Nachmittag; zu dieser Zeit war die Kreuzabnahme).

VIERUNG: Raum und Gewölbe, wo sich Mittel- und Querschiff durchdringen.

VERBLENDUNG: Verkleidung des Mauerwerkes mit wertvollem Material.

VERKRÖPFUNG: Herumführung eines Gesimses oder Ornamentbandes um eine senkrechte Wand.

VOLUTE: Spiralförmige Einrollung oder Schnecke (wie ionisches Kapitell).

VOLLPLASTIK: Rundplastik, die nicht von allen Seiten künstlerisch gestaltet ist.

VOTIVBILDER: Von Pilgern an Wallfahrtsorten angebrachte Bilder, zum Dank für eine wunderbare Heilung oder Errettung, mit Darstellungen der Ereignisse.

WALMDACH: Abgeschrägtes Satteldach (Dreiviertel-, Halb-, Krüppel-, Schopfwalm).

WIMPERG (WINDPERG): Dreieckiger Ziergiebel über gotischen Portalen oder Fenstern, oft mit Krabben und Kreuzblume versehen.

Namensregister

Quellen:

ALLMER, Gottfried: Pfarrkirche St. Johann bei Herberstein, Graz 1985.

AMON, Karl: Die Bischöfe von Graz-Seckau, Styria, Graz 1969.

AMON, Karl: Die Grazer Stadtpfarrkirchen, Styria, Graz 1980.

AMON, Karl: St. Leonhard bei Aussee, Festschrift zum 550jährigen Kirchweihjubiläum, Aussee 1958.

ANGERER, Joachim: Klösterreisen, Herold, Wien 1984.

ANGERER, Joachim: Stifte und Klöster in Bayern, Österreich und der Schweiz/Klösterreich/Pattloch 1987, Molden, Wien 1979.

APPELT, Heinrich: Geschichte des Stiftes Göss, Verlag A. Lentia, 1961.

AUSSTELLUNGSKATALOG, Frauenberg bei Admont, Sonderausstellung 1976, Hrsg. Bildungshaus Frauenberg.

AUSSTELLUNGSKATALOG, Gotik in Österreich, Krems a. d. Donau 1967.

AUSSTELLUNGSKATALOG, Schöne Madonnen, Salzburg 1955.

AUSSTELLUNGSKATALOG, Stabat Mater, Maria unter dem Kreuz in der Kunst um 1400, Salzburg 1970.

BERTHOLD, Eugen: Wallfahrtskirche Maria Trost Graz, Hrsg. Pfarramt Maria Trost, 1986.

BRUCHER, Günther: Die Gnadenkapelle, in: Mariahilf und die Minoriten in Graz, Hrsg. Stadtpfarramt Mariahilf, Graz 1983.

DANEK, Elisabeth: Die Weltzerstiftung St. Ulrich in Krakauhintermühlen, Heimatheft der Gemeinde 1984.

DANEK, Elisabeth: Pfarrkirche Ranten, Pfarramt Ranten 1986.

DANEK, Elisabeth: Schöder, Pfarramt Schöder 1987.

DEHIO Graz, Verlag Anton Schroll, Wien 1979.

DEHIO Steiermark, Verlag Anton Schroll, Wien 1982.

DORN, Franz: Pfarrkirche St. Marein bei Knittelfeld, Pfarramt St. Marein 1979.

DORNEGER, Karl: Die Pfarrkirche St. Oswald in Kalwang, Hrsg. Pfarramt Kalwang 1986.

FRODL, Walter: Ein neuaufgedeckter Freskenzyklus in Pürgg, Österreichische Zeitschrift für Kunst und Denkmalpflege, Wien 1953.

GARZAROLLI-THURNLACKH, Karl: Mittelalterliche Plastik in Steiermark, Graz 1941.

GERSTENBERGER, Marianne: Die Wallfahrtskirche Maria Straßengel, Hrsg. Pfarramt Maria Straßengel 1985.

GRABENHOFER, Karl: St. Georgskirche-Adriach, Verein der Freunde der Kirche Adriach.

HANTSCH, Hugo: Der geistige Gehalt der Barockzeit, in: Alte und moderne Kunst, Wien 1960.

HAUSER, Franz: Weistum und Chronik, in: Acht Jahrhunderte Weiz, fünfzig Jahre Stadt, Weiz 1960.

HOOTZ, Reinhardt: Kunstdenkmäler in Österreich, Band Steiermark und Kärnten, Deutscher Kunstverlag, München 1976.

HÖPFLINGER, Franz: Rund um den Grimming, Leykam, Graz 1967.

JANTSCH, Franz: Mariazell, Styria, Graz 1952.

JUNGMANN, Joseph Andreas: Das Gotteshaus, Vorlesungsskriptum, 1950.

KAFKA, Karl: Wehrkirchen Steiermarks, Birkenverlag, Wien 1974.

KODOLITSCH, Georg: Die Kunststätten, in: Rund um den Grimming, Leykam, Graz 1967.

KODOLITSCH, Georg: St. Veit am Vogau, Baubeschreibung, Verlag St. Peter, Salzburg 1983.

KOHLBACH, Rochus: Der Dom von Graz (1948), Die Gotischen Kirchen von Graz (1950), Die Barocken Kirchen von Graz (1951), Die Stifte Steiermarks (1953), Steirische Baumeister (1961), Domverlag, Graz.

KOREN, Hans/W. Brunner/G. Ganser: Steirischer Geschichtskalender, Styria, Graz 1976.

KOREN, Johannes: Graz, Funkelnder Talismann, Zsolnay, Wien 1977.

KRAUSE, Adalbert: Die Krippenkunst des steirischen Bildhauers Josef Th. Stammel im Stift Admont, Koloritverlag, Wien 1962.

KRENN, Peter: Die Leechkirche des Deutschen Ritterordens, in: Grazer Sinfonie 4-87/88.

KRENN, Peter: Die Oststeiermark, Verlag St. Peter, Salzburg 1981.

KRÖNERS Handbuch für die historischen Stätten Österreichs, Verlag Alfred Kröner 1966.

KRUCKENHAUSER, S.: Verborgene Schönheit, Bauwerk und Plastik aus Österreich, Verlag Otto Müller, Salzburg 1954.

LACKNER, Helmut: Pfarrkirche Stainz, Pfarramt Stainz.

LAMPRECHT, Otto: St. Veit am Vogau, Geschichte. Verlag St. Peter, Salzburg 1983.

LASSNIK, Ernst: Rund um den Heiligen Berg, Styria, Graz 1982.

LEXIKON FÜR THEOLOGIE UND KIRCHE (LfThK): 13 Bde., Herder, Wien, 1957—1965.

LIST, Rudolf: Steirischer Kirchenführer, Bd. 1, Bd. 2, Styria, Graz 1976.

MELCHER, Erna und Hans: Das große Buch der Heiligen, Südwest-Verlag, 1985.

MORITSCH, Isidor: Dreihundert Jahre Pfarrkirche St. Johann bei Herberstein, Hrsg. Pfarramt St. Johann, 1955.

MÜNZER, Edith: Alt-Grazer Spaziergänge, Styria, Graz 1982.

MÜNZER, Edith: Was die Murvorstadt erzählt, Styria, Graz 1979.

NOTRING-JAHRBUCH: Österreichische Ordensstifte, Wien 1977.

OCHERBAUER, Ulrich: Die St.-Johannes-Kirche in Dietmannsdorf bei Trieben, photokopierter Kirchenführer, ohne Datum.

PAWLIK/STRASSER: Bildende Kunst, Begriffe und Reallexikon, Du Mont-Verlag, 1977.

PFARRKIRCHE und Karner in Hartberg, Broschüre der Stadtpfarre.

POPELKA, Fritz, Maria Viktoria Attems: Alt-Graz, Graz 1924.

PÖTSCHER, Karl (Hrsg.): Wallfahrtskirche Maria Buch, Kirchenführer, Hrsg. Kuratbenefizium Maria Buch, ohne Datum.

RECLAM KUNSTFÜHRER ÖSTERREICH, Band 2, Stuttgart 1961.

RIEHL, Hans: Der geistige Gehalt des Kunstwerkes, Stifterbibliothek.

RIEHL, Hans: Österreichische Malerei in Hauptwerken, Salzburg 1972, Kremayr und Scheriau, Wien 1957.

RÖHRIG, Floridus: Alte Stifte in Österreich, Band 2, Verlag Anton Schroll, Wien 1967.

SCHMELLER-KITT, Adele: Klöster in Österreich, W. Weidlich-Verlag, Frankfurt 1983.

STEINER, Konrad: Vom alten Graz, Eigenverlag, Graz 1951.

STENZEL, Gerhard: Von Stift zu Stift in Österreich, Kremayr und Scheriau, Wien 1977.

STIFT REIN 1129—1979, Zisterzienserstift Rein 1979.

WAPPENBUCH: „Deß Neuen Teutschen Wappenbuchs/Dritter Theil", Gedruckt Bey Christoff Gerhard/Im Jahr 1956, Nürnberg.

WIMMER, Otto: Attribute der Heiligen, Tyrolia, Innsbruck 1964.

WIMMER, Otto: Handbuch der Namen und Heiligen, Tyrolia, Innsbruck 1959.

WOISETSCHLÄGER, Kurt/JONTES, Günther: Waasenkirche, ein Führer durch Geschichte und Kunst, Leoben 1978.

WOISETSCHLÄGER-MAYER, Inge: Die Kunstdenkmäler des Bezirkes Murau, Verlag An-

ton Schroll, Wien 1964.
WOISETSCHLÄGER-MAYR, Inge: Die Kunstwerke des Stiftes Göss in: Stift Göss, Linz 1961.
WOISETSCHLÄGER-KRENN: Alte steirische Herrlichkeiten, Styria, Graz 1973.
ZAHN, Josef/SIEGENFELD Alfred: Steiermärkisches Wappenbuch des Zacharias 1567, Ausgabe Graz-Leipzig, 1893.